中国区域技术专业化的形成机制与经济影响研究

丁焕峰　邱梦圆　著

科学出版社

北　京

内 容 简 介

本书以中国区域技术专业化为研究对象，从技术创新的布局结构这一角度出发，探讨创新驱动增长问题。结合理论与实证，分析各类创新活动在中国区域间的分布特征及内在形成机制，探讨区域技术布局结构和具体技术领域的专业化对不同类型地区经济增长的影响，扩展技术专业化理论的同时提供中国区域的经验证据，为各地区创新协同发展提供参考。

本书涉及知识集聚、异质性、技术溢出、经济增长等多个主题，是集合了新经济地理学、技术经济学和区域的交叉学科研究，适合大专院校师生，特别是从事区域经济、产业经济、创新经济等领域的研究人员阅读。

图书在版编目（CIP）数据

中国区域技术专业化的形成机制与经济影响研究 / 丁焕峰，邱梦圆著. —北京：科学出版社，2021.12

ISBN 978-7-03-070926-4

Ⅰ. ①中… Ⅱ. ①丁… ②邱… Ⅲ. ①区域经济－技术革新－研究－中国 Ⅳ. ①F124.3

中国版本图书馆 CIP 数据核字（2021）第 266571 号

责任编辑：郝 悦 / 责任校对：王晓茜
责任印制：张 伟 / 封面设计：无极书装

科 学 出 版 社 出版
北京东黄城根北街 16 号
邮政编码：100717
http://www.sciencep.com
北京虎彩文化传播有限公司 印刷
科学出版社发行 各地新华书店经销
*
2021 年 12 月第 一 版 开本：720 × 1000 B5
2023 年 1 月第二次印刷 印张：11 3/4
字数：230 000

定价：128.00 元

（如有印装质量问题，我社负责调换）

前　言

技术创新对经济和社会发展的重要作用已被广为接受，创新被摆在国家发展全局的核心位置。但由于中国不同地区在自然资源、社会和经济发展历程上各不相同，区域创新能力的差异十分显著。了解中国区域创新活动的分布规律，把握各地区的技术优势及发展趋势，明确技术发展与经济增长的关系，对于理解并实施创新驱动发展战略具有重要的指导意义。本书以中国区域技术专业化为研究对象，从技术创新的布局结构这一角度出发探讨创新驱动增长问题，按“理论基础—现象描述—模型探讨—实证分析”的基本思路，分析各类创新活动在中国区域间的分布特征及内在形成机制，探讨区域技术布局结构和具体技术领域的专业化对不同类型地区经济增长的影响，扩展技术专业化理论的同时提供中国区域的经验证据，为各地区创新协同发展提供参考。

第一，本书对“区域技术专业化”的概念及内涵进行梳理，参考前人成果，将研究范畴定为区域在技术领域间的专业化程度及区域在特定技术领域中的专业化优势两方面内容。同时，为“区域技术专业化”这一命题搭建理论框架，将产业集聚、地区专业化、技术进步、知识溢出等理论加以整合，重点以新经济地理学（new economic geography，NEG）为核心，按“产业集聚—技术创新与扩散—区域创新分工”的思路对区域技术专业化的形成提供理论依据；并以新增长理论为核心，从创新驱动和专业化分工这两个方面分析技术专业化对经济增长产生影响的内在依据。

第二，本书利用发明专利授权数、产业增加值等数据，通过计算区位基尼系数、泰尔指数、赫芬达尔-赫希曼指数（Herfindahl-Hirschman index，HHI）等指标，展示了 2000~2017 年中国省域技术创新的分布情况，着重分析了技术领域间专业化程度与特定技术领域专业化模式的区域差异及变动规律。研究发现，中国区域技术创新活动呈现较明显的集聚特征和层级特征，区域整体的创新集聚强于经济集聚，区域内部的技术专业化程度强于产业专业化程度。层级高的地区其创新活动倾向遍布大多数技术领域，层级低的地区倾向将创新活动局限于较少的技术领域。只有少数地区能在高新技术和高机会技术领域实现专业化，大部分地区在自身优势产业所对应的技术领域中实现专业化。

第三，本书以新经济地理学为理论框架构造知识集聚模型，以异质的知识分子空间分布作为研究对象，探讨了知识集聚的形成机制，以此分析技术创新的专业化集聚和多样化集聚，以及经济增长和区域福利问题，同时将广东省作为案例地，结合理论和现实对广东省的创新集聚现象进行分析。研究发现，均匀分布的知识分子会在非对称冲击的作用下朝一个地区集聚；知识分子的异质性过强或过弱时，会由于缺乏合作动力而没有进一步集聚的趋势，出现对称分布，而随着知识扩散度和贸易自由度的提高，知识分子会全部集聚而形成知识生产的中心—外围空间结构，产生多样化集聚或专业化集聚。知识分子集聚时的经济增长率大于知识分子对称分布时的经济增长率，且会提高中心区域福利水平；贸易自由度和知识扩散强度的提高会缩小中心与外围的福利差异。

第四，本书运用广义矩估计（generalized method of moments，GMM）进行实证分析，利用 2000~2017 年中国 30 个省区市（不包括香港、澳门、台湾和西藏）的专利数据和经济数据，从技术结构的集中度、差异度方面考察技术专业化程度对不同创新能力地区经济增长的影响，并进一步分析在特定类别的技术领域中，不同地区的专业化优势与经济增长的关系。研究发现，提高专业化程度不利于高创新能力地区的经济增长，但有助于中等创新能力地区和低创新能力地区的经济增长；对于不同地区，特定技术领域的专业化程度与经济增长之间呈不同的“U”形非线性关系，因此低创新能力地区在规划技术创新路线时不应急于效仿高创新能力地区，而应选择差异化的发展路径。

第五，本书对不同类别的技术专业化对经济增长的影响效果和影响路径进行探讨。在前人研究的基础上结合中国实际情况，构建两类不同领域的技术专业化指标，设计包含交互项的空间计量模型及中介效应模型，检验不同类型的技术专业化对经济增长的作用机制和溢出效应。结果表明，不同领域的专业化对经济增长的作用会受技术创新能力高低的影响，在一定的创新能力条件下，专业化于自身优势产业所对应的技术领域对经济的正向作用会被削弱，而专业化于具有高技术机会的技术领域对经济的正向作用会被更有效地发挥，这与两类技术领域对经济的影响路径不同有关。此外，高机会技术领域的专业化具有正的空间溢出效应。

本书是广州国家创新型城市发展研究中心（广州市人文社会科学重点研究基地）丁焕峰教授和他的博士研究生邱梦圆共同完成的。全书主要目的是分析各类创新活动在中国区域间的分布特征及内在机制，探讨技术布局结构和具体技术领域的专业化对不同类地区经济增长的影响，以期为各地区创新协同发展提供参考。本书共包括 7 章内容。本书得到了 2018 年国家社会科学基金重点项目“以高质量城市群为主体构建协调发展的城镇格局研究”（18AJY008）和 2019 年广东省自然科学基金项目“知识异质性、创新集聚与粤港澳大湾区城市创新功能分工研究”（2019A1515012099）资助，特此感谢。

目　录

第1章 绪　论

1.1 问题的提出

1.1.1 研究背景

技术创新在经济和社会发展中的推动作用得到了学界和政界的广泛认可。理论层面上，创新是由生产和生产秩序的重建而实现生产方式的变革，这种新的生产方式必定会创造新的价值和利润。新增长理论中技术创新是生产函数的内生变量，是经济增长的基本因素。政策层面上，20 世纪 50 年代以来，全球科技进入了迅猛发展的时期，许多国家在以微电子技术为核心的技术革新浪潮中兴起，出现了二十余年的高速增长期，技术创新对经济与社会发展的影响越来越明显。

随着我国的经济增速放缓，经济发展进入“新常态”时期，面对全球新一轮科技革命的重大机遇和挑战，创新发展成为我国经济形势所迫、国际竞争大势所趋的必然选择。我国的一系列大政方针突出体现了创新的重要地位。党的十九大报告指出，“我国经济已由高速增长阶段转向高质量发展阶段”“创新是引领发展的第一动力，是建设现代化经济体系的战略支撑”①。党的十八届五中全会提出，“实现‘十三五’时期发展目标，破解发展难题，厚植发展优势，必须牢固树立创新、协调、绿色、开放、共享的发展理念”②，其中创新发展是五

① 习近平：决胜全面建成小康社会 夺取新时代中国特色社会主义伟大胜利——在中国共产党第十九次全国代表大会上的报告，http://www.gov.cn/zhuanti/2017-10/27/content_5234876.htm[2017-10-27]。

② 中共中央关于制定“十三五”规划的建议，http://www.gov.cn/xinwen/2015-11/03/content_2959432.htm[2015-11-03]。

大理念之首。2015 年 3 月 23 日国务院发布了《中共中央 国务院关于深化体制机制改革加快实施创新驱动发展战略的若干意见》，该意见强调“把科技创新摆在国家发展全局的核心位置”“营造激励创新的公平竞争环境”“激发全社会创新活力和创造潜能”①。随着国家对于创新发展的重视，我国的专利授权量也在 2008~2017 年迎来了飞跃式的增长（图 1-1）。

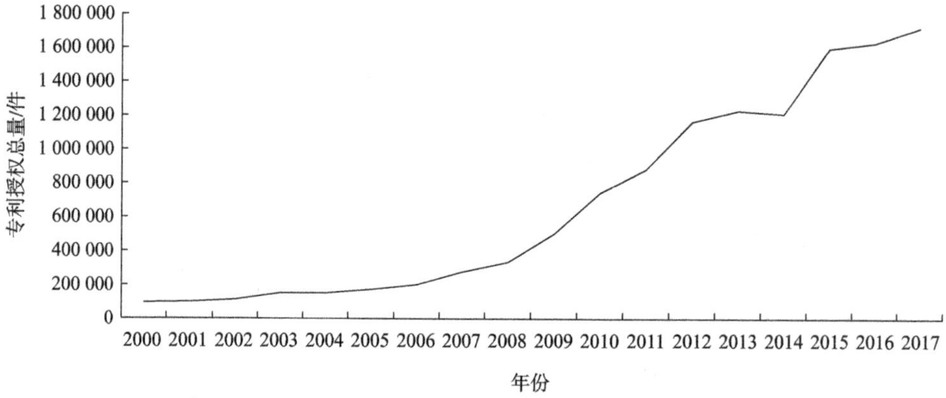

图 1-1 2000~2017 年中国专利授权总量
资料来源：2001~2018 年《中国统计年鉴》

然而，在全国科技创新总体规模大幅提高的背后，是各地区创新能力的巨大差异。中国科技发展战略研究小组、中国科学院大学中国创新创业管理研究中心发布的《中国区域创新能力评价报告 2017》显示（图 1-2），东部省份是创新能力最强的地区，排名前三名的广东、江苏和北京的综合得分超过 50 分；中西部地区创新能力较弱，综合得分普遍在 20 分左右，区域间差异较大[1]。图 1-3 展示了 2017 年中国各省区市专利授权量占全国总量的比重，排在前四位的地区，其专利授权量加总占全国专利授权总量的 52%，超过一半，可见技术创新在地区间的不均衡是十分明显的，少部分地区带动了我国大部分地区的创新活动。“统筹区域发展”是中共十六届三中全会提出的“五个统筹”之一，要求“逐步扭转地区差距扩大的趋势”②，而我国区域在创新发展中的差距已十分明显。

① 中共中央 国务院关于深化体制机制改革加快实施创新驱动发展战略的若干意见，http://www.gov.cn/xinwen/2015-03/23/content_2837629.htm[2015-03-23]。

② 提高认识统一思想牢固树立和认真落实科学发展观——在省部级主要领导干部“树立和落实科学发展观”专题研究班结业式上的讲话，http://www.gov.cn/gongbao/content/2004/content_62698.htm[2004-02-12]。

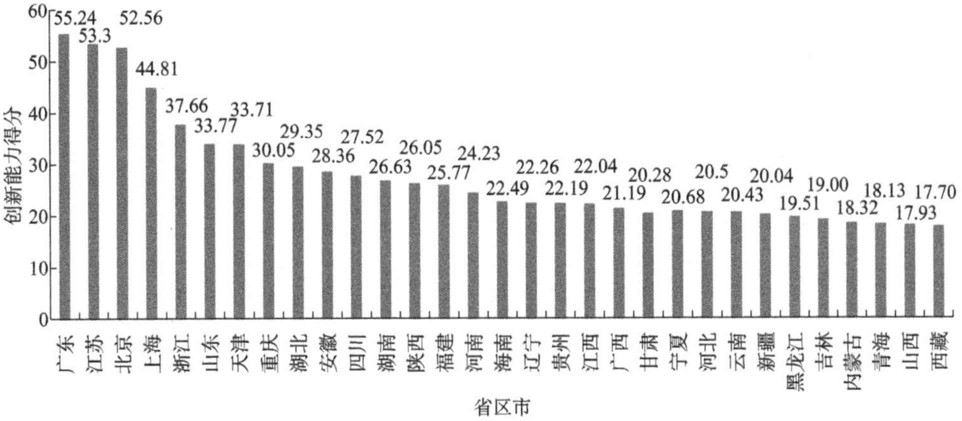

图 1-2 2017 年中国各省区市创新能力得分[1]

资料来源：《中国区域创新能力评价报告 2017》

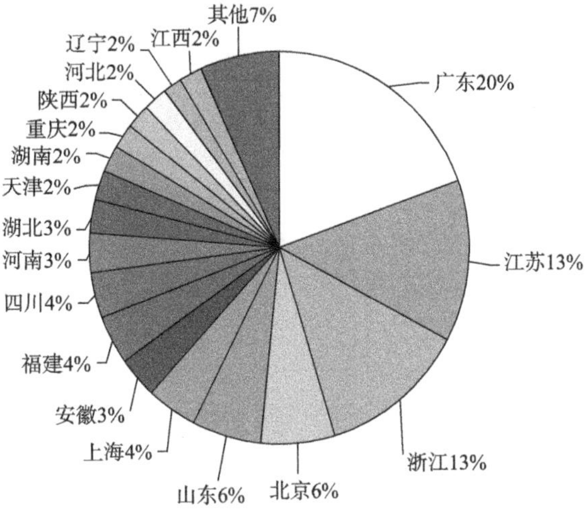

图 1-3 2017 年中国各省区市专利授权量占全国总量的比重

资料来源：《中国统计年鉴 2018》

1.1.2 研究问题

在明确技术创新对经济的重要作用之后，如何规划创新驱动经济增长的路径，缩小地区间的差距，是中国各地区所关注的话题。目前已有的一些措施，如战略性新兴产业规划等揭示了现有政策存在的问题。战略性新兴产业具有技术密集度高、发展需求大、投入产出率高等特点，对经济社会的发展具有重要的带动作用。

然而，根据已出台的省域“十三五”战略性新兴产业发展相关规划，绝大多数省域的重点发展方向与国家层面一致，均将信息技术、高端装备制造、新材料、生物、新能源汽车、能源新技术、节能环保列入重点发展产业。其中，30 个省份提出发展信息技术产业、新材料产业和生物产业；29 个省份提出发展高端装备制造产业和节能环保产业；28 个省份提出发展新能源汽车产业；26 个省份提出发展能源新技术产业。数字创意产业作为《“十三五”国家战略性新兴产业发展规划》新提出的重点领域，16 个省份将其列入战略性新兴产业中的重点发展产业[2]。可见，虽然各地区在技术创新能力方面差距显著，但在战略性新兴产业发展重点上却十分趋同，只有部分地区尝试将具有区域特色与优势的相关产业划为重点发展的战略性新兴产业。

当前出现的一些现象似乎反映了这种同质化发展的问题。高新技术产业开发区（以下简称高新区）承载着一定数量的战略性新兴产业，然而，很多政府主导下的高新技术产业园区发展不起来，许多高新区跟风引进电子信息、生物医药等产业，使高新区之间存在重复建设、产业布局雷同现象，导致效率低下，无法产生引擎作用。还有部分地区的高新区将发展目标集中在对一些大企业项目的招商引资上，以政策引导性强和见效迅速为标准，使高新区成了经济开发区。此外，大量研究证明技术创新将通过提高全要素生产率（total factor productivity，TFP）来促进经济的增长，但有研究对中国东、中、西三个地区的 TFP 进行测算，却发现中西部地区的 TFP 增长率近年来呈下降趋势，对经济增长的贡献度有限，技术创新没有发挥对经济的带动作用[3]。

由此可见，在中国进入创新驱动发展的转换期，而区域间创新差距显著的背景之下，各地区提高了对创新发展的重视程度，试图缩小区域间创新差距。但在具体政策的制定上，各区域却存在趋同，落后地区更倾向模仿先进地区的做法，由此带来了资源浪费、效率低下的问题。如何才是更为合理的解决方式，使差异显著的各地区都能找到更适合自身的发展路径，实现区域分工与协调，是本书所关注的重点问题。

要使得创新能力不同的地区均实现创新驱动发展，需要把握经济发展的阶段性规律，要从地域分工的角度考察各地区的定位，除了关注创新的总体规模，还需要重视创新的内部结构。事实上，与其他经济活动类似，技术创新的产生和发展也取决于具体环境和阶段。不同地区在长期发展的过程中会逐渐形成独特的技术优势，并成为地区技术继续发展的基础。国外学者 Pavitt[4]、Archibugi 和 Pianta[5]最早挖掘专利数据带来的丰富信息，通过构建技术专业化指标，总结了代表国家的技术优势和演变规律，为研究创新活动开辟了一条新的途径。欧洲引入了“智慧专业化”（smart specialization）作为政策框架，其核心在于有效指导区域“个性化”发展[6]。为实现区域创新体系的协同发展目标，各地区需要依托自身的产业基础和创新资源，明确创新驱动发展的不同定位，形成错位发展、差异化竞争的分工格局。因此，本书以中国区域技术专业化为研究对象，旨在了解并把握各地区的技术优势及发展趋势，明确技术发展与经济增长的关系，为理解并实施创新驱动发展战略提供支撑。

1.2 相关研究评述

1.2.1 区域技术专业化的内涵

区域技术专业化（regional technological specialization）的概念目前尚未有明确界定，对这一领域的研究基本是从其他领域中拓展而来，我们可以从以下两个角度理解这一概念的内涵。

（1）“地区专业化”概念在技术领域的延伸。地区专业化可以理解为是劳动地域分工的一种主要形式，或是生产集中在空间上的特殊表现形式。Ohlin 认为不同的产品生产需要不同的要素配置，各国间要素禀赋的相对差异形成了地区专业化[7]。Krugman 认为规模报酬递增是生产空间集聚的原因[8]。樊福卓总结地区专业化所要描述和解释的经济现象是：某一地区集聚着这些产业，而其他地区集聚着另外的一些产业[9]。他认为对一个经济体的地区专业化程度及其变动趋势进行分析，有两条路径：一是从行业出发，在对各行业的地方化水平进行分析的基础上，讨论经济体的地区专业化水平及其变动；二是从地区出发，先对各个子地区的专业化程度进行分析，再讨论整个经济体的地区专业化程度。由此可见，关于专业化的探讨包括地区和行业两个角度。随着分工的演进，地区专业化不再局限于某个地区或某个行业，而是出现跨地区和跨行业的新形式，产品内分工、垂直专业化、功能分工等概念被纷纷提出[10-13]。张若雪总结地区间专业化分工的形式有两种：一是根据比较优势生产不同技术等级的产品，二是根据比较优势从事不同的产品生产环节，区域的专业化问题从单纯的产业种类分工拓展到了产业链环节分工[14]。延伸到技术领域，技术创新研发是每个产业中的一个生产环节，不同地区也会具有不同的比较优势。David 等[15]、Foray 等[16]所提出的“智慧专业化”理论便是关注区域技术创新的比较优势，强调优先发展区域在国际市场上具有潜在竞争力和跨区域凝聚力的技术。因此，区域技术专业化是基于比较优势所产生的不同地区在创新活动上的分工，既包含技术领域的分工，又包含生产环节的分工。

（2）微观主体的技术专业化在区域层面的扩展。Nelson 和 Winter[17]、Dosi[18] 认为知识是专业化存在于生产它的机构和环境中的。梁琦在《分工、集聚与增长》中提到的“技术专业化”，是指“在一个分工社会里，专业化从事某一生产的人，只管专注于自己的知识和技术领域，由于其个人能力和精力有限，他可以不问其他而专门创造和积累自己的知识”[19]。其所指即是微观的技术专业化。微观主体的技术专业化概念很早就出现在关于企业的技术决策研究中，有研究认为采取技术专业化发展战略可以使企业在熟悉的领域以更低的成本提升技术能力，并提高核心竞争力[20]。Adams 和 Jaffe 发现知识溢出更可能发生在地理相互靠近的地区之内[21]，因此，一个地区范围内微观主体所特有的知识组成了该地区的专业化知识。随着创新的全球化进程愈演愈烈，跨国公司带着自身的专业化技术向各地拓展，提升了区域的技术专业化水平，技术专业化问题从企业层面发展至区域层面[5，22]。不同于微观的技术专业化强调“专注于某一领域”，区域的技术专业化还包括在众多技术领域中的集中或分散程度。因此，我们在讨论区域技术专业化时，想要探讨的问题是区域的技术专业化程度有多高，以及区域的专业化具体体现在哪些领域之中。

冯仁涛在研究中国区域的技术布局问题时，认为技术布局主要包括以下两方面内容：一方面是技术专业化程度，即技术创新活动在所有技术领域中分布的集中程度，也即技术活动是集中在少部分技术领域之中，还是分散在多数技术领域之中，这回答了上面的第一个问题，即区域的技术专业化程度有多高；另一方面是技术专业化模式，即在哪些技术领域中的创新具备相对比较优势，哪些技术领域的创新不具备相对比较优势，回答了上面的第二个问题，即区域的专业化具体体现在哪些领域之中[23]。本书将沿用上述观点来界定区域技术专业化的研究内容。技术专业化程度代表了区域在所有技术领域中的专业化或者多样化程度，是一个总体的描述，代表区域技术创新结构；而技术专业化模式代表区域在具体领域中的专业化程度，是一个具体描述。总体和具体两个维度描绘了区域技术专业化的不同层面，也为后续研究提供了多种角度。

当前国内外学者关于区域技术专业化的研究基本包含在这两个范畴内，只是概念的提法略有差异。国外学者 Pavitt 利用专利数据探讨经济发展与合作组织（Organization for Economic Co-operation and Development，OECD）国家技术专业化模式的变迁，主要考察的是技术集聚模式[4]。Archibugi 和 Pianta 利用专利数据比较了主要发达国家不同的技术发展侧重点；在同年的另一篇文章中，他们考察了一国技术专业化的程度与技术规模之间的关系[5，24]。这几篇开创性的文章恰好反映了区域技术专业化考察的两个维度：特定技术领域的相对优势及所有技术领域中分布的离散程度。此后不断有学者围绕这两方面开展研究，如 Paci 等[25]、Moreno 等[26]均利用专利数据对欧洲地区国家的技术领域进行考察，俞文华分析了美国和韩国的技术结构和比较优势[27-28]，俞文华[29]、官建成和王刚波[30]、冯仁涛和余翔[31]研究了中国的技术专业化模式和比较优势。国内外研究中所出现的“技术分布”“技术结构”“比较优势”“重点领域”等概念都属于技术专业化的研究范畴。在近期的研究中，Evangelista 等认为技术专业化是经济体将资源、研发投入和竞争力集中和分配到不同的技术领域中的过程，并延伸出不同的“程度”（level）和“模式”（type）[32]。Kogler 等研究的欧洲地区的研发专业化问题就是“知识生产”领域中的“地区专业化”问题[33]。林原等则认为“技术专业化是指具有相对优势的技术在全部技术领域中的占位数量和位置分布”[34]。

综上所述，本书所探讨的区域技术专业化也包含两个维度：一是区域在技术领域间的专业化程度，即集中程度，即区域的技术创新活动是在少部分技术领域中专业化发展的，还是在较多技术领域中多样化发展的，这是区域技术专业化的总体水平和程度（the level of specialization）；二是区域在特定领域中的专业化程度，即比较优势大小，即区域在某个特定领域中，专业化优势有多大，这是区域技术专业化的具体表现形式（the type of specialization）。

1.2.2 区域技术专业化的表现

按照本书关于区域技术专业化的两个维度，分别从技术专业化程度和技术专业化领域这两个方面梳理当前的研究现状。

1. 区域技术专业化程度

区域技术专业化程度是指经济主体的技术创新活动在所有技术领域中分布的集中程度，如果技术优势集中于少数几个领域，则技术专业化程度高；如果技术优势在各技术领域中分布较为分散，则技术专业化程度低。关于技术专业化程度的测算指标，当前学者主要沿用了产业专业化的相关指标，如用基尼系数、HHI、来测算技术的集中程度，用变异系数（coefficient of variation，CV）值、卡方值、技术距离等来测算技术的收敛程度（差异度）等[35-36]。

当前研究主要探讨了不同地区技术专业化程度的特征、变动趋势和影响因素等。①特征方面，Archibugi 和 Pianta 利用专利数据及引证数据，分析了发达国家技术专业化的特征，研究发现一国的技术专业化程度与技术规模之间呈显著的负相关关系，这表明只有经济规模或技术规模较大的国家才可能实现在众多技术领域开展创新活动，而中小规模的国家在某种程度上只能局限在较少的技术领域中进行创新活动[24]。Vertova 在研究中得出了相似结论，认为规模较小的国家因为创新资源有限，应侧重于部分领域的专业化，而规模较大的国家资源丰富，可以开拓更多的领域的专业化[37]。冯仁涛和余翔对中国区域的技术专业化程度进行了研究，发现技术专业化程度与区域的技术规模和经济规模之间均存在显著的负相关关系，即规模较大的省份能够在较广泛的技术领域中开展创新活动[36]。但对不同地区的研究可能会得出不同的结论，如 Ó Huallacháin 和 Lee 利用泰尔指数展示了美国部分城市的技术专业化程度，对比发现高度创新的城市技术专业化程度更高[38]。②变动趋势方面，Archibugi 和 Pianta 发现大多数 OECD 国家的技术专业化程度出现上升趋势，同时差异度也有所提高，这说明许多国家形成了各自独特的技术优势，并专注于此[39]。同样，Paci 等发现 1980~1990 年欧洲区域技术集中程度的提高，主要原因是南北部地区技术创新能力的改变[25]。Cantwell 和 Vertova 发现，1965 年之后，除美国之外的其他 16 个发达工业国家的技术活动更加趋向于集中化[22]。③影响因素方面，Abdel-Rahman 认为城市的技术专业化源于制造业在生产过程中对各种差异化中间服务的需求[40]。Malerba 和 Montobbio 认为跨部门的知识溢出、创新活动的强度、新创新主体的出现和技术合作将影响一国的技术专业化程度[41]。林原等对中国区域技术专业化程度的影响因素进行了研究，发现技术知识存量高的区域比技术知识存量低的区域更容易在技术流动中实现技术专业化，一定程度上解释了为什么创新能力强的地区可能具有更高的技术专业化程度[34]。

2. 区域技术专业化领域

Breschi 等认为创新活动倾向朝特定地区集聚，同时，技术领域的不同也会使各地区的集聚模式出现显著变化[42]。一个地区若在特定的技术领域中相比于其他地区而言具有更明显的创新优势，就意味着这个地区在该技术领域中具备专业化优势[31]。分析各地区的优势技术领域也成了学者关注的焦点，技术领域的划分是分析的第一步。当前关于技术领域的分类方法主要有两种：一是依照产业类别进行分类，二是依照技术类别进行分类。创新活动通常与产业相关，在第一种分类方法下，有学者根据 OECD 或其他权威机构的划分标准，按高技术产业、中高技术产业、中低技术产业、低技术产业来研究各地区的专业化领域[43-45]；还有学者利用专利数据，将产业分类与专利分类进行对应[46-48]。第二种分类方法是将专利直接按技术领域进行分类，Schmoch[49]提出了基于国际专利分类（international patent classification，IPC）的技术分类标准，在被世界知识产权组织（World Intellectual Property Organization，WIPO）采纳的《国际专利分类号与技术领域对照表》中，技术领域可被划分为电气工程、仪器（工具）、化学、机械工程、其他五大领域，这种方法被众多学者应用[29, 31, 50]。

各领域的专业化优势如何衡量？Soete 和 Wyatt 提出了显性技术优势（revealed technological advantage，RTA）指标，这一指标借鉴区位熵的思想，衡量某地区在某个领域的相对比较优势[51]。依照这一思路，Mahmood 和 Singh[52]、Nesta 和 Patel[53]研究分析和比较了 OECD 国家、拉丁美洲及亚洲国家的技术专业化模式，并发现新兴工业化国家注重在快速增长的技术领域中加强专业化。Uchida 和 Cook 选取主要东亚国家，比较了其技术专业化模式和贸易专业化模式，发现考察样本之间在技术专业化模式中的差异远大于贸易专业化模式，而技术专业化部分决定了贸易专业化，也对经济增长产生一定影响[54]。Evangelista 等研究了 1996~2011 年欧洲地区技术专业化模式的变动，发现东部地区在信息与通信技术（information and communications technology，ICT）和电气工程领域的专业化程度上升，在化学、消费品等技术相对成熟的领域中的专业化程度下降，这是技术升级的表现[32]。对于中国的研究中，官建成和王刚波利用中国和世界其他主要国家在美国申请和授权的发明专利数据，分析了各个国家技术专业化模式的异同[30]。俞文华对各技术领域国内外发明专利授权比较优势进行了分析，发现化学和其他领域一直是国内两大优势，国外优势主要集中在电气和机械工程领域[29]。冯仁涛和余翔比较了中国各省区市的技术专业化模式，发现中国不同地区间的优势技术领域差异显著[31]。邱梦圆和丁焕峰发现中国大部分地区的优势技术领域与优势产业有关[55]。在之后关于技术专业化稳定性的研究中，冯仁涛和余翔发现各省区市的技术布局都有较强的稳定性，创新累积的过程大部分都存在较强的路径依赖特征，北京、上海和广东三省市在电气工程领域相对优势不断增强，其他省区市的技术优势则大多集中于食品化学和药品领域[56]。

专利是分析技术专业化领域的主要信息来源，由于中国的专利种类包括发明专利、实用新型和外观设计三种，因此有不少中国学者将不同的专利类型视为不同程度的技术创新活动，通过分析三种专利的比例关系、空间分布等特征来反映区域创新活动的差异。例如，白俊红和蒋伏心在衡量地区专利水平时，将发明专利、实用新型和外观设计分别赋予 0.5、0.3 和 0.2 的权重[57]。隋广军等将发明专利视为专利创新，将实用新型和外观设计视为专利模仿，通过聚类分析发现北京具有高专利创新水平，广东具有高专利模仿水平[58]。尹达将基础性研究和应用性研究作为技术创新分工的表现形式，并以发明专利表示基础性研究，以实用新型和外观设计表示应用性研究，通过数据验证创新分工与城市等级规模的关系[59]。刘凤朝和潘雄锋利用布局系数指标和顺序分布模型，对中国八大经济区专利结构的基本特征进行了考察，发现东南沿海地区的专利结构以外观设计为主，而北部地区的发明专利占比较高[60]。杨中楷和沈露威[61]、吕淑仪[62]均用类似方法对全国或特定省份的专利结构分布情况进行了分析。可以看出，区域专利结构的差异是一种技术创新活动在创新程度上的差异，但目前的研究大多是对现象的描述，对于差异产生的原因及变化趋势的判断则讨论较少。

1.2.3 区域技术专业化的成因

区域的专业化意味着区域之间形成了分工，而集聚是分工的空间组织形态。随着产业集聚的深化，知识集聚逐渐显现，并带来了区域的知识分工，从而形成专业化。马歇尔最先从外部性的角度解释集聚经济，劳动力、中间投入品共享和知识溢出共同组成了外部性，而知识溢出是最核心的机制[63]。隐性知识的传播很大程度上受到地理距离的限制，Maskell 由此提出了区域集群的知识基础理论，该理论的核心观点认为区域间的知识传播很明显地依赖于地理邻近，如此一来相邻的主体可以通过不断地观察及模仿其他主体的做法来获取新知识[64]。Tallman 等提出的"知识集群"观点与之类似，他们认为某一区域内部的企业会因为地理邻近性形成一套统一的知识体系，由此实现区域间知识构架的分工[65]。张钢和王宇峰构建了知识集聚与区域创新的评价体系，对中国 30 个地区进行评价，同时考察了知识集聚对区域创新的作用[66]。齐讴歌等分析了城市集聚经济的发生机制，认为知识分工和技术外部性共同促进了城市集聚经济的产生[67]。

区域功能分工是对技术专业化的另一种解释。Duranton 和 Puga 发现制造业与服务业会出现明显的共同集聚或协同集聚趋势，并且这两个产业在共同集聚的演化过程中会逐渐形成"中心城市以服务业集聚为主，外围城市以制造业集聚为主"的空间格局，从而产生功能上的分工[12]。其中创新功能分工是一个重要部分。张若雪研究发现 2003 年以来长三角区域的城市功能分工越发明显，中心城市上海不仅集中了许多科学研究和技术服务从业人员，还聚集着不少企业的总部和研发机构[14]。何晖和刘德学研究发现珠三角城市群的职能专业化水平呈现不断上升的趋势，中心城市与外围城市在管理和研发专业化水平的差距尤为明显[68]。吕拉昌等[69]、吕拉昌和李勇[70]发现，在工业化、城镇化的背景下，城市职能开始由最初的工业生产职能逐步向服务职能及创新职能演进。他们由此提出"城市创新职能"的概念，并认为"由于文化的差异及创新资源的特点不同，各个城市的创新各有侧重，因此用定性、定量的方法对城市创新职能进行分类研究是可能的"[69]。在此基础之上，吴兰波通过计算专业化指数对广东省 21 座城市的创新职能进行了分析，研究发现各城市创新职能因地而异，不同地区有着不同的相对优势行业[71]。丁军等运用创新区位熵对苏南五座城市的制造业创新体系进行了研究，发现苏南城市制造业各部门的创新分工明显[48]。

另有学者从宏观的制度和经济环境方面分析技术专业化的成因。Archibugi 和 Pianta 研究发现，技术规模较小的国家，由于创新资源有限，更倾向在较少的技术领域中开展专业化的技术活动[24]。Cantwell 和 Vertova 研究了 16 个发达国家长达百年的技术活动，发现由于经济和制度环境影响，除美国外的各国技术活动趋于集中化[22]。在国家创新系统的研究中，Herrmann 和 Peine 发现国家科技机构与特定技术领域中企业的比较优势有关系[72]。Meelen 等基于资本主义多样性理论（varieties of capitalism，VoC），认为包括劳动力市场和金融市场在内的国家制度决定了比较优势，自由市场经济为高技术领域的企业提供了制度优势，因而擅长激进式的创新，而协调市场经济为中高技术领域的企业提供制度优势，擅长渐进式创新[73]。实证分析表明，不同国家的技术专业化模式是源于比较制度优势，国家创新系统的构成和运行一定程度上决定了国家技术专业化[37]。

还有一个角度是创新主体的分工。创新主体是创新系统的重要组成部分。Cooke 等提出“区域创新系统”（regional innovation system）的概念，将地域上出现分工与合作的生产主体、高校及科研院所等组成的区域性组织体系称为区域创新系统，这一系统将有利于持续产生创新[74]。高校、科研机构、企业和政府是最基本的创新主体，不少学者关注各主体间的合作与分工。Estrin 构建了区域创新生态模型，认为区域中的所有创新主体可以分为研究、开发和应用三个群落，与创新的一般过程相对应，区域创新生态系统是否可持续取决于三个群落之间的平衡[75]。陈傲等分析了创新系统内部具有差异化定位的各主体之间的交互和协同如何影响创新产出，一方面，以高校和科研院所为主体的基础性研究对新产品产出没有显著的影响，但对发明专利产出的影响显著，另一方面，产学研较强的联系对于新产品产出具有显著的正向作用，但对于发明专利产出的影响不显著[76]。若将研究尺度扩大至区域层面，则不同创新主体代表着不同的创新驱动类型。谭龙和刘云分析了中国各省区市在五种专利权人类型上的差异，发现东部发达地区的企业对本区域专利的贡献明显大于中西部欠发达地区，而在吉林、黑龙江则是高校的专利贡献率较大，并据此将中国各省区市的专利产出划分为企业驱动型、职务和高校驱动型及非职务驱动型[77]。连远强认为以企业为核心的技术创新网络、以高校科研机构为核心的知识创新网络和以中介机构为核心的服务创新网络之间的互动分工构成了区域共生创新网络[78]。

对技术专业化的成因及理论基础的总结如表 1-1 所示。

表1-1 区域技术专业化的主要成因及理论基础

主要成因	主要内容	理论基础	主要文献
知识集群	地理邻近促进区域内知识传播	外部性与知识溢出	参考文献[64]
区域功能分工	城市职能在制造、管理、创新方面的分工	城市功能分工的演进	参考文献[12]
	城市创新职能在产业（部门）间的分工		参考文献[69]、[70]
宏观经济制度	国家制度决定了技术比较优势	比较优势理论、国家创新系统	参考文献[73]
创新主体分工	各创新主体在区域中的职能分工，主体地位反映了区域不同的创新驱动类型	区域创新系统、区域创新生态	参考文献[74]、[77]

以上四种区域技术专业化的成因表面上看相互独立，但其理论溯源包含着一定的内在联系。产业分工是前两种技术专业化形成的基础。产业分工会形成城市的层级体系[79]，使城市行使不同的职能，拥有创新职能的城市，也因不同的产业基础而在不同的行业部门中进行创新活动。对于技术领域而言，多数地区具有比较优势的技术领域基本与优势产业有关[55]，知识集聚与产业集聚密切相关。后两类技术专业化来源于宏观环境和创新资源的差异。各创新主体拥有各自的职能和侧重点，在创新链上处于不同环节，进行着不同类别的创新活动，以不同主体为主导的地区最终会形成创新程度上的差异。

1.2.4　区域技术专业化的影响

一方面，新古典经济学、演化经济学和新增长理论均强调技术进步和创新对经济增长的重要作用[80]。从需求端看，技术创新将提高产品竞争力，从而促进出口，带来经济增长，这是技术竞争效应；从供给端看，技术创新将提高产业部门生产率，并进一步提高总体生产效率，带来经济增长，这是成本竞争效应[81-82]。当前的大量研究证实了创新集聚、知识溢出对区域经济增长存在促进作用[83-84]。另一方面，演化经济学、经济地理学一直关注区位分工与专业化问题，从需求角度分析经济增长的卡尔多理论发现，地区增长主要是由部分关键部门而不是全部部门所驱动的，指明了专业化的作用[8, 85]。技术机会具有不对称性，当经济体专注于不同机会的技术领域时，会形成不同的经济增长模式[86-89]。因此，除了技术创新的总量之外，技术的专业化程度也将影响区域经济增长。当前关于技术专业化的影响研究主要围绕以下两个方面开展：一是技术专业化总体水平与经济增长的关系，二是特定技术领域的专业化程度与经济增长的关系。

关于技术专业化总体水平与经济增长的关系。在专业化问题的相关探讨中，有一类专业化被称为“斯密专业化”（Smithian specialization），它强调差异化与分工，认为差异化的分工会带来整体的规模报酬递增，促进经济增长，但对于具体的专业化领域并不十分看重[85]。Archibugi 和 Pianta 发现对部分国家而言，专业化本身比专业化于哪种领域更加重要，也就是说，不考虑具体的领域，只强调差异与区域分工有利于经济增长[5]。Evangelista 等[32]、Urraca-Ruiz 和 Laguna-Molina[46]对不同国家的考察证实了技术专业化程度与人均国内生产总值（gross domestic product，GDP）存在正相关关系。此外，专业化程度反映了异质性大小，知识异质性的影响也被广泛考察。就创新团队而言，知识异质性存在“双刃剑”的特征，一方面能够带来不同的知识，提高团队的多样性认知程度，提高知识的整合利用；另一方面会导致团队成员组成小团体并相互割裂，甚至导致恶性竞争，不利于沟通合作，降低团队产出[90-91]。Berliant 和 Fujita 认为若知识的异质性太弱，即共同知识过多，则知识分子缺乏合作产生新知识的动力，若知识的异质性太强，即共同知识过少，则知识分子缺乏交流学习的基础，也不利于新知识的产生，进而不利于经济增长[92]。丁焕峰和邱梦圆对中国区域的考察发现技术专业化的程度与人均地区生产总值增长率之间存在倒“U”形的非线性关系[93]。

关于特定技术领域的专业化程度与经济增长的关系。与上文所指的斯密专业化不同，还有一类专业化称为“李嘉图专业化”（Ricardian specialization），它强调专业化领域的质量，认为专业化于有质量的领域将更大程度地推动产出的增长[85]。在此基础上，许多学者认为专业化于技术含量高的领域有利于经济增长，如 Lall[89]、Meliciani[94]发现高新技术领域的专业化将促进高附加值产品的出口，从而推动经济增长；Brusoni 和 Geuna[95]、Huang 和 Miozzo[96]发现高技术领域的专业化将加快社会学习的过程，推动技术更新迭代，从而加快技术赶超或是巩固自身的技术优势 。同时，也有学者认为对于这些公认的好的技术领域专业化并不一定有利于经济增长，甚至将加大区域经济差异，如 Jungmittag 发现高新技术领域的专业化优势不利于经济收敛，对于这一类技术专业化可能加大区域间贫富差距[50]。Laursen 对日本、芬兰等赶超国家的考察发现在高新技术领域的专业化并不意味着出口的增加，需分情况讨论[97]。Malerba 和 Montobbio[98]、Montobbio 和 Rampa[99]对于发展中国家的考察也有类似的结论。索洛（Solow）提出的生产率悖论（productivity paradox）发现 ICT 投资与投资回报率之间没有明显的关联，之后的一些研究进一步支持了这一观点，认为 ICT 对于经济发展的影响存在时滞，或是存在非线性关系[100-102]。冯仁涛探讨了 ICT 领域的专业化对中国经济增长的影响，并发现 GDP 与 ICT 之间存在“U”形非线性关系，即起初 ICT 发展对 GDP 增长会起到阻碍作用，但超过临界值之后，会由阻碍变成促进[23]。Evangelista 等对欧洲国家的研究发现，提高 ICT 和仪器仪表领域的技术专业程度有利于经济增长，而提高化学和医药领域的专业化程度不利于经济增长[32]。Urraca-Ruiz 和 Laguna-Molina 研究了技术专业化与经济增长的关系，发现由于一定时期内的技术变化十分显著，特定技术领域的专业化对经济增长没有显著影响[46]。丁焕峰和邱梦圆认为不同技术领域的专业化对经济增长的影响路径不同，对于不同创新能力的地区，其影响的程度和方向均存在差异[103]。

综上所述，关于技术专业化对区域经济增长的影响，当前研究存在着正相关、负相关、无关及非线性关系等多种结论，主要研究和争议总结如表 1-2 所示。

表1-2 区域技术专业化经济影响的主要研究及结论汇总

内容	文献	研究对象	研究区间	主要结论
区域技术专业化的总体程度与经济增长的关系	参考文献[5]	欧洲、美国、日本	20 世纪 80 年代	正相关
	参考文献[50]	欧洲国家	1969~1998 年	无关
	参考文献[104]	美国	1985~1999 年	负相关
	参考文献[105]	欧洲、美国、日本	1995~2003 年	倒“U”形
	参考文献[92]	理论研究	—	倒“U”形
	参考文献[106]	中国台湾	1995~2004 年	倒“U”形
	参考文献[46]	23 个国家	1980~2010 年	正相关
	参考文献[32]	欧洲地区	1996~2011 年	正相关
特定技术领域（高新技术、快速发展的技术）的专业化程度与经济增长的关系	参考文献[4]	英国	1945~1980 年	正相关
	参考文献[100]	美国	20 世纪 80 年代	无关
	参考文献[97]	19 个国家	1965~1988 年	正相关
	参考文献[88]	19 个 OECD 国家	1971~1991 年	部分正相关，部分无关
	参考文献[89]	发展中国家	1985~1998 年	正相关
	参考文献[107]	中国	1992~2000 年	正相关
	参考文献[94]	18 个 OECD 国家	1963~1995 年	正相关
	参考文献[95]	化学与药物领域	1989~1996 年	正相关
	参考文献[50]	欧洲国家	1969~1998 年	正相关
	参考文献[96]	拉丁美洲和东亚 5 国	20 世纪 70 年代	正相关
	参考文献[99]	9 个发展中国家	1985~1998 年	需分情况讨论
	参考文献[101]	美国和欧洲	1970~2004 年	“U”形
	参考文献[108]	38 个国家	1985~2005 年	无关
	参考文献[102]	美国和欧洲	1992~2007 年	无关
	参考文献[109]	中国区域	1995~2003 年	正相关
	参考文献[23]	中国区域	1985~2008 年	“U”形
	参考文献[46]	23 个国家	1980~2010 年	无关
	参考文献[32]	欧洲地区	1996~2011 年	正相关

1.2.5 文献评述

通过梳理区域技术专业化在概念、表现、成因和影响方面的研究脉络，可以发现，虽然区域技术专业化及相关问题已经受到学术界的广泛关注，但尚未形成完整的研究框架，区域技术专业化的概念还未明确，理论研究相对缺乏，实证研究存在争议。具体问题如下。

第一，区域技术专业化的概念尚未明确。通过梳理文献，可以看出区域技术专业化的内涵包括多个层面，既包括区域在多个技术领域中创新活动的集中程度，又包括区域在某些特定技术领域中的专业化优势。当前研究大多只分析了其中的一个层面，并且概念的提法多种多样。例如，官建成和王刚波[30]所研究的“技术领域优势”、俞文华[27-29]所研究的“技术结构”和“专利比较优势”，均强调的是特定技术领域的专业化优势。冯仁涛认为区域技术专业化的模式和程度两方面构成了完整的技术布局研究[23]。林原等认为技术专业化是指具有相对优势的技术在全部技术领域中的占位数量和位置分布，所构建的计算指标将技术优势和技术集中度融为一体[34]。由此可见，在概念不明确的情况下，区域技术专业化的研究显得分散和不完整，因此需构建统一的框架，对区域技术专业化进行全面研究。

第二，实证研究较多，理论与实证的联合较少。目前关于区域技术专业化的表现、成因及经济影响方面的研究都主要集中在实证研究上，理论探讨比较缺乏。对于区域技术专业化的成因，当前研究主要是基于现有理论加以延伸，如从产业集聚延伸到知识集聚[65]，从区域功能分工延伸到城市创新功能分工[69-70]，或是从其他宏观环境中探讨区域技术专业化的影响因素[34，73]。这使得理论框架分散，区域技术专业化的形成机制并不明晰，也限制了学者对区域经济非均衡发展的本质理解。对于区域技术专业化的影响，当前研究主要针对不同地区进行实证分析，实证结果多种多样，但缺少对于结果不统一的原因分析和规律总结，使得“区域技术专业化对区域经济增长有没有影响、有怎样的影响”这些问题依旧没有解决。

第三，实证检验存在诸多争议。区域技术专业化是否有利于区域经济增长，由表1-2可以看出，目前的实证研究尚未得出统一的结论。通过对文献进行分析，可以发现一部分原因在于技术专业化的界定没有统一，对于技术领域的划分标准还存在分歧[46]，不同标准下的结果自然不同；另一部分原因在于技术专业化与经济增长也许不是简单的线性关系，而是根据地区发展阶段的不同出现不同的效果，所以在针对不同研究对象、不同研究区间的实证分析中产生了不同的结论。因此在实证分析中，需考虑更完整的技术专业化界定范畴，并充分分析研究对象的发展阶段，选择合适的计量模型。

第四，对中国区域技术专业化的探讨相对较少。“技术专业化”这一话题在企业和团队层面中的研究更为普遍，在国家和区域层面的研究起步较晚。国外学术界对于技术专业化的讨论相对丰富，但大部分研究基于国家层面，国内对技术专业化问题的讨论目前更多地集中在描述阶段，与产业和经济发展的联系较少。因此，为弥补现阶段的研究不足，需要明确技术专业化的研究内容，搭建联系理论与实际的桥梁，实证研究中还需考虑多种不同的情况，使研究更加完整。

1.3 研究目的和意义

1.3.1 研究目的

本书的目的是将理论与实证相结合，分析各类创新活动在中国区域间的分布特征及内在机制，重点探讨技术布局结构和具体技术领域的专业化对不同类型地区经济增长的影响，以期为各地区创新协同发展提供参考。具体包括以下方面。

（1）展示区域技术专业化的现状特征，即展示创新活动在区域间是如何分布的，是否会出现集聚或层级现象，不同地区所集聚的创新活动是否不同，有怎样的演变趋势。

（2）解释区域技术专业化的形成机制，即解释技术创新为什么会出现空间上的分布不均现象，这种差异与什么因素有关；在什么条件下会产生集聚，技术的专业化集聚或多样化集聚又是如何形成的。

（3）揭示区域技术专业化的经济影响，即分析专业化程度的高低是否会影响经济增长，不同的专业化模式又会对经济带来怎样不同的影响，这种影响与什么因素有关，为各区域技术模式的选择提供参考。

（4）为解决创新驱动下区域协同发展问题打下基础。科学地解释不同类型地区的创新定位、如何选择正确的技术发展方向，以及创新驱动发展下区域创新体系内部如何分工协同，为区域创新协同发展提供理论依据。

基于此，本书要解决的问题是区域技术创新的分工协同问题，也就是说，在遵循创新资源空间分布规律的情况下，各地区如何选择重点发展的领域，明确创新驱动发展的不同定位，形成错位发展、差异化竞争的分工格局，推动整体的创新协调发展。

1.3.2 研究意义

以往关于区域创新的研究大多关注的核心问题是为什么创新活动会集聚并造成区域差异。伴随着内生增长理论的发展而产生的知识生产函数，为知识生产过程的研究提供了分析框架，其中大部分的研究结论是创新要素[如研究与开发（research and development，R&D）资本存量和人员]会对创新产出造成显著的影响。要素的差异会导致产出的差异，这是不可否认的，但进一步问，为什么地区间会有创新要素的差异？这是政策可以调控的，还是与区域的产业经济发展相关？区域差距并不都是不合理的，从专业化分工的角度可以解释部分差距产生的原因，最终实现区域的协同。

本书的意义包括理论和实践两个方面。

（1）理论方面，搭建区域技术专业化的分析框架。专业化分工是一个古老的经济学命题，合理的分工会带来生产效率的提升。区域技术专业化是新经济形势下中国区域经济所出现的新格局，到目前为止对区域技术专业化的研究还不够深入，然而将这个概念分解开来，区域专业化问题是拥有悠久历史的经济学命题，技术创新问题是发展最为强劲的研究方向，两个领域均有大量的理论基础。本书将从两个领域的理论脉络入手，找寻区域专业化与技术专业化理论间的联系，在古老命题的基础之上加入新的元素，搭建区域技术专业化的理论研究框架，丰富区域分工理论，这是本书的理论意义。

（2）实践方面，为不同类型地区技术创新领域的选择与布局提供参考建议。创新是一个复杂的系统工程，一个地区的创新受到许多因素的影响，每个地区都有自己的独特特征，具有复杂性，也正因为如此，研究不同地区的创新活动的不同内容，试图寻找一般规律是有意义的。以往区域创新政策的主要方式是学习和模仿，落后地区会模仿先进地区的发展方式以实现经济增长，但缺乏基础、脱离现实的复制容易导致发展模式的同质化。因此，运用多种实证方法从不同角度对区域技术专业化的现实状况进行剖析，总结创新活动的特征及演化趋势，分析不同创新活动的影响路径，为各地区技术创新重点领域的选择提供政策参考，是本书的实践意义。

1.4　研究内容与方法

1.4.1　概念界定

上文对于区域技术专业化的内涵分析得出：区域技术专业化既是“地区专业化”概念在技术领域的延伸，又是企业等微观主体的“技术专业化”在区域层面的扩展。本书综合地区专业化和产业链分工的思路，认为区域技术专业化所展示的是不同领域的技术创新活动在各区域的分布，导致某一区域在这些技术领域中具有专业化优势，而另一区域在其他技术领域中具有专业化优势。因此，本书“区域技术专业化”定义的内涵是：某区域相对于其他区域在多个技术领域中的创新活动的布局特征。这里包含四个关键词：“相对”、“技术领域”、“创新活动”和“布局”。接下来将对这四个关键词分别进行解读和界定。区域技术专业化是一个相对概念，专业化与否是通过比较而得出的，因此目标区域和区域所在整体都需要关注。对于“创新活动”的界定，实际上，区域的技术创新活动是十分复杂且难以描述的，因为创新活动不仅存在于不同的技术领域中，其本身又可以分解为不同的创新环节，包含不同的创新主体，这些都可能成为专业化问题的分析基准。本书在探讨区域技术专业化问题时，是将技术创新看作一个整体，内部不再区分环节，各地区技术创新活动的不同，是由创新产出属于不同领域所表示的，如此可以更清晰明了地展示各地区在技术创新上所呈现的特征。

区域技术专业化重点探讨的是“布局”问题，承袭以往研究，本书所探讨的区域技术专业化包含两个维度：一是区域在技术领域间的专业化程度，即集中程度，也即区域的技术创新活动是在少部分技术领域中专业化发展的，还是在较多技术领域中多样化发展的，这是区域技术专业化的总体水平和程度；二是区域在特定领域中的专业化程度，即比较优势大小，也即区域在某个特定领域中，专业化优势有多大，这是区域技术专业化的具体表现形式。这两个维度构成了本书“区域技术专业化”定义的外延。之所以将区域技术专业化拆分为两个维度进行研究，是因为这两个维度的侧重点不相同且不可忽略，第一个维度侧重技术活动的内部结构，第二个维度侧重技术活动的具体内容。上文的文献综述中提到，对经济产生影响的专业化可分为斯密专业化和李嘉图专业化两类，第一类强调分工，不关注具体的领域，而第二类则强调专业化领域的质量，区域技术专业化的两个维度与这两类专业化相对应。因此，为更全面地探讨区域技术专业化对经济增长的影响，本书从两个维度进行研究。

对于“技术领域”的界定，以往学者在描述创新领域时，多是以物理、电子、化学等 IPC 技术领域作为各领域划分的依据，而本书重点以产业领域作为各领域划分的依据，原因如下。

第一，技术创新需要具体的产业作为载体。创新是改进或创造新的事物、方法、元素、路径、环境，并获得一定有益效果的行为，包含的内容极广。本书的范畴是技术创新，是指特定生产过程的对生产工艺或制造环节的改进，以提高生产效率。一方面，不同于艺术创作，技术创新是以实体制造业作为载体的，如汽车零部件的新发明是汽车制造业的创新，造纸技术的改进是造纸行业的创新。Evangelista 等发现由欧洲的技术差异所产生的“智慧专业化”与区域竞争力和产业专业化具有极强的联系[32]。另一方面，由于产业性质的不同，并不是所有产业都需要大量的创新活动，高技术制造业自然包含着较多的技术创新，而传统行业则没有太多的技术创新，区域根据自身情况进行不同类型行业的创新活动，也就有可能产生创新产出上的差异，从产业入手研究创新活动将提供更多的信息。

第二，区域技术专业化以产业分工为基础。从演化的角度看，区域分工与专业化的源头是产业分工，区域层级、功能分工、产业链分工、垂直专业化均由产业分工演化而来，虽然当前关于区域技术专业化形成机制的研究还比较少，但从诸多关于"不同地区进行不同创新活动"的研究来看，它们的理论溯源也可以追溯到产业分工的本质。本书试图将各地区的技术专业化与产业专业化进行对比，观察从产业间分工到产业链分工的演变情况，因此需要把技术领域和产业领域对应起来。

第三，从产业的角度分析技术专业化具有更强的现实指导意义。集聚是现代经济社会最显著的特征，某地区集聚的主导产业则是该地区经济角色的最直接的表述，如汽车城、软件园等。各地的高新区均会介绍园区内的主要产业，这代表着园区创新活动的主要方向。目前关于区域创新的政策建议主要为加强要素投入、提高创新主体地位等，但是技术创新是与产业息息相关的，要增加哪一类要素的投入？是在现有产业基础上加强创新，还是引进没有产业基础的研发总部，直接跃升产业链高端？这些更加具体的问题对于实践有更重要的指导意义。除此之外，实现区域创新协同需要创新中心向周边地区辐射，而产业及产业链是重要的辐射通道，从产业的角度研究创新活动，对于辐射通道的构建并实现区域协同具有一定帮助。

1.4.2　研究思路

本书所关注的主要问题是区域技术创新的分工问题：对于中国这一区域创新差距显著的经济体，如何遵循技术布局和发展规律，依据各地区自身特点，实现合理分工、差异化发展的格局，实现区域创新协同发展。本书的思路框架如图1-4所示。研究问题可以分解为"是什么"、"为什么"和"怎么样"三个子问题，即目前中国的区域技术创新空间格局是什么？为什么会形成区域技术创新集聚及专业化？区域技术创新的布局结构对区域经济增长有怎样的影响？从技术结构入手，以区域技术专业化作为研究对象，通过分别研究其成因和影响，解决上述问题。①通过研究区域技术专业化的两个维度，分析中国各区域在技术领域间的集中或分散程度和在特定技术领域中的比较优势大小，总结规律，解决"是什么"

的问题。②成因方面，主要研究：第一，技术创新为什么会出现空间分布不均的问题？第二，技术创新的专业化集聚或多样化集聚如何产生？通过这两个主要问题解决“为什么”的问题，并分析创新能力较低的地区（非创新集聚区）如何提高自身福利。③影响方面，主要分析：第一，技术专业化程度的高低是否会影响经济增长？第二，哪些技术领域的专业化优势有利于经济增长？通过这两个主要问题解决“怎么样”的问题，并分析不同地区该如何选择创新发展的重点领域。由成因和影响两个方面的研究结论得出可以指导实践的政策建议。

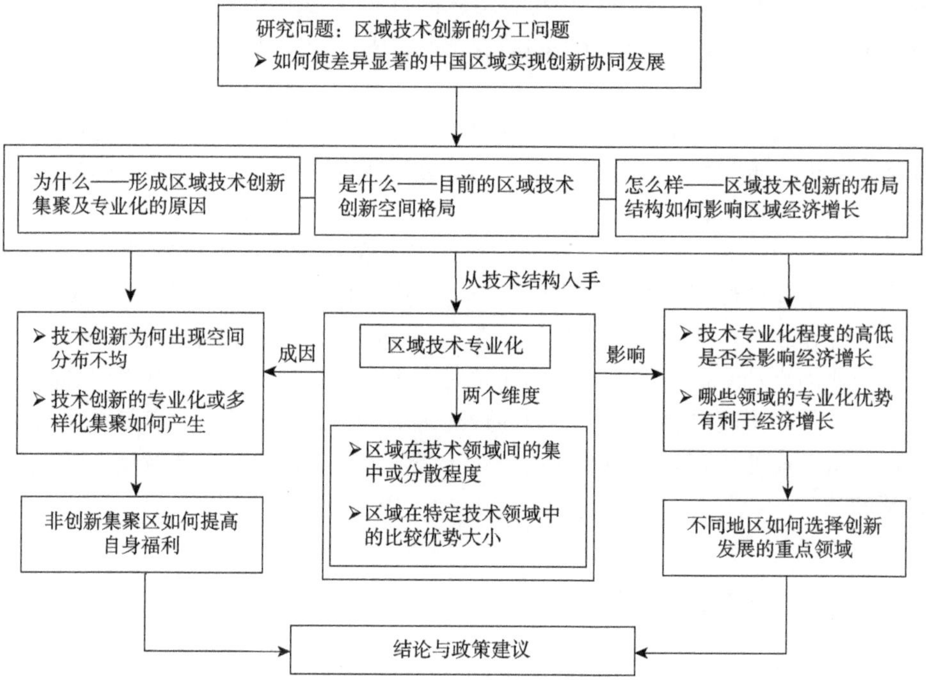

图 1-4　研究思路图

1.4.3　研究内容

明确技术专业化的两个研究维度，并以产业领域作为技术专业化的划分标准，本书将技术创新这一相对抽象的概念转换为具体的研究标的，从技术创新活动的区位分布探讨区域技术专业化与分工，并探讨各种专业化模式对经济的作用。本书按“理论基础—现象描述—模型探讨—实证分析”的基本思路进行研究，技术路线图如图 1-5 所示。

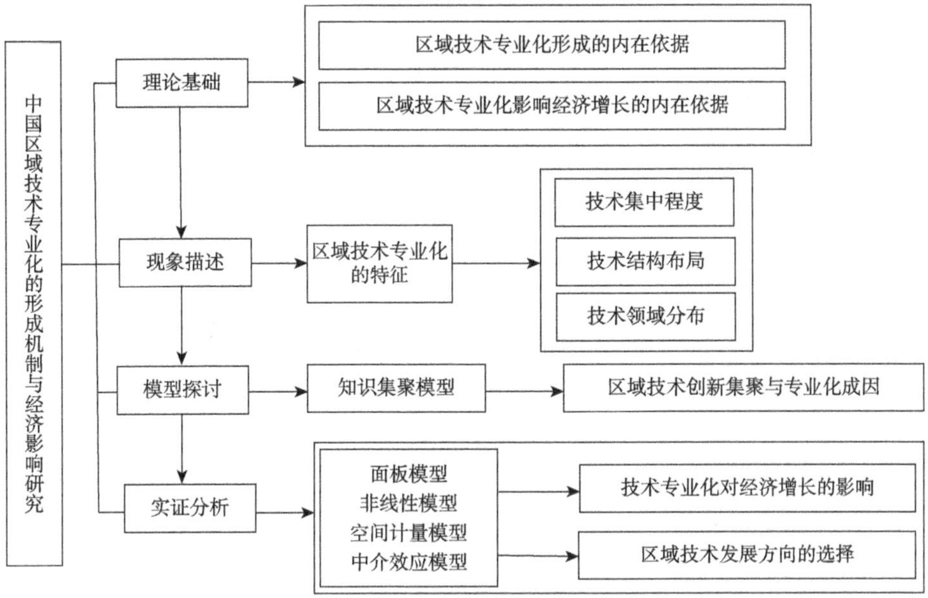

图 1-5 技术路线图

（1）理论基础：以往研究对于产业集聚、地区专业化、技术进步、知识溢出等均有较为成熟的理论基础，本书将这些理论加以总结，重点以新经济地理学为核心，从“产业集聚—技术创新与扩散—创新分工”的思路对区域技术专业化的形成机制进行分析；并以新增长理论为核心，从技术创新和专业化这两个方面分析技术专业化对经济增长产生影响的内在依据。

（2）现象描述：本书将利用各类统计图表展现各地区的发明专利在数量和领域上的分布差异，并利用不同指标，从集中程度、结构布局和领域分布三个方面初步总结中国区域技术专业化的变动趋势及影响因素。

（3）模型探讨：本书以新经济地理学模型为基础，以知识分子流动和知识创新过程为主要研究视角，探讨知识集聚的机制，以及知识集聚与企业集聚的互动过程，进而分析知识的流动、异质性和扩散性对区域经济增长和地区间福利差异的影响。在此基础上，本书选取中国技术创新发展最快同时又是内部差异最大的省份——广东省作为案例对象，分析广东省内的技术创新格局及其变动趋势，分析原因，呼应理论模型结果。

（4）实证分析：为验证理论模型的实际意义，本书将结合多种计量模型和技术手段，综合分析区域技术专业化与区域经济增长的互动，具体包括以下两个部分。

一是区域技术专业化对经济增长的影响。在技术创新驱动经济增长的机制中，除了创新的总体规模，创新的内部结构也可能影响经济增长。本书利用专利数据和经济数据，从技术结构的集中度、差异度方面考察各地区技术专业化的总体程度及特定的技术领域的专业化程度对经济增长的影响。

二是区域技术发展方向的选择。选择正确的技术领域并实现专业化是各地区在创新驱动发展战略下的重要课题。本书利用专利数据，构建两种不同领域的技术专业化指标，设计包含交互项的空间计量模型及中介效应模型，检验不同类型的技术专业化对经济增长的作用机制和溢出效应，为区域技术创新重点领域的选择提供参考。

1.4.4 研究方法

本书涉及知识集聚、异质性、技术溢出、技术专业化、经济增长等多个主题，是集合了新经济地理学、技术经济学和区域经济学的交叉学科研究，包括以下研究方法。

（1）模型推演法。以新经济地理学模型框架为基础，将知识创新与扩散模型和增长模型等相结合，利用 Mathematica 11 软件进行模型推导和均衡求解，刻画知识集聚的形成机制，并进一步加入经济增长和福利分析，求解知识集聚和异质性对区域经济的影响。

（2）实证分析法。包括以下几种方法。①非线性模型。传统线性模型不能很好地拟合现实情况，也造成了结论的争议，运用含二次项和交互项的模型，可以从非线性的角度挖掘更多潜在信息。②空间计量模型。空间计量弥补了传统计量方法中忽略空间相关性和异质性的缺陷，是研究空间问题的重要分析工具，也是本书中分析技术创新溢出效应的重要方法。③中介效应模型。中介效应模型通过对中介变量的研究，可以分析普通模型中自变量对因变量影响的作用路径，是对普通实证模型的一种补充，是进行影响机制分析的重要方法。本书的所有计量模型均通过 Stata 软件进行。

（3）案例分析法。本书通过对珠三角地区进行实地调研，对当地科技发展的真实情况进行描述，以总结和印证理论与实证分析得出的结论，弥补模型研究过分强调假设、实证分析过分依赖数据所带来的偏差。

1.5 可能的创新之处

第一，在经济学的理论背景下，本书对区域技术专业化的内涵进行了多角度的理解，对区域技术专业化的内在依据进行了系统性的论述，并提出本书对于区域技术专业化的概念界定和研究范畴，丰富了区域技术专业化的理论框架。以往对于区域创新问题的研究更多的是依据创新投入与产出，或是创新能力评价和排序，这是基于创新总量规模的。技术创新总体规模固然会影响经济增长，而创新的内部结构也可能是影响经济的关键因素，但结构问题却没有得到足够的重视。本书从区域技术专业化的角度探讨区域创新活动的内部结构，分析技术布局的特征和内在机制，关注的是各区域的专业化优势，是对当前关注总量研究的一个补充，同时也为在中国这一区域差异显著的经济体中，不同的区域如何布局更为高效的技术结构，如何选择更为合理的重点技术领域等实际问题打开分析思路，为区域创新问题提供新的分析视角。

第二，本书将技术创新活动与产业活动紧密联系起来。以往利用专利数据开展技术专业化的相关研究更多地存在于科学学、情报学等学科领域中，这些研究往往更关注技术本身，没有和当地的产业基础联系起来。本书站在经济学的框架之下，将技术创新活动和产业活动紧密联系，不仅应用专业的专利数据网站（incoPat科技创新情报平台，www.incopat.com）实现技术领域分类和产业领域分类的匹配，将技术专业化和产业专业化进行对比研究，还率先构建了与产业基础相关联的技术专业化指标，探讨各地区专业化于与自身优势产业相关的技术领域是否有利于经济增长，对当前只关注高新技术领域的研究现状进行补充，也为创新能力不强的地区如何发展优势技术提供现实参考。

第三，本书采用新经济地理学分析框架，从知识分子的异质性视角分析知识多样化集聚或专业化集聚形成的内在机制。区域技术专业化问题也是一个技术创新的空间分布问题，与以往主要从时间维度探讨区域技术专业化的形成不同，本书试图从空间维度开展分析，引入一个新经济地理学模型分析技术创新集聚、知识异质性，以及技术的多样化集聚、专业化集聚等问题。本模型同样将知识生产过程与产品生产过程紧密联系起来，探讨技术专业化与经济增长和区域福利的关系，丰富当前研究的理论基础。

第四，本书在总结当前研究争议出现的原因的基础上，对实证模型进行改进。一是在计量模型中引入二次项和交互项，探讨技术专业化对经济增长可能存在的非线性作用，为当前的研究争议提供解释；二是考虑技术创新的溢出效应，引入空间计量模型，考察技术专业化对周边地区的影响；三是利用中介效应模型考察技术专业化对经济增长的作用机制，弥补当前只重视作用结果而缺少作用机制分析的情况。通过以上改进，本书发现不同的技术专业化模式对经济增长的作用机制不同，对不同地区会有不同的影响结果。这诸多的“不同”，强调了各地区在制订创新发展规划之时需因地制宜，为精准、合理的创新政策提供现实依据。

第 2 章　区域技术专业化的理论基础

“区域技术专业化”包含了“技术创新”和“区域专业化”这两个关键词，技术创新理论和专业化分工理论共同构成了区域技术专业化的理论大框架，若将专业化分工细化为生产活动的专业化，将技术创新看作生产活动的一个环节，技术创新理论便与专业化分工理论形成了部分联系，构成区域技术专业化的理论基础。本书主要探讨的是区域技术专业化的形成机制与经济影响，因此本章主要论述形成机制和经济影响这两个方面的理论基础。

对于区域技术专业化的形成机制，经济集聚是形成区域专业化的主要原因，新经济地理学是揭示经济集聚形成机制的主要理论。在新经济地理学的发展过程中，逐渐融入了技术创新的思想，使知识生产过程成为影响经济空间分布的重要因素之一，也为区域技术专业化的形成机制提供思想基础。对于区域技术专业化的经济影响，既包含了技术创新对经济增长的作用，又包含了专业化与分工对经济增长的影响。新增长理论重视技术创新、知识外溢的经济增长效益，同时也关注劳动分工、边干边学、专业化等问题对经济的影响，为区域技术专业化的经济影响提供了理论框架。因此，本章以新经济地理学和新增长理论为核心，从产业集聚、技术创新与扩散、区域创新分工三个方面论述区域技术专业化形成的内在依据，并从创新驱动增长、专业化理论两个方面论述区域技术专业化影响的内在依据，整个思路框架如图 2-1 所示。论述过程中还将结合技术扩散论、区域分工、比较优势、增长极等相关理论，综合构建区域技术专业化的理论基础。

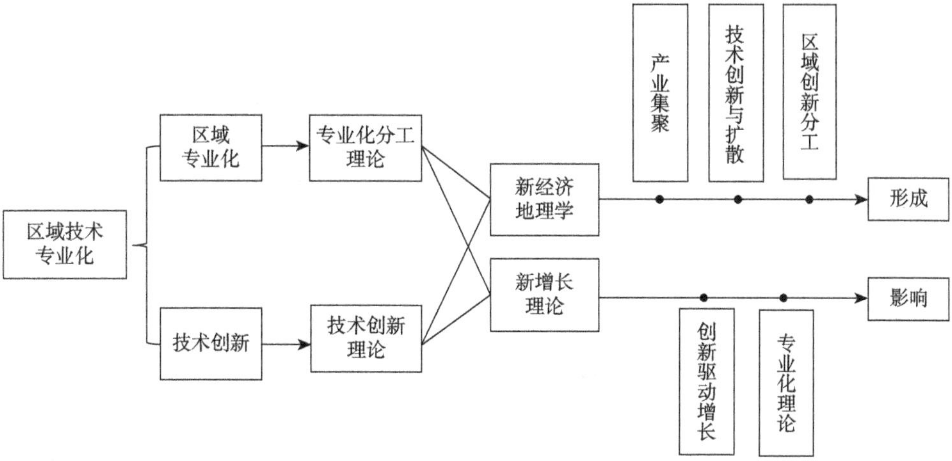

图 2-1　理论基础的论述框架

2.1　区域技术专业化形成的内在依据——以新经济地理学为核心

2.1.1　概述

技术创新作为生产活动的一个环节，产业专业化是技术专业化的一个原因，同时，技术创新还有自身独有的特征，知识的溢出和扩散、创新主体之间的合作交流均会影响一个地区的创新发展方向。产业活动和创新活动本身都是区域技术专业化形成的内在依据，不同的学科和流派从不同角度对这些问题进行了研究，如产业区位论、创新理论、创新系统理论等。20 世纪 90 年代以来，新经济地理学的兴起解释了产业集聚的内在机制，同时也为创新活动的空间问题研究提供了理论框架，本节将以新经济地理学为基础，结合其他相关理论，探讨区域技术专业化形成的内在依据。

新经济地理学由 2008 年诺贝尔经济学奖获得者克鲁格曼（Krugman）开创，是经济活动区位分析的重要理论。经济集聚现象是现实经济中最显著的特征之一，而主流经济学理论却缺乏对空间维度的考量，不断重复规模收益不变或递减、完全竞争等基本假定，但是这些假定并不符合经济活动出现空间聚集的现象。新经济地理学将空间因素纳入一般均衡理论的分析框架中，在规模报酬递增、不完全竞争、存在运输成本的条件下分析和解释了同质劳动者和企业的区位选择行为如何影响空间异质的形成和发展。该理论以迪克西特–斯蒂格利茨垄断竞争分析框架（D-S 垄断竞争分析框架）[110]和“冰山”交易成本[111]为分析工具，以“核心–边缘”模型（C-P 模型）[8]为基础模型，分析框架中包含四个基本方程（4R 方程）：收入方程、价格指数方程、名义工资方程和实际工资方程，以 4R 方程的解来分析和描述均衡状态。

以伯利安特、藤田昌久、蒂斯等为代表的学者在 C-P 模型的基础上，扩展了一系列新经济地理学模型，为区位问题的研究提供了更广阔的空间。接下来本章将从产业集聚、技术创新与扩散和区域创新分工三个方面，梳理传统理论和新经济地理学的延伸，阐述区域技术专业化形成的依据，同时也为后文的模型构建提供理论基础。

2.1.2 产业集聚理论

1. 传统的产业区位论

产业集聚是一种常见的经济现象，产业集聚理论的主要目的是解释集聚产生的原因和演化方向。早在 19 世纪 90 年代，人们便对产业的区位选择问题产生兴趣，并催生了古典区位论、现代区位论，以及影响力最大的新经济地理学等一系列理论。

产业区位论分为古典和现代区位论。古典区位论起源于德国，以杜能（von Thünen）的“孤立国”理论为代表。von Thünen 在 *Der Isolierte Staat in Beziehung auf Landwirthschaft und Nationalökonomie* 中考虑运输因素，以寻找最佳配置点为视角形成了“杜能环”理论[112]。该理论认为农产品种植与农产品消费市场的距离相关，“集约作物”总生长在市场附近，因此在中心城市外围将形成一个个同心圈，随着我们越来越远离城市，作物集约度将不断下降。“杜能环”理论首次揭示了农业区位分布的客观规律，阐明了市场距离（包括时间和运输成本）对农产品集约程度的影响，对于之后的经济集聚研究起到了重要的启发作用。

德国经济学家 Launhardt 在 *The Principles of Railway Location* 一书中对运输和区位网络给出了系统阐释，他从运输规划的角度推导出连接各商业中心的公路的最优方向和密度公式，提出了在给定资源供给和产品销售条件的情况下，通过使运输成本最小化而确定厂商最优区位的方法[113]。劳恩哈特（Launhardt）的研究从运输成本的角度为理解产业集聚提供了启示，并提供了基于几何学和微积分的数学解决方法，此外，他的研究包含了商业，优于只强调工业的研究，但由于他的著作全部用德文书写，且年代久远，成果的贡献在很长时间内没有得到重视。

德国经济学家韦伯在《工业区位论》中首次将集聚规模经济分析纳入区位选择理论中，他把影响区位的因素分为两类：第一类是直接引起工业区位分布的区域因素，包括运输成本和劳动力成本；第二类是引起工业再分布的集聚和分散因素[114]。虽然韦伯的研究强调运输成本对工业区位起决定性的作用，但随着技术变革使运输成本不断下降，关于集聚因素的分析更具启发性。韦伯认为集聚因素来源于特定工业通过技术设备、劳动组织等大规模生产产生的优势，分散因素来源于伴随集聚而产生的地租不可避免的增长。

勒施在《经济空间秩序：经济财货与地理间的关系》中认为决定企业最优区位的因素之一是市场需求，建立了具有动态特征的市场区位理论，这一理论中决定企业区位的原则不是（运输）成本最小化，而是利润或效用最大化[115]。他提出“市场区”和“经济区”概念，运用一般均衡方法抽象描述区位的相互依存，为区位动态理论的发展奠定了基础。

第二次世界大战后，现代区位论迅速发展。该理论将空间相互作用与生产者利润最大化、消费者效用最大化和市场均衡等分析工具结合起来，为填补古典区位论和主流经济学之间的鸿沟迈出了重要一步。以马歇尔为代表的新古典经济学用外部经济解释集聚，认为地理集中能产生专业化供应商、劳动力蓄水池和便捷的信息传播等外部效应，这使得外部经济成为主流经济学中对空间问题的主要解释[63]。Hoover 和 Giarratani 沿用外部经济的思想，从自然资源优势、集中的经济性和运输成本三个方面对产业集聚的起因和区位结构的形成进行分析[116]。这之后现代区位论的代表人物和成果包括：Samuelson 的空间市场均衡模型[111]，Isard 对区域总体均衡影响因素的验证[117]，Sato 的连续流模式[118]。

虽然空间经济分析出现了突破性的进展，但空间维度却长期游离于主流经济学之外。Starrett 证明：如果空间为均质，存在运输成本，代理商是有限的，且所有需求在本地无法得到满足，那么就不存在有关运输成本的竞争均衡[119]。因为存在运输成本时，同一种商品在各地的价格不同，经济主体有潜在的迁移趋势，生产会集聚到价格高的一方，因此不存在竞争均衡。这便是“空间不可能定理”，大部分区位理论都不存在均衡，即无法将空间变量纳入阿罗-德布鲁的一般均衡模型中来，因此有关空间经济的研究对于主流经济学家而言缺乏吸引力。

2. 新经济地理学产业集聚模型

Krugman 在 *Increasing returns and economic geography* 中建立了 C-P 模型，实现了立足于消费者（同时也是生产者）和企业的区位选择的一般均衡分析，是开辟新经济地理学的奠基之作[8]。该模型在 D-S 垄断竞争分析框架下包含南北两个地区，并引入了 Samuelson[111]的“冰山”交易成本概念作为地区间的运输成本，即运送 1 单位的产品，只有 $\tau(\tau<1)$ 的部分能到达目的地，其余 $(1-\tau)$ 部分在运输中途损失掉了。分别运用消费者效用最大化和生产者利润最大化求解两个地区的 4R 方程，并得出短期与长期均衡，产生如图 2-2 所示的 C-P 结构。

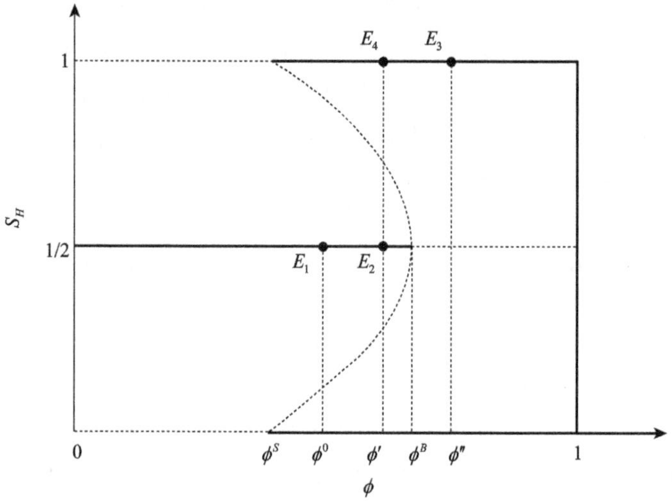

图 2-2　C-P 结构战斧图解

资料来源：见参考文献[120]第 36 页

图 2-2 中横轴表示贸易自由度 ϕ，纵轴表示北部工人所占份额 S_H，实线和虚线分别表示稳定和不稳定的长期均衡。当贸易自由度范围为 $0<\phi<\phi^B$ 时，对称结构是稳定的，此时南北部工业劳动力各占一半；当 $\phi^S<\phi<1$ 时，C-P 结构是稳定的，此时工业劳动力全部集聚在北部或南部；当 $\phi^S<\phi<\phi^B$ 时，有五种均衡状态，包括对称结构、两种 C-P 结构和两种内部非对称结构。可以得出的结论是：当贸易自由度很低时，人口和生产活动是分散的，随着贸易自由度开始提高，生产区位不会马上改变，但到某个临界值时，工业生产活动会很快朝一个地区集聚，形成工业核心区和农业边缘区的空间结构。

C-P 模型总结了几个关键特征，包括本地市场放大效应、循环累积因果关系、内生的非对称性、突发性聚集、区位黏性等。其中循环累积因果理论最早由缪尔达尔提出，他发现新的工业一旦在某个区位成长，便会引起本地就业增加、收入提高、移民增加、需求扩大、产品及服务总类增多等一系列效应，促进新工业的成长并吸引更多工业进入，形成不断循环的过程，C-P 模型从需求关联和成本关联角度阐述了循环因果链的形成过程[121]。此外，赫克歇尔–俄林原理（Heckscher-Ohlin theorem）表明，一国会使用要素禀赋密集的资源生产和出口产品，贸易自由度的提高使区域间逐渐趋于对称[7]，而 C-P 模型的内生非对称性表明，贸易自由度提高将进一步加剧初始差距，使产业集聚在一个区域。突发性集聚和区位黏性对于政策分析具有重要意义，由图 2-2 可知，当贸易自由度由 ϕ^0 上升至 ϕ' 时，对称结构依旧稳定，产业分布不变，而从 ϕ' 上升至 ϕ'' 时，产业结构发生突变，工业朝一个地区聚集，也就是说，当某个经济变量接近门槛值时，政策的细微变化可能会引起突变，而反过来，当贸易自由度由 ϕ'' 减小至 ϕ' 时，均衡点变为 E_4 而不是 E_2，产业分布不变，这便是“路径依赖”效应，政策朝反方向变化时经济系统不能恢复到之前的状态。C-P 模型分析解决了许多区位现象和内在原因，并在此基础上发展了众多新经济地理学模型，扩充了理论的研究范围。

传统区位理论研究了集聚产生的外生动力，新经济地理学派分析了集聚产生的内生动力，然而大多数研究都基于同质性假设，没有考虑异质性问题。Melitz 将异质性企业理论融入新经济地理学，形成“新新经济地理学”理论，为研究异质性问题做出了巨大贡献[122]。此外，传统的新经济地理学模型忽略了历史性、地方特性问题，并且没有关注集群在生命周期的不同阶段集聚因素的作用机制不同，为弥补这些不足，近些年来经济地理学者融入了演化思想，发展了演化经济地理学。演化经济地理学不认同新古典经济学关于理性人的假设，它以有限理性为起点，强调历史，以生物演化学说和复杂科学为基础，揭示具体时空背景下的经济变迁规律[123]。

2.1.3　技术创新与扩散理论

1. 创新理论

Schumpeter 在 1912 年首次出版的 *The Theory of Economic Development* 标志着创新理论的诞生，不同于古典经济学将创新认为是经济系统以外的因素，他引入创新（innovation）概念，并与发明（invention）做出区分[124]。为了阐释创新，Schumpeter 提出五种创新模式，包括新的产品、新的生产方式、新的市场、新的供应来源、新的组织形式，并进一步将创新定义为“在经济生活的范围内以不一样的方式做事”[125]。创新理论包含以下六个主要观点：①创新是生产过程中内生的；②创新是“革命性”变化；③创新同时意味着毁灭；④创新必须能够创造新的价值；⑤创新是经济发展的根本保障；⑥创新的主体是“企业家”。[126]

熊彼特（Schumpeter）用创新概念从机制上解释经济发展，区分了“经济增长”与“经济发展”两种情况，为社会经济发展研究赋予了新的内涵。主流经济学在静态均衡中不存在利润空间，熊彼特将利润作为“成功创新的额外奖励”，是对利润的有力解释，创新引发的“创造性破坏”（creative destruction）导致了资本主义向新社会的转变。同时创新理论中还涉及与产业集群相关的内容，熊彼特认为产业集聚和创新是相辅相成的关系，孤立的企业难以实现创新，集聚有助于创新，集聚与创新的互动关系将影响产业生命周期。创新学派衍生出了多种经济学理论，长波理论、系统理论、演化经济学、复杂经济学等为经济研究提供了多种视角。

2. 技术扩散理论

20 世纪 60 年代，美国学者 Rogers 提出一个关于通过媒介劝服人们接受新观念、新事物、新产品的理论，即创新扩散理论[127]。在 *Diffusion of Innovation* 一书中，Rogers 总结出创新事物在一个社会系统中扩散的基本规律，将扩散过程分为知晓、劝服、决定、实施和确定五个阶段，提出了著名的 S 曲线理论：技术传播的过程类似于一条“S”形的曲线。罗杰斯（Rogers）对创新扩散的理解有几个要点，首先创新能被采用者接受，因其本身有应用价值；其次采用创新的主体可以是个体，也可以是团体，而组织是团体中的一个重要构成；最后，无论创新是何种类型，本质都是新颖的信息。

罗杰斯对创新扩散和技术推广的研究主要针对企业等微观主体，之后有学者从宏观层面考察创新的扩散通道问题。Bathelt 构建了“地方流传–全球管道”（local buzz-global pipeline）模型，学习过程根植于学习者之间面对面的交流之中，局限于当地；同时，标准的知识可以在全球流动，透过特定的管道而获得，因此集群企业所需的知识和资源需要通过上述二者的互动来实现[128]。

新知识和新技术在产业集群内部的扩散不是平均或随机分布的，而是受到企业的知识背景、技术能力和企业文化的异质性影响，不同的企业对于集群外部知识的吸收能力不同，集群内部的某些企业组织率先获取某种外部知识，再有意或无意地把获取的知识传递给集群内部的其他企业。Giuliani 把这些在集群与外部进行知识联系的过程中起桥梁作用的企业和组织称作产业集群的技术守门员（technological gatekeepers）[129]。Morrison[130]、Munari 等[131]进一步发展了技术守门员分析框架，认为技术守门员是本地集群内拥有较强的技术水平和资金实力，有能力与全球技术领先企业（机构）建立联系管道，将先进技术引入本地集群，进而在地方集群内进行技术传播和扩散的行为主体，并研究技术守门员在全球生产网络技术获取、本地生产网络技术传播和扩散过程中的作用。樊钱涛以织里童装产业集群为例分析了技术守门员在产业集群与外部的联系中所起的重要作用[132]。赵建吉和曾刚将这一框架用于分析上海张江集成电路产业集群，发现技术守门员是连通集群与全球的重要渠道，它便于集群实现更为迅速的技术流动，这对于中小企业学习创新非常重要[133]。

许多研究发现，影响知识流动的因素包括技术差异、地理距离和扩散通道，但是，技术能否实现转移取决于两者之间的适度“势差”[134-135]。李平和许家云将海归引入国际研发溢出模型，考察国际智力回流的技术扩散效应，结果发现海归的技术溢出效应明显，但在不同地区间具有显著的差异性[136]。许治等测度了北京、上海两地的技术扩散对全国各地区的影响，结果证实了京沪作为国家中心城市对全国区域经济增长和技术进步的引领作用，但是京沪对外技术扩散的辐射半径有限，更多的是对邻近区域的扩散[137]。黄玮强等利用复杂社会网络研究微观层面因素如何影响创新的宏观扩散，发现创新信息的评价对创新扩散深度有显著影响；对于新信息的初始采纳者比例越高，创新扩散速度越快[138]。

3. 新经济地理学知识关联模型

安虎森将目前已发展成熟的新经济地理学模型分为两大类：经济关联类和知识关联类[120]。经济关联模型仍运用 D-S 垄断竞争分析框架和“冰山”交易技术假设，沿用了 C-P 模型的思路，包括自由资本模型（FC 模型），引入物质资本要素并把它作为企业的固定投入[139]；自由企业家模型（FE 模型），将人力资本和企业家才能作为固定投入[140]，在这些模型的基础上又产生了知识溢出模型、垂直联系模型、拟线性模型等；知识关联模型以伯利安特和藤田昌久建立的知识创新与扩散：两个人案例（TP 模型）最为典型，强调知识分子的空间分布状态与区域经济增长方式、经济增长效率及经济福利之间的动态变化关系，代表新经济地理学模型未来的发展方向[92]。

随着技术创新对经济增长的驱动作用越来越不容忽视，新经济地理学理论也逐渐融入内生增长理论的思想。图 2-3 展示了一系列由 C-P 模型扩展而来的，融入知识创新思想的新经济地理学模型。其中，全域溢出模型（GS 模型）和局部溢出模型（LS 模型）认为知识溢出效应会影响新资本形成，而 LS 模型则进一步考虑了距离对知识溢出的影响，距离越近，知识溢出越大，将溢出效应和空间结合起来[141-142]。知识溢出双增长模型（knowledge spillover dual-increase model，KSDIM）在模型框架中引入了知识资本创造部门，探讨了知识溢出下的经济增长及资本积累下的投资创造效率和消费生产效率的内生提高[143]。TP 模型则对知识的生产过程进行了分析，解释了知识创新和扩散的产生及影响[92]。

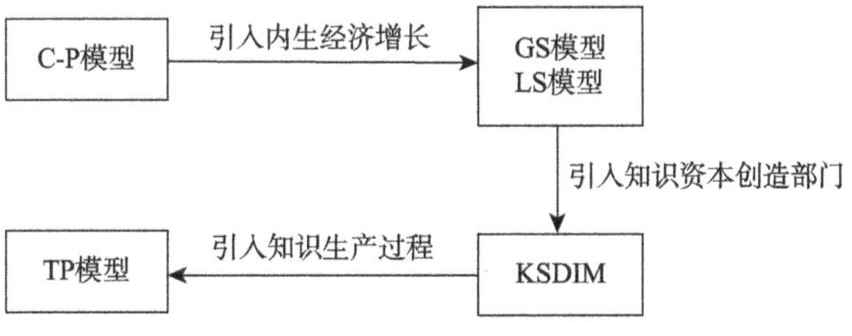

图 2-3　融入知识创新思想的新经济地理学模型发展脉络

内生增长模型将知识创造看作一个驱动经济增长的黑箱，Berliant 和 Fujita 构建的 TP 模型对知识创造过程进行分析，打开了黑箱[92]。TP 模型首先描述了两个人之间的知识关联，令两人分别拥有各自独特的知识，并同时拥有两人共同的知识，以共同知识为基础，两人通过相互学习各自不同的知识，产生出新的知识。令 K_i 和 K_j 分别为个人 i 和 j 的现有知识总量，D_{ij} 为 i 拥有而 j 所没有的知识，D_{ji} 为 j 拥有而 i 所没有的知识，C_{ij} 为两人间的共同性的知识。两人间的知识关联如图 2-4 所示。

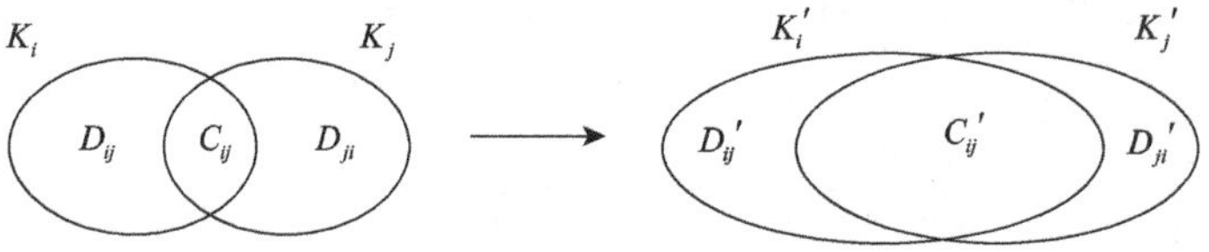

图 2-4　两人间的知识关联图解

资料来源：见参考文献[120]第 356 页

其中，一定的共同知识和各自的创新能力是 i 和 j 合作的前提，在人口规模既定的区域内，当人们不断交流合作使得共同知识越来越多时，该区域的新知识创造效率越来越低，知识分子不得不跨区寻找新的合作对象，从而产生了内生的区际移民行为。

如图 2-5 所示，在存在区际人口流动的情况下，位于区域 A 的知识分子 i 进入区域 B 与知识分子 m 合作，B 区域的知识创新部门规模变大，在“循环累积因果”的作用下，区域 A 的知识分子逐步流入区域 B，使其成为知识分子和知识创新部门的集聚地。同时，分布在两地的制造业企业开始使用区域 B 的新知识作为中间投入品，投入产出关系导致生产活动逐步向区域 B 集聚，区域 B 成为知识创新与制造业生产的集聚地。

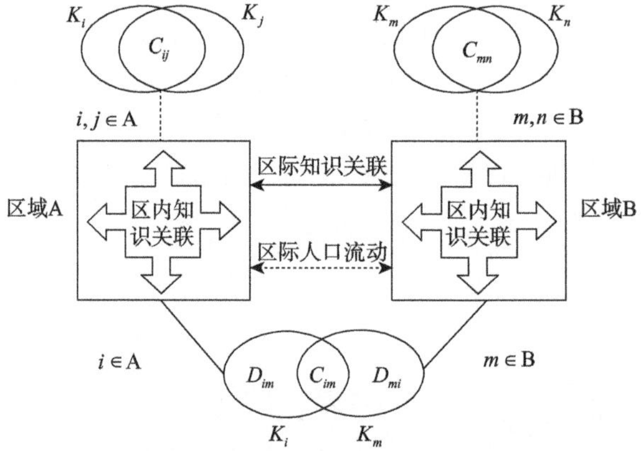

图 2-5　两区域间的知识关联图解

资料来源：见参考文献[120]第 357 页

在关于两区域模型的研究中，Fujita 和 Thisse 将核心边缘模型和内生增长理论结合起来，构建了一个“二区域、三部门和二要素”模型[144]。在这个模型中，工人和知识分子这两个要素进行着农业、工业及知识创新这三个部门的生产活动，其中低创新能力的工人从事农业和工业生产，在南北二区域内不能流动；高创新能力的知识分子从事知识创新，可在二区域间有成本地流动。经过一系列的均衡分析，该模型指出，当新知识可以在区际自由流动，知识分子可以区际移民时，存在两种稳定的、均衡的 C-P 结构：一是北部集聚了所有的知识创新部门和大部分制造业企业；二是北部集中了所有的知识创新部门和所有的制造业企业。

这一结论在实证研究中引发了讨论，那就是在技术正在全球范围发展的背景之下是否存在国家或地区的知识集群。Hoekman 等研究发现地理距离较近的节点更容易发生知识联系和流动，地理距离是知识联系的形成基础，是知识网络演化的重要驱动力[145]。Boschma 和 Frenken 认为邻近性是创新网络空间演化的重要因素，具体包括认知、社会、组织、制度和地理五种邻近性[146]。Howells 和 Bessant 则指出互联网等技术会重新塑造空间距离[147]。空间邻近不会促进创新的必然发生，在多种邻近性的共同作用下，可能会导致网络演化的路径依赖，产生本地网络的锁定。Balland 发现地理、组织和制度邻近性对创新网络的生产和演化有积极影响，而认知邻近性具有负面影响[148]。胡晓辉等对长三角 16 个地区间知识合作网络演化的空间特征进行考察，发现长三角区域知识合作网络演化过程存在空间极化现象，区域结网的空间驱动方式逐步由以沪宁杭为主的大城市驱动向中小城市驱动转变，影响区际知识合作空间对象选择的主要因素包括地理邻近、行政区邻近和知识规模邻近，且知识规模邻近的作用不断增强[149]。由此可见，知识溢出更容易发生于地理邻近的空间内，地理区位依旧是创新活动的重要决定因素。

2.1.4　区域创新分工理论

1. 创新系统理论

20 世纪 80 年代初，创新研究开始走向“系统范式”，并涌现了大量概念[150]。Lundvall 提出创新系统（innovation system）概念，将研发系统和生产系统联系起来[151]。在研究层面，创新系统的研究可分为国家创新系统、区域创新系统和产业创新系统，国家创新系统成为创新系统研究的开端。

20 世纪 60 年代至 20 世纪 70 年代，不同国家之间发展速度的巨大差异引起了学者的注意，有学者发现不同国家的不同科技政策可以一定程度地解释这种差异，这便引发了对国家创新系统的思考[152]。国家创新系统的概念由 Freeman 在

1987 年首先提出，国家创新系统是在公共和私人部门中，通过其行动和相互使用从而创造、引进、修改和扩散新技术的制度网络，试图回答为什么不同国家具有不同的发展能力[153]。Freeman 以日本为案例，发现第二次世界大战后日本经济繁荣的重要原因是完善的国家创新系统。Lundwall 认为创新是一个系统性的复杂的动态现象，不能仅从系统中孤立的个人或公司来研究，而需要关注系统各个部分及其相互之间的影响和反馈[151]。Friedmann 借鉴了熊彼特基于拉美学派依赖理论的创新驱动发展观，提出了 C-P 理论，指出了创新中心和其他边缘地区共同构成了一个完整的二元空间结构，中心的经济效益高，外围的发展条件差，使经济的动态发展伴随着生产要素从外围向中心的净转移，但他认为中心和外围之间的界限将逐渐消失[154]。Chang 和 Shih 应用 R&D 投入、R&D 绩效、技术政策、人力资本、技术转移和企业家精神六大指标分析创新系统的结构特征，引入模型分析了国家创新系统的组成和强度[155]。Furman 等使用国家创新能力概念比较各国创新系统的绩效[156]。Porter 和 Stern 对 75 个国家的创新能力进行了排序[157]。Nasierowski 和 Arcelus 应用包含投入、产出和中间变量的结构方程确定国家的技术能力并进行比较[158]。中国在 20 世纪 90 年代初期开始了对国家创新系统的研究，出版于 1996 年的《十年改革：中国科技政策》，对我国的科技政策进行了评价，是第一份介绍中国国家创新系统的报告[150]。

各个产业的创新活动都有自己的特点，并且不同区域之间在创新产出和经济发展水平上存在显著差异，在国家总体水平上研究创新系统具有很大缺陷。在经济全球化背景下，区域成为国际竞争的重要主体，区域创新系统的研究日益丰富。Cooke 等于 1992 年率先提出区域创新系统的概念，并在 *Regional Innovation Systems：The Role of Govemance in the Globalized World* 一书中明确阐释区域创新系统主要是由于地域分工和相关生产企业、院校及科研院所等形成的支持创新产生的区域组织体系[74]。Wiig 进一步将区域创新的参与机构扩大到监管和支持创新活动的政府机构及金融和商业等服务机构[159]。由于隐性知识（tacit knowledge）存在时滞性和难以远距离交换的特点，创新越来越多地依赖于当地企业、科研机构和公共部门之间的交互学习和知识流动[160]。与国家创新系统相比，区域创新系统更重视创新过程的地方根植性特征[161]。胡志坚和苏靖认为区域创新系统是国家创新系统的子系统[162]。Asheim 认为区域创新系统在很大程度上可以被视作支持区域生产结构中创新的制度基础，与区域内长期以来形成的独特区域文化，共同成为其他区域最难以复制和模仿的竞争优势[163]。Saxenian 也有相同观点，他发现硅谷的创新氛围在区域创新经济发展中具有关键性作用[164]。

产业集群创新系统是企业技术创新过程模型向集成网络模式发展后的一种创新组织形式，是以产业集群为载体的创新系统[165]。国内外对于产业集群创新系统的研究大多与区域创新系统联系起来。Porter 以公司的创新活动为切入点，对比了 10 个工业化国家不同的经济表现，从一个更窄的视角结合大量经济因素来解释创新活动，以及不同的产出效果[166]。Asheim 认为产业集群中的企业是区域创新系统的重要主体，它们与包括研究机构、行业协会、金融机构等在内的制度基础结构共同构成了区域创新系统[167]。中国学者魏江最早研究国内的产业集群创新系统，他将集群创新系统定义为："在狭窄的地理区域内，以产业集群为基础并结合规制安排而组成的创新网络与机构，通过正式和非正式的方式，促进知识在集群内部创造、储存、转移和应用的各种活动和相互关系[168]。"

2. 区域分工理论

20 世纪 80 年代以后，以杨小凯为代表的一批经济学家运用超边际方法构建了新兴古典经济学分析框架，将古典经济学中关于分工和专业化的思想模型化，弥补了新古典经济学对于分工的缺失。Yang 和 Rice 建立了第一个有关城市的一般均衡模型，认为专业制造者和专业农民、不同制造业之间的分工产生了城市[169]。由于农产品或食物生产需占用大量土地，农业生产不可能在空间上集中布局，而工业品生产则既可以集中布局，也可以分散布局，且每种商品生产都可以进行专业化生产。但商品的交换会产生交易费用，带来效率损失，专业化经济与交易费用之间存在冲突，如果交易效率极低（交易费用极高），贸易便不可能发生，人们就会选择自给自足，因此不会出现用来交换的市场，也就不会产生城市；如果交易效率得到一定提高，人们会从自给自足转换到局部分工，出现一定规模的工业集中生产；随着交易效率不断提高，专业化分工程度进一步提高，会形成多样化商品的集中生产，并且人们会集中居住，高水平的分工最终导致城市出现。新兴古典城市化理论进一步表明：由于存在分工与交易费用、分工与城市拥挤的双重冲突，在不断折中过程中，分工带来的效率不断提高，经济活动会出现递增的聚集效益，同时，城市拥挤所导致的效率降低会在诸多因素的相互作用下自发地形成分层，使城市体系规模呈金字塔形的分层结构。

新古典城市化理论以工业集聚代表城市，以农业代表农村，用 C-P 结构表示城乡分化，具有一定的局限性，因为城市的产生不仅仅是工业的集聚，还包括商业、贸易在内的第三产业，新古典城市化理论没有体现城市化发展进程中的种种现象。而新兴古典城市化理论能更多地解释与城市化相伴而生的种种现象[170]，并且新兴古典经济学中反复强调的专业化、交易效率、分工演进及其相互促进的关系，对理解城市分工具有重要的启发作用。

3. 新经济地理学城市体系模型

在经济地理中，产业集群与城市的产生和发展密切相连，因此 von Thünen 的土地利用模型在城市经济学的理论推进中起着核心作用[112]，Alonso 将农业土地利用拓展到城市内部，解释从城市中心向外拓展时，经济活动和地租的变化规律，建立了单中心城市模型，新经济地理学中的单中心体系模型同样由杜能模型演化而来[171]。然而在现实经济中极少出现单中心城市的情况，所有的城市也不可能是完全同质，随着经济与社会的发展，不同的城市会在历史、地理、自然、政策等多方影响下演变出自身独特的职能，形成分工，这使得经济地理学家和历史学家们不断探讨不同时期城市体系结构中的规律，其中最著名的分析框架是中心地理论。Christaller 在 *Central Places in Southern Germany* 中提出了中心地理论，该理论揭示出区域内城市等级、规模、职能间关系及空间结构的规律，将地理条件看为同质，认为利润的原则起着完全的支配作用，自由竞争的结果会导致不同等级的中心地产生并形成体系，中心地的级别和产品的市场范围是直接相关的[172]。中心地理论开创性地将地理单元分为不同等级，从面和网络上对城市聚落展开分析，为解释区域差异提供了重要思路。

Henderson 提出一个城市体系模型，基本观点是，城市的外部经济和不经济之间存在一股合力，使城市规模与居民效用之间呈倒“U”形关系，因此存在一个最佳规模使得城市规模与福利之间取得平衡[173]。特定的产业会产生外部经济，但城市规模过大会造成不经济，因此把不存在相互溢出的产业放在同一个城市的意义不大，所以每个城市都专业化于一个或几个具有正向溢出的行业。城市倾向形成产业专业化，外部经济越大的产业集中于越大的城市，由此便产生了不同的城市类型，各类型城市都有一个最佳规模，达到最佳规模时，各类型城市都会有相同的效用，但是不同类型的城市会有不同的规模，产生层级之分。

市场潜力是研究城市经济的一个重要概念，也是新经济地理学中城市理论的核心。Harris 关于市场潜力的研究最为经典，他认为生产区位的优势取决于市场接近的难易程度，这种难易程度可以由市场潜力函数来描述，一个简单的 r 地区市场潜力函数表达形式是 $M_r = \sum_s \left(P_s / D_{rs}\right)$。其中，$D_{rs}$ 为区域 r 到区域 s 的距离；P_s 为区域 s 的购买力[174]。Harris 运用多种方法测量美国的市场潜力，发现高度工业化的地区往往也是市场潜力特别高的地区。

用新经济地理学框架分析城市层级体系，主要解决两个问题：一是新城市如何产生，二是城市的层级如何产生。在这里，城市和农村的主要区别在于：城市可以集聚制造业产业，而农村只能生产农产品。这样一来，新城市的产生表明部分制造业从原有的城市迁出，在新的地方集聚，城市的层级表明不同城市拥有的行业数量和等级不同，因此，城市问题演变为制造业迁移问题。制造业是随工人的流动而迁移的，而工人是随工资的变化而流动的，因此，城市问题又可演变为工资问题。新经济地理学中用制造业市场潜力函数将工资和城市联系起来，市场潜力函数定义如下：$\Omega(r) \equiv \omega^M(r)^\sigma / \omega^A(r)^\sigma$。其中，$\omega^A(r)$ 为 r 地区农业生产者的实际工资；$\omega^M(r)$ 为 r 地区制造业工人的实际工资；σ 为任意两种制造业产品之间的替代弹性；均衡时，农民和工人的实际工资相等。当 $\Omega(r)\leqslant 1$ 时，表明 r 地区的厂商无法支付比工人现在的工资水平更高的工资，目前的状态是稳定的，如果某个行业 h 在新的地区 r^h 处出现 $\Omega^h(r^h)=1$，则新城市会在 r^h 处出现。为了进一步分析城市层级的产生，Fujita 等将工业部门分成若干个有差异的行业，通过数值模拟给出了不同等级的城市在空间上的分布和演化过程[175]。

后来对于城市体系的讨论主要有以下代表性研究。一是关于产品多样性对城市规模的影响。Abdel-Rehman 认为，大城市产生的重要原因是居民对多种非贸易商品的需求，他们对多样化产品的需求越高，将会有越多的制造商聚集在城市，同时由于厂商数量与城市规模呈正相关，城市规模也会扩大；之后的研究发现，当存在差异化的商品时，城市均衡规模大于最优规模，但此时的城市数量少于最优规模时的城市数量[176]。二是关于城市工业结构对城市体系的影响。Abdel-Rehman 和 Fujita 引入范围经济的概念，解释了专业化生产的城市与多样化生产的城市为何会共存[177]。Abdel-Rehman 构建了内生城市工业结构模型，假设城市中间投入品存在多样化，发现差异化产品带来的收益大于运输费用的损失时，城市体系内部是专业化分工的[178]。

在城市体系的动态演化中，中心城市会将相对低端的产业（如劳动密集型产业）或生产环节（如制造）转移到外围地区，同时集聚更优质的生产要素；外围城市会承接产业转移发展相应的制造业及服务业。梁琦和黄利春对城市层级体系的分工网络进行了研究，认为一级城市集聚附加值最高的高端产业，即研发、设计、售后等；二级城市以中端产业为主导，三级城市则主要从事生产、组装等层次较低的产业活动[179]。由此可知，中心城市相对于外围城市，会集聚更多的高技术产业，并承担更多产业的创新环节，从而与外围城市形成创新分工。实证发现长三角及珠三角城市群都存在着创新活动朝中心城市集聚的趋势[14, 68]。吕拉昌和李勇从城市职能的角度出发，构建城市创新能力评价体系，对中国 73 座城市进行评价，发现中国创新城市体系空间格局形成以上海、北京为顶级城市的五级塔形城市体系结构，东部沿海城市是中国重要的创新中心，省会城市及经济强劲的城市为区域性创新中心[70]。吕拉昌等同时以城市间合作论文数量来测度城市之间的创新联系，发现高层级创新城市在知识传播与合作中明显比其他层级城市多。在后续研究中，吕拉昌等构建了城市外向创新联系测度指标，采用引力模型，测度了中国主要城市间的创新联系强度及格局，发现城市创新联系在空间上呈现明显的等级性，东部沿海地区的中心城市与中国的许多城市有广泛的创新联系，具有全国影响力；中东部省会城市是地区性的城市创新联系节点，具有区域性的创新影响力[180]。

2.2 区域技术专业化影响经济增长的内在依据——以新增长理论为核心

2.2.1 概述

经济增长一直以来备受政府、学界和社会公众的关注。一国的经济增长主要取决于下列三个要素：①生产资料随时间的积累；②技术固定时的资源使用效率；③技术进步[181]。但是，在经济增长理论中占据重要地位的新古典经济增长理论将技术进步等看作外生因素，用劳动投入和物质资本投入作为自变量建立增长模型，因此得到了要素收益出现递减时，长期经济增长停止的结论。随着创新理论的提出和发展，许多经济学家早已看到了人力资本和技术进步对经济增长的作用，但是他们都是把它们看作外生因素。由 Romer[182]、Grossman 和 Helpman[183]发展的内生增长理论，其核心思想是认为经济能够不依赖外在投入的不断增加而实现持续增长，内生的技术进步是保证经济持续增长的决定因素，强调不完全竞争和收益递增，为长期增长提供了一幅全新的图景。

庄子银总结了新增长理论的五大研究思路，包括知识外溢和边干边学内生增长思路、内生技术变化增长思路、线性技术内生增长思路、开放经济中的内生增长思路、劳动分工和专业化内生增长思路[184]。其中，知识外溢和边干边学内生增长思路、线性技术内生增长思路强调人力资本的重要性，将知识、技术、人力资本都纳入广义的资本范畴，是生产要素，通过这些产生正外部效应的生产要素的不断积累，增长就可以持续；内生技术变化增长思路强调 R&D 的重要性，将技术进步的原因归结于厂商或政府对研发活动的投入，认为技术进步和生产效率的提高是经济增长的源泉；劳动分工和专业化内生增长思路认为经济得以持续增长的原因在于专业化和分工，劳动分工的演进扩大了市场容量，从而加速了技术和人力资本的积累，形成了经济主体之间相互依存的内生化比较利益，同时，比较利益又刺激分工的进一步深化，在这种循环演进的过程中，产品数量和品种增加，人均收入提高，进而实现经济增长。

对于区域技术专业化的经济影响，既包含了技术创新对经济增长的作用，又包含了专业化与分工对经济增长的影响，因此重视对知识外溢、R&D、收益递增、劳动分工和专业化、边干边学等问题的新增长理论为这一问题提供了理论框架。

2.2.2　创新驱动增长理论

1. 技术进步与经济增长

熊彼特的创新理论提出之后，创新研究逐渐分化为以索洛为代表的技术创新学派和以诺斯为代表的制度创新学派[185]。前者强调技术创新和技术进步在经济发展中的核心作用，产生了新古典经济增长理论和内生经济增长理论等主要成果。新古典经济增长模型由 Solow 于 1956 年提出，该模型运用新古典生产函数，考察资本和劳动对经济增长的贡献，并将剩余部分认为是技术进步引起的增长，称为"索洛剩余"[186]。其中，生产要素主要包括资本 K、劳动 L 和技术 A，当生产函数为柯布–道格拉斯形式，技术进步满足哈罗德中性时，生产函数的具体形式如下：

$$Y = F(K, AL) = K^{\alpha}(AL)^{1-\alpha} \tag{2-1}$$

总产出的增长率如下：

$$\frac{\dot{Y}}{Y} = \frac{\mathrm{d}\ln Y}{\mathrm{d}t} = \alpha\frac{\dot{K}}{K} + (1-\alpha)\frac{\dot{L}}{L} + (1-\alpha)\frac{\dot{A}}{A} \tag{2-2}$$

其中，总产出的增长率由资本增长率、劳动增长率和技术进步率共同决定，最后一项为"索洛剩余"。索洛将经济增长的来源进行区分，一种是由生产要素数量增加而产生的"增长效应"，一种是由技术水平提高而产生的"水平效应"。

Romer 于 1986 年在 *Increasing returns and long run growth* 中提出了一个收益递增的增长模型，其中技术进步是知识积累的结果，是经济增长的内生变量，知识积累被视为经济增长的原动力[182]。假设经济中存在生产和研发两个部门，资本和劳动力分别按一定比例投入这两个部门。其中劳动力有 a_L 的份额用于研发，$1-a_L$ 的份额用于生产；资本有 a_K 的份额用于研发，$1-a_K$ 的份额用于生产。对于生产部门，有生产函数如下：

$$Y = \left[(1-a_K)K\right]^{\alpha}\left[A(1-a_L)L\right]^{1-\alpha} \tag{2-3}$$

总产出的增长率为

$$\frac{\dot{Y}}{Y} = \alpha\frac{\dot{K}}{K} + (1-\alpha)\left(\frac{\dot{L}}{L} + \frac{\dot{A}}{A}\right) \tag{2-4}$$

其中，技术进步由研发的资本投入、劳动力投入和现有技术水平决定，具有内生性，如下：

$$\dot{A} = T\left(a_K K\right)^{\beta}\left(a_L L\right)^{\gamma} A^{\theta}, T > 0, \beta \geqslant 0, \gamma \geqslant 0 \tag{2-5}$$

新增长理论认为投资和知识积累会形成一个良性循环，二者是相互促进的关系，重视知识积累和人力资本投资的国家，经济更有可能取得长期快速的增长。

罗默（Romer）模型中，知识由一般知识和专业知识组成。一般知识产生的经济外部性使所有企业都能获得规模收益；而专业知识则产生内部效应为个体企业带来垄断利润，为企业研发提供资金和内部动力。因此，知识作为一种内生因素，不仅可以增加知识本身的收入，还可以增加资本、劳动等投入要素的收入。这为长期经济增长提供了条件，同时也为各国经济水平的差异提供解释，并引发了有关国家对创新系统的探索。制度创新学派则认为经济增长来源于有效率的制度安排而非单纯的技术进步，因为存在交易成本，所有创新活动都有赖于制度创新的积淀和持续激励，应通过设立新的、更能有效激励人们行为的制度和规范体系来实现社会的持续发展和变革。

技术创新理论不仅被纳入了经济增长的研究中，其自身的"过程"和"范式"问题同样引起关注。"技术范式"最早由 Dosi 提出，用来解释技术变化源于"技术推动"还是"需求牵引"这一命题[187]。此后，Malerba 和 Orsenigo 提出两类范式："熊彼特Ⅰ型"的特征是高技术机会、低累积性，代表"创造性破坏"的根本性创新；"熊彼特Ⅱ型"则相反，代表"干中学"式的渐进性创新[188]。20 世纪 70 年代以来，以门施、弗里曼、克拉克等为代表的学者用现代统计等工具进一步扩展了创新理论，相关成果被称为"新熊彼特理论"。新熊彼特理论是在创新理论基础之上，对技术创新这一复杂过程的内部运作机制进行揭示。与新古典学派的总量分析、均衡分析、宏观经济的微观基础分析不同，新熊彼特理论强调量变到质变的分析，强调动态的非均衡分析，强调介于宏观经济与微观经济之间的产业经济分析[189]。以门施为代表的周期理论，认为熊彼特理论只关注企业家的创新，忽略了创新所需要的环境和前提条件，因此门施认为技术创新的外部环境会导致创新的周期性，经济危机会迫使企业寻求新技术，出现技术创新高潮，并激发经济发展[190]。以卡曼、施瓦茨等为代表的技术经济理论，认为技术创新受到竞争程度、企业规模和垄断力量三个因素的影响，其中竞争程度是引起技术创新的原因；企业规模影响着创新能力和前景；垄断程度决定创新利益的持久度[190]。在经济系统的中观（产业）层次上，经常能够观察到对整个经济系统具有决定意义的结构质变的发生，因此，新熊彼特理论弥补了熊彼特创新理论的诸多不足，为产业层面和系统观的创新研究提供了分析框架。

2. 知识溢出与经济增长

产业集聚是现代经济的典型特征，马歇尔从外部性的角度分析了经济活动集聚的原因，其中知识溢出是一个重要方面，这是 MAR 外部性，也称为专业化溢出[63]。Jacobs 认为并不是集聚企业的专业化促进了创新和经济增长，而是多样性与差异性促进了创新行为，某种产业的创新可能推动了其他产业的发展，这是 Jacobs 外部性，也即多样化溢出[191]。Porter 认为不是区域垄断促进了技术创新，因为缺乏竞争的压力会使企业管理者选择安逸，他强调区域竞争会促进创新，这是产业内竞争效应[166]。

Baptista 和 Swaan 利用英国制造业企业创新数据分析产业集聚对企业创新的影响，研究发现 MAR 外部性（专业化集聚产生的外部性）有利于企业创新，Jacobs 外部性（多样化集聚产生的外部性）作用不显著[192]。然而 Feldman 和 Audretsch 利用美国的数据却得出了完全相反的结论[193]。张明倩和赵彦云利用中国 161 个三位数行业数据发现多样化集聚更有利于区域产业创新[194]。区域层面，邬滋利用中国省际面板数据，研究发现专业化溢出和多样化溢出对创新绩效存在显著的负向影响，产业内竞争对创新具有显著的正向影响[195]。彭向和蒋传海利用中国工业行业数据得出了不同结论，他们发现产业内竞争对创新具有显著负向影响[196]。程中华和刘军认为，考察区间、变量选取、实证方法的不同均会带来不同的结论，他对中国 285 个地级市工业面板数据进行考察，发现专业化对制造业创新绩效的影响不显著，多样化和产业内竞争有利于制造业创新绩效的提升[197]。

由于知识具有私人产品和公共产品的双重属性，知识的传播也受到多种限制，其中地理因素也是一个重要限制。梁琦认为，由于缄默知识和黏性知识的存在，知识溢出具有空间局限性[198]。Jacobs[191]、Lucas[199]指出，知识溢出和当地化信息既形成了城市的经济集聚，也促进了城市的经济增长。Keller 发现空间集聚对增长有正向影响，因为技术扩散随着地理距离的增加而显著衰减，故邻近创新中心有利于提高生产率[200]。国内的实证研究方面，张钢和王宇峰发现知识集聚水平能够显著影响区域创新水平，但存在着滞后性[66]。张文武和左飞发现创新集聚和知识溢出效应是推动产业集聚、地区经济增长的重要因素[84]。还有部分研究针对我国高新区、自主创新示范区对区域经济的贡献开展，如刘瑞明和赵仁杰发现国家高新区的建设促进了地区生产总值和人均地区生产总值的增长，同时较低等级的城市从国家高新区的建设中获得了更快的发展[83]；魏丽和卜伟发现自主创新示范区对经济增长存在促进作用，但也存在地区差异[201]。虽然当前的研究基本得出了知识集聚会促进区域经济增长的统一结论，但由于集聚与经济增长之间存在着内生性问题，实证分析往往难以避免，理论探讨则更为必要。

2.2.3　专业化理论

1. 比较优势理论

分工是经济学中最古老的思想之一，古典经济学的代表人物斯密在《国民财富的性质和原因的研究》中论述了分工协作对于企业发展乃至国家经济增长的贡献[202]。将分工放到空间层面来考量，地区分工的原因无外乎是不同要素禀赋下专业化生产的结果。斯密认为，分工在每一个家庭行为中是精明的事情，对一个地区或一个国家来说也不例外，地区之间在生产各种物品的要素禀赋和便利条件方面差异很大，如某个地方富含铁砂和煤炭，但只有少量的小麦耕地，而另一个地区有许多麦地，但缺少矿物资源，显然，前者生产铁砂的成本低于生产小麦，后者恰恰相反，这样前者需专业化生产铁砂，后者专业化生产小麦，然后进行交换。这便是斯密贸易理论中的绝对成本思想，两地的禀赋差异导致地域分工，形成地区专业化生产和地区间贸易。

绝对优势理论让人产生这样一个疑问，如果一个地区各种产品的生产成本都绝对低于另一个地区，它们之间是否还可以进行专业化分工呢？李嘉图在《政治经济学及赋税原理》中提出比较优势理论，认为即使一个地区在两种产品的生产成本上均低于另一地区，也一定存在相对成本差异[203]。相对成本差异是指，将两种产品的生产成本做比较，一定存在一个地区生产一种产品相对成本更低，而另一个地区生产另一种产品更便宜，于是两个地区分别专业化生产具有比较优势的产品，并进行交换。简单来看，比较优势理论认为每一地区最适宜生产要素禀赋相对丰富的产品，购买要素禀赋相对稀缺的产品，由此形成地区分工与贸易，使地区总福利增加。

比较优势理论在国际贸易中产生了巨大反响，它说明了国家之间的差异及国际分工的根本原因，然而只是原因之一，生产和贸易必然与区位有关，而区位因素在李嘉图的分析体系中被剔除了，直到俄林（Ohlin）将区位理论与国际贸易密切联系起来。Ohlin 在 *Interregional and International Trade* 中认为国际贸易理论是布局理论的一个部分，当将运输条件和规模效应结合考虑时，关于国际贸易及生产布局的结论与只考虑生产要素稀缺性所得出的结论将有很大的不同[7]。此外，传统的比较优势理论认为技术是外生的，难以解释为什么一国会在特定产品上获得技术优势，而内生增长理论为对动态比较优势理论的扩展提供了基础。Grossman 和 Heplman 阐述了水平差异产品创新时内生比较优势的决定问题，此时比较优势不仅取决于新技术的数量，还取决于知识溢出的范围[204]。当知识溢出具有国际性特征时，动态比较优势的演进最终取决于一国的 R&D 投资数量，各国 R&D 投资数量取决于各国要素禀赋和初始要素成本，贸易模式由要素禀赋唯一决定；而当知识溢出的范围限于国内时，比较优势除了来源于要素禀赋，还来源于初始的技术优势。

2. 专业化分工理论

专业化是指各个地区从事特定产品、特定类型的产品甚至产品某一部分的专门生产，使得某一地区集聚了一些产业，而其他的地区集聚了另外的产业，这种现象也可称为地区专业化。由于区域自然条件、技术和外部经济环境各不相同，可能导致各地区生产不同的产品或同一产品的不同部分，通过贸易获得生产生活资料和中间品，来满足该地区的需求。同时，各地区根据自身的自然条件和市场需求进行生产，充分利用专业化生产带来的规模经济和集聚经济效益，最大限度地提高劳动生产率，为实现其最大化的经济效益提供了可能。

杨格（Young）深化和发展了斯密的分工思想，在他看来，由劳动者职业的分离或专业化的发展所代表的斯密专业化只是分工的一种形式，除此之外还有其他的分工形式，最重要的包括增加生产的迂回程度，即出现新的中间产品，因此分工带来了新行业，意味着经济的多样化。Young 指出，市场容量本身又是由分工水平决定的，从整个经济范围看，市场容量取决于生产流量，即取决于分工水平[205]。20 世纪 80 年代以后，以杨小凯为代表的一批经济学家运用超边际方法构建了新兴古典经济学分析框架，引入角点解而将古典经济学中关于分工和专业化的思想模型化，弥补了新古典经济学对于分工的缺失[170]。杨小凯认为，经济学研究的是经济活动之间的两难冲突，既包容新古典经济学给定稀缺程度下的资源分配问题，又扩展了古典经济学的分工问题。他发现罗默模型没有考虑交易成本，他将分工与交易成本联系起来，用交易成本来解释分工的演进。在之后的研究中，经济结构与经济增长的互动关系受到重视，成为新经济增长理论发展的另一个方向。Laitner 讨论了结构变化与经济增长之间的关系，他认为，一个国家在工业化过程中，储蓄率内生地上升，因此，经济增长率也随之发生变化，这种观点事实上是对 20 世纪 90 年代后兴起的两部门（或多部门）增长模型的一个重要扩展[206]。

国际贸易理论中，垂直专业化使国际分工深入产品的生产阶段内部，技术创新是生产环节之一，技术专业化还可以从价值链分工的角度分析。波特（Porter）于 1985 年在首次出版的《竞争优势》一书中第一次提出了价值链的概念，被作为研究企业竞争活动的工具[207]。波特认为，每一个企业都是在研发、生产、销售、运输、服务的过程中进行种种活动的集合体，产品的生产可以被看作是不断增值的链状过程，通过专业化分工，链条被分解为不同的阶段，每个阶段的增加值不尽相同，由不同的生产单位完成。整个价值链中，生产制造环节的附加值最低，越往两端的附加值越高，而附加值高的阶段对于创新的要求也越大。价值链理论为研究各创新主体的表现提供了思路。在创新增值链中，组织为了培养和发挥核心专长，不再企图包办一切职能和活动，更愿意与外部组织机构合作，创新活动将影响创新增值链中每一个阶段的成员[208]。虽然价值链理论被更多地用于研究企业的生产行为，但对于研究中观的产业和区域创新分工也有一定的启发作用。在区域分工不断深化的情况下，每个地区只进行产业链中一到两个环节的生产活动，所包含的附加值各不相同，通过评价各地区在价值链中所处的环节，便可以对各地区在产品生产中的分工地位和创新能力进行评价。

3. 增长极理论

佩鲁提出增长极概念，如果把发生支配效应的经济空间看作力场，那么位于力场中的推进单元就可以描述为增长极，他认为“增长不会同时出现在所有地方，它以不同的强度首先出现在部分增长点或增长极上，然后通过不同的渠道向外扩散，并对整个经济产生不同的最终影响[209]。”佩鲁强调技术进步与创新的力量，认为技术创新主要集中于产业规模大、发展前景好、与其他产业关联强的产业中，这些产业通过前后向联系带动其他产业发展，最终实现区域协同。然而，佩鲁的增长极理论脱离了地理区位，经济单位存在于产业间的数学关系中，是一种抽象的经济空间，使理论缺乏实践性和可操作性。

佩鲁的学生 Boudvile 进一步将增长极理论运用到区域科学中，他将增长极定义为区域内正在不断发展壮大的一组产业，通过产业关联和溢出促进区域经济活动进一步发展[210]。缪尔达尔和赫希曼对增长极的运行机制进行了补充，缪尔达尔在循环累积因果关系的原理之下使用“回波”和“扩散”的概念，认为增长极对其他落后地区具有双重作用和影响，回波效应是指经济活动正在扩张的地区将会从其他地区吸引人口流入、资本流入和贸易活动，从而加快自身发展，并使周边地区发展减速；扩散效应是指随着中心地区基础设施的改善，周边地区将从中心地区获得资本和人才等资源，促进本地的发展[121]。缪尔达尔对现实世界持悲观态度，认为增长极可能导致繁荣地区越繁荣，落后地区越落后。Hirschman 提出了“极化效应”和“渗透效应”，与缪尔达尔的概念相互对应，认为经济发展并不会同时出现在每一处，在经济发展的初期阶段，极化效应占主导地位，区域差异会逐渐扩大，但从长期看，渗透效应将缩小区域差异[211]。

增长极理论及后续发展为发展经济学中的不平衡增长理论奠定了基础，同时，增长极与周边区域的互动效应也为研究区域联系、城市网络提供了大量思路，之后所延伸的点轴开发理论和网络开发理论便是很好的体现。

2.3　本 章 小 结

对于“区域技术专业化”这一命题当前并没有完整的理论框架，但对于产业集聚、地区专业化、技术进步、知识溢出等均有较为成熟的理论基础。本章将这些理论加以总结，重点以新经济地理学为核心，从“产业集聚—技术创新与扩散—区域创新分工”的思路对区域技术专业化的形成进行分析；并以新增长理论为核心，从技术创新和专业化这两个方面分析了技术专业化对经济增长产生影响的内在依据。

新经济地理学研究了规模经济、贸易自由度、要素流动等对于经济空间格局变化的影响，分析了需求规模、市场关联、需求偏好、知识溢出、心理预期等因素的作用，提出并解释了循环累积因果机制、聚集力与分散力、路径依赖等理论，得出了与新古典主义经济学完全不同的结论和政策工具，弥补了经济地理中模型化和量化的不足，用这一套分析框架可以分析和解决众多关于产业集聚、产业转移、区域差异、平衡发展等问题。从目前的发展趋势看，新经济地理学模型中的知识等虚拟资本的地位不断上升，物质资本的重要性开始下降，模型的假设条件逐步放松，且数学推导公式正逐步简化，新经济地理学模型已成为分析当前经济环境中知识集聚与扩散的重要工具。

新增长理论突出了技术的内生性，指出了边干边学及知识外溢在经济发展中的重要作用，这是对新古典增长理论的重要修正。同时，新增长理论引入了知识和专业化的人力资本，认为知识和专业化的人力资本积累可以产生递增收益，进而使总的规模收益递增，这一点改变了传统经济理论关于要素收益递减或不变的假定，说明了经济增长持续和永久的源泉与动力。以知识为基础的新经济增长理论鼓励新知识的积累及知识在经济中的广泛运用，并且分工的扩展与知识的积累相互作用，为知识分工对经济的影响提供研究思路。

新经济地理学理论和新增长理论的结合提供了区域技术专业化的基本理论依据，在接下来的章节中，本书将在该理论基础上进一步推进，试图直接和完整地刻画区域技术专业化的形成机制和影响因素，并利用中国的现实数据，验证区域技术专业化所带来的经济影响。

第 3 章　中国区域技术专业化的特征

与经济活动类似，技术创新活动的地理分布也往往呈现出明显的不均衡性。对于中国而言，各区域的自然与社会环境存在诸多差异，技术创新活动也表现出显著的差异性。本章旨在展示中国区域技术专业化的特征，首先对区域技术创新的总体特征，即技术创新集聚进行描述；其次描述中国各区域的技术结构，即区域技术专业化的程度；最后描述具体的技术领域分布，即区域技术专业化的模式，从区域技术专业化的两个层面剖析中国的技术创新布局。

3.1　技术创新集聚

3.1.1　技术创新集聚的测度方法

1. 数据选择

专利是评价科技发展水平的最常用工具。在以往的诸多文献中，专利数量（包括申请量和授权量）被认为是衡量区域创新能力和竞争力的主要指标[60-61]。近年来，关于策略性专利（strategic patenting）申请的文献越来越多地指出专利申请量作为科技经济指标的局限性[212]。Khan 认为，1995~2007 年，全球 50%以上专利激增来自多次申请（multiple filings），而不是新的发明产出[213]。由于专利申请量在反映创新水平的真实性上存在争议，本书将采用专利授权量作为技术创新产出的衡量指标。

我国的专利类型分为发明专利、实用新型和外观设计，不少学者在研究时将三类专利分类处理。隋广军等将发明专利视为原创性技术，将实用新型和外观设计视为模仿性技术[58]。其中发明专利所代表的原创性技术是技术创新中的核心创造力，往往被认为是科技含量最高，开发难度最大，收益率最高的一类专利。基于此，本章将国内发明专利授权量作为技术创新产出的度量指标。鉴于数据的可得性，本章考察样本为中国 30 个省区市，数据来源于历年《中国科技统计年鉴》，考察区间为 2000~2017 年。

2. 指标选择

集聚是技术创新活动的典型特征，由此带来了区域间的创新差异。技术创新集聚程度的测度可借鉴区域经济差距的测度方法，如标准差、基尼系数、泰尔指数等[214]。本节选择区位基尼系数和泰尔指数来衡量我国的创新集聚。

1）区位基尼系数

区位基尼系数（Gini coefficient）是国内外经济学者研究产业集聚的重要工具[215]。本章借鉴 Amiti 和 Wen[216]、贺灿飞和谢秀珍[217]的方法，计算中国技术创新产出与经济产出的区位基尼系数，公式如下：

$$G_h = \frac{1}{2n^2 \overline{x}} \sum_{i=1}^{n} \sum_{j=1}^{n} \left| x_i - x_j \right| \tag{3-1}$$

其中，G 为技术创新产出（或经济产出）的区位基尼系数；n 为地区总数；x_i 为第 i 个地区的发明专利授权量（或地区生产总值）占所有地区发明专利授权总量（或地区生产总值）的比重；$\overline{x}$ 为 x_i 的均值。G 值的范围介于 0 到 1 之间，当技术创新活动（或经济活动）完全均匀分布时，G=0；若完全集中时，G=1。

2）泰尔指数

泰尔指数（Theil index）的最大特点是可以分解，并且能满足达尔顿-庇古转移原理、收入零均值性和人口规模独立性[214]。泰尔指数的表达式如下：

$$T = \sum_{i=1}^{N} p_i \log\left(\frac{p_i}{x_i}\right) \tag{3-2}$$

其中，N 为区域总数。x_i 为 i 地区的发明专利授权量占所有地区发明专利授权量的比重。p_i 为 i 地区人口数占所有地区人口总数的比重，T 越大，表示区域间发明专利数量的差异越大，技术创新集聚越明显；T 越小，技术创新集聚越不明显。对泰尔指数进行分解，可以将总差距分解为组间差异和组内差异，分解如下：

$$T = \sum_{j=1}^{m} p_j \log\left(\frac{p_j}{x_j}\right) + \sum_{j=1}^{m} p_j \sum_{i=1}^{n} p_{ij} \log\left(\frac{p_{ij}}{x_{ij}}\right) = T_I + T_B \tag{3-3}$$

其中，所有考察地区被分为 m 个组，p_j 和 x_j 分别为第 j 个组占全国的人口比重和发明专利授权量比重；n 为组内的区域个数；p_{ij} 和 x_{ij} 分别为第 j 个组中第 i 个区域在该大组中的人口比重和发明专利授权量比重；T_I 为组与组之间的泰尔指数，度量当各组内部完全平等时，各组之间的不平等程度；T_B 为组内泰尔指数，度量组内的不平等程度，具体分组方法见下文。

3.1.2　区域技术创新集聚的特征

1. 技术创新集聚的总体情况

绪论中提到，进入 21 世纪，我国的科技创新事业高速发展，创新产出的数量迎来了飞跃式的增长，与此同时，创新活动的集聚现象也越来越明显。图 3-1 展示了我国技术创新产出与经济产出的区位基尼系数对比，其中技术创新产出由发明专利授权量和每万人发明专利授权量表示，经济产出由 GDP 和人均 GDP 表示，其中历年 GDP 和人均 GDP 均以 2000 年为基期进行了平减。由图 3-1 可知，在 2000 年到 2017 年的考察区间内，技术创新产出的区位基尼系数始终高于经济产出，表示创新活动的集聚程度高于经济集聚。GDP 的区位基尼系数在考察区间内基本处于 0.4 左右的水平，人均 GDP 有小幅下降，由 2000 年的 0.31 降至 2017 年的 0.25，表明区域间人民总体生活水平的差距有所缩小。然而，发明专利授权量的区位基尼系数由 2000 年的 0.44 上升至 2009 年的 0.62，之后虽有小幅下降，但基本维持在 0.58 的水平上，区域创新差异有所扩大。每万人发明专利授权量在一些研究中被认为是衡量创新强度或创新能力的指标[214, 218]，在图 3-1 中，2000~2009 年每万人发明专利授权量的区位基尼系数显著高于发明专利授权量的区位基尼系数，表明各地区的创新能力差距更为显著，并推动了技术创新活动向能力更高的地区集聚，加大了创新差距；在 2009 年之后，每万人发明专利授权量的区位基尼系数下降，最终与发明专利授权量的区位基尼系数重合，创新能力的地区差距与创新产出的地区差距相同，但显著高于经济产出的地区差距。

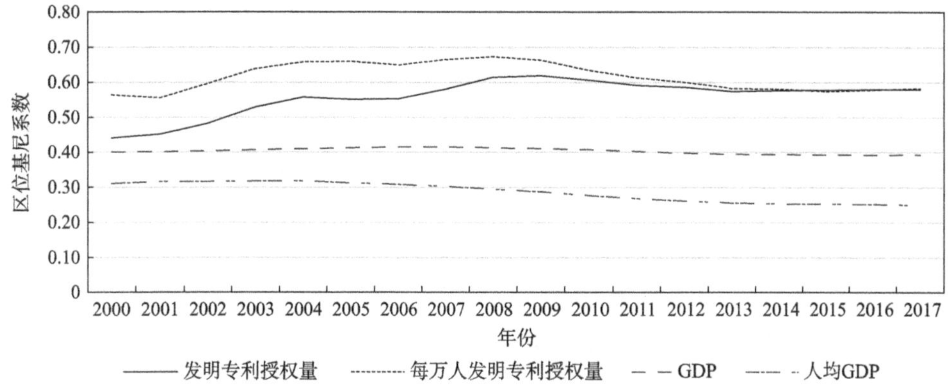

图 3-1　中国创新产出与经济产出的区位基尼系数对比

图 3-1 表明我国的区域创新差距显著，创新活动具有集聚的特征。图 3-2、图 3-3 则更为直观地展现创新集聚具体体现在哪些地区。图 3-2 展示了 2000 年和 2017 年中国发明专利授权数的区域分布对比，用自然断点分层法将各地区的发明专利授权数分为 5 个层级，颜色越深表明层级越高，专利数越多。由图 3-2（a）可知，2000 年的专利分布中，只有北京处于第一层级，辽宁、山东、江苏和上海处于第二层级，沿海的浙江、广东、天津，以及东北部、中部和西南部的部分地区属于第三层级，其他地区属于第四层级、第五层级。当时全国的创新能力普遍不高，技术创新产出主要集聚在环渤海经济圈和长三角一带。图 3-2（b）展示的 2017 年的情况与 2000 年有所不同，第一层级除了北京之外，还增加了广东和江苏，第二层级有浙江、上海和山东，中部地区依旧位于第三层级，东北部省份及河北、天津下降至第四层级，其余地区均属于第五层级。可见在 2017 年，区域技术创新的集聚现象更为明显，集聚区由北部向南部地区转移，北京、长三角和珠三角是主要集聚区。

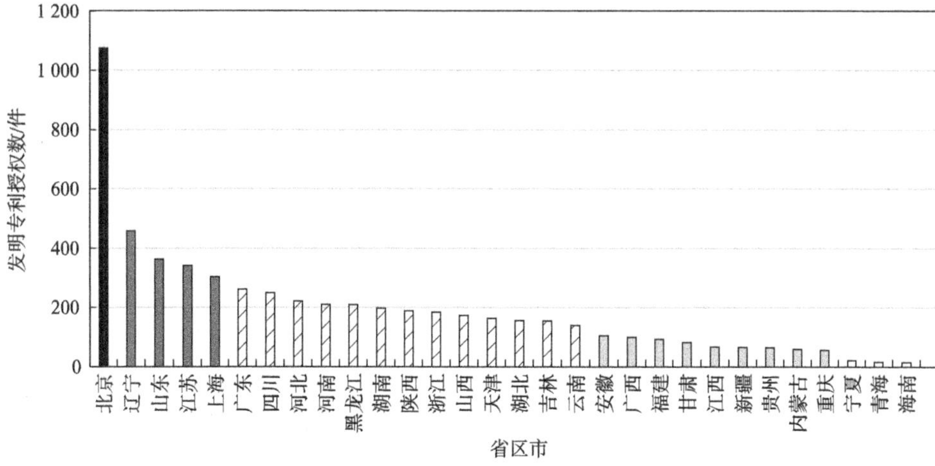

（a）2000 年中国发明专利区域分布

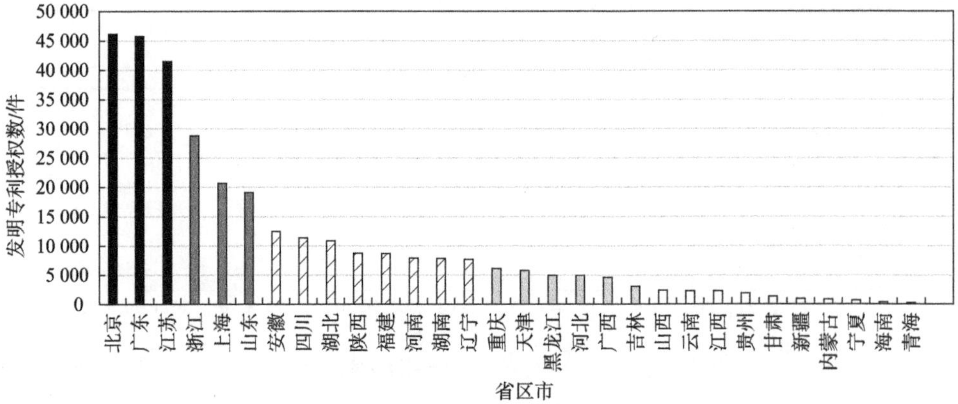

（b）2017 年中国发明专利区域分布

图 3-2　2000 年、2017 年中国发明专利区域分布对比

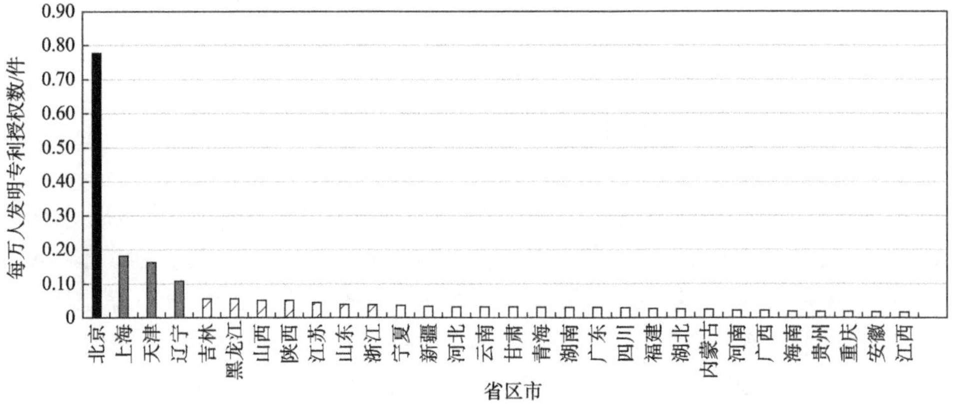

（a）2000 年中国每万人发明专利区域分布

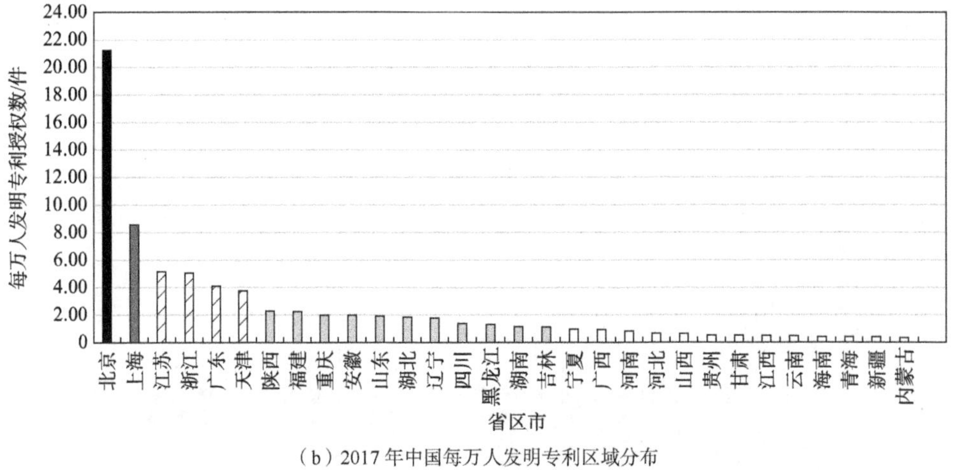

（b）2017 年中国每万人发明专利区域分布

图 3-3　2000 年、2017 年中国每万人发明专利空间分布对比

图 3-3 展示了 2000 年和 2017 年中国每万人发明专利授权量的区域分布对比，同样通过自然断点分层法将中国各地区的创新能力分为 5 个层级。对比可知，两个年份的第一层级均只有北京一个地区。第二层级中，2000 年有上海、天津和辽宁三个地区，而 2017 年只有上海一个地区。第三层级的地区也由 2000 年的东北部转移至 2017 年的东南部。综合分析可知，我国只有少部分地区保持着较强的创新能力，随着时间的推移，高创新能力地区逐渐向南转移，同时伴随着创新产出从东北部、中西部地区向东南部地区集聚。2017 年我国创新能力较强的地区主要包括北京、上海、江苏、浙江、广东、天津，这与中国科技发展战略研究小组发布的《中国区域创新能力评价报告》的结果基本相同。根据报告结果，2008 年以来，我国区域创新能力排在前五的地区一直稳定在北京、上海、江苏、广东、浙江之中，创新集聚的态势已十分清晰。

2. 技术创新的层级特征

上文利用区位基尼系数和专利数据的可视化展示了中国区域创新集聚的总体情况和主要集聚区，本部分将利用泰尔指数及其分解，进一步分析创新集聚的程度和变化特征。泰尔指数可将总差异分解为组间差异和组内差异，关于区域分组，以往研究大多按区位将我国各省区市分为东部、中部和西部三组，在本章中，由于已经了解我国创新产出的主要分布情况，按东、中、西三大板块分组的意义有限，但本章想探讨的是，在考察区间内，创新的集聚程度是否越来越大，集聚区的虹吸效应是否越来越明显，因此，本节按创新活动的集聚情况对中国各省区市进行分类。图 3-4 展示了 2000~2017 年全国 30 个省区市的发明专利增长量占全国总增长量的比重，可以看出，广东、北京、江苏、浙江、上海和山东 6 个省市的专利增长量占全国总体的 63.5%，超过一半，同时这 6 个地区也是图 3-2（b）中排在第一和第二层级的地区，是创新集聚程度高的地区，分为第一组：高层级地区。图 3-4 中，从安徽到吉林这 14 个省区市，专利增长量占全国总体的 32.5%，在图 3-2（b）中位于第三层级和第四层级，创新集聚程度中等，分为第二组：中层级地区。最后的 10 个省区市，位于第五层级，专利增长量占全国的比重不到 5%，分为第三组：低层级地区。

根据式（3-2）和式（3-3）计算中国区域创新产出的泰尔指数，结果如图 3-5 所示。结果显示，我国技术创新产出的整体泰尔指数在考察区间内呈现先增后降的变化趋势，在 2008 年创新差异最为明显，之后虽有下降，但也保持在 0.42 左

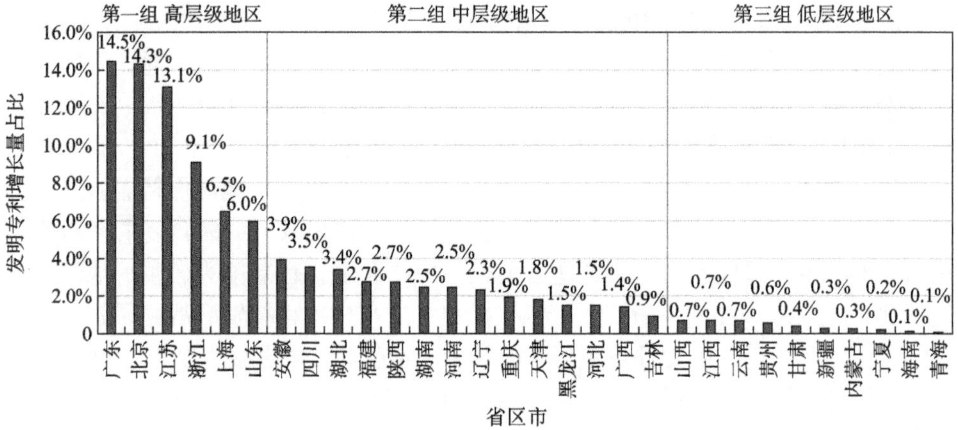

图 3-4　2000~2017 年各省区市发明专利增长量占总增长量的比重

由于修约，各省区市占比加总不为 1

右的水平。该结论与图 3-1 所示的区位基尼系数结果基本一致。从泰尔指数的分解情况看，组间差异在考察区间内大幅提升，由 2000 年的 0.07 升至 2009 年的 0.38，后小幅下降至 2017 年的 0.31，表明各分组之间的差距越加明显，在 2013~2017 年比较稳定，创新层级高的先发地区自 2000 年以来进一步发挥优势，拉大了与后发地区的差距。组内差异在考察区间内下降，由 2000 年的 0.23 下降至 2017 年的 0.11，表明各小组之内，即创新层级相似的地区间，创新差距在缩小。2006 年之前，组内差异高于组间差异，在当时全国的创新产出总体规模不大的情况下，创新的层级特征还不显著；2006 年之后，组间差异高于组内差异，全国总体的创新差异也更多地来源于组间差异。由此可见，中国区域创新层级内部的差距在降低，但层级之间的差距在提高，表明区域的创新层级特征越发明显。

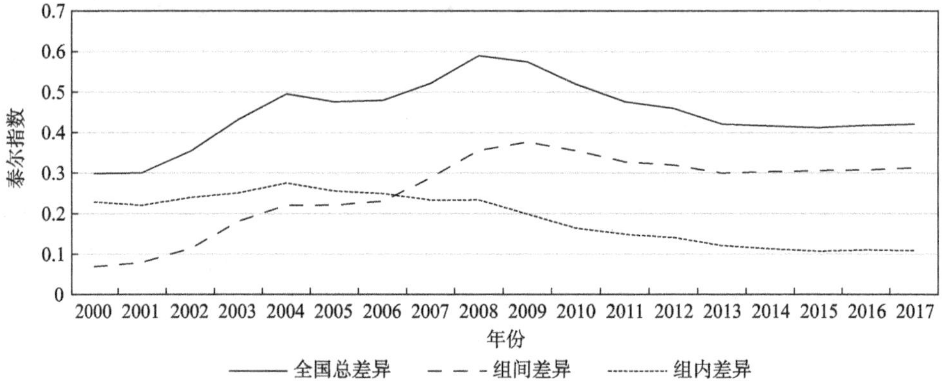

图 3-5　2000~2017 年中国区域创新产出的泰尔指数

3.2　技术结构布局

技术结构从总体上反映区域技术布局是离散或是聚焦的情况，考察的是区域技术专业化程度。技术本身有其特定的发展规律，各区域进行创新活动时也将结合经济社会环境，对于不同的地区，在不同的阶段，技术专业化程度都将所有差别。上节分析了中国区域创新的集聚特征，也展现了地区间显著的创新差距，因此，中国区域的技术专业化程度也将展现出多样的特征。

3.2.1　技术结构的测度方法

本节从集中度和差异度两个角度考察技术专业化的程度，集中度表示创新活动在技术领域间的聚焦程度，差异度表示技术领域的结构与全国平均水平的相对差异，即集中度代表了一个地区对自身而言的技术专业化程度，而差异度代表了一个地区对全部地区而言的技术专业化程度。关于测度指标，以往研究常用基尼系数、赫芬达尔指数、CV 值等计算技术的集中度，本节选取 HHI 测算集中度，选取克鲁格曼分工指数（Krugman division index，KDI）测算差异度。

1）HHI

HHI 是测量产业集中度的常用指标，也被许多学者用于测量技术的集中度，公式如下：

$$\mathrm{HHI}_i=\sum_{k=1}^{n}\left(\frac{P_{ik}}{P_i}\right)^2 \tag{3-4}$$

其中，P_{ik} 为 i 地区 k 行业的发明专利授权数；P_i 为 i 地区的发明专利授权数。HHI 的值介于 0 到 1 之间，越接近于 1，表示 i 地区的技术集中度越高。

2）KDI

KDI 是衡量区域产业分工的常用方法，借鉴这一思路，利用 KDI 测算技术的差异度。公式如下：

$$\mathrm{KDI}_i=\sum_{k=1}^{n}\left|\frac{P_{ik}}{P_i}-\frac{P_k}{P}\right| \tag{3-5}$$

其中，P_{ik} 为 i 地区 k 行业的发明专利授权数；P_i 为 i 地区的发明专利授权数；P_k 为各地区 k 行业的发明专利授权总数；P 为各地区的发明专利授权总数。KDI 越大，表示 i 地区的技术差异度越高，分工程度越大。

与上节一致，本节采用发明专利授权量作为技术创新的衡量指标。测度技术专业化的第一步是对技术领域进行分类，由于技术创新通常与特定的产业相关，产业是经济管理学者分析创新活动的关键维度[70]。因此，为了挖掘不同地区分行业的创新产出信息，并将创新活动与产业活动进行对比，本节将发明专利按国民行业进行分类①，共分为 35 个领域。同时，为避免单个年份的专利数据存在特殊性，按照通行做法，本节借鉴 Cantwell 和 Vertova 的方法，以三年专利数加总值进行分析[22]。由于本章的考察区间为 2000~2017 年，因此本节选取该区间前、中、后三个时间节点，分别为 2000~2002 年、2008~2010 年和 2015~2017 年，考察区域技术专业化程度的变动趋势。

本节测算产业集中度和差异度的数据是产业增加值，原始数据来源于《中国地区投入产出表-2012》中 30 个地区的 42 个部门的投入产出表，以此将区域技术专业化程度和产业专业化程度进行对比。

3.2.2 技术结构的布局特征

根据式（3-4）计算中国 30 个地区三个时间段发明专利的 HHI，以及 2012 年产业的 HHI，结果如图 3-6 所示，数值越大表示集中度越高，图中各地区的排序与图 3-4 相同，从左到右代表了创新层级由高到低。首先，由前三根柱表示的三个时间段技术集中度可知绝大部分地区的技术集中程度持续下降，广东、海南和青海经历了先升后降，北京、江苏、陕西、辽宁、黑龙江、四川和宁夏是先降后升，只有浙江的技术集中度持续增加。总体而言，随着技术的发展，中国各地区的创新活动普遍朝更多个领域拓展，技术的集中程度有所降低。其次，比较地区之间的差异，创新层级高的地区与创新层级低的地区之间，技术集中度并没有明显的差异，只有海南、青海这两个低层级地区的集中度显著高于其他地区，其余地区的技术集中度与创新层级之间并没有明显的联系。最后，将技术集中度与最后一根柱所代表的产业集中度进行对比，发现几乎所有地区的产业集中度都小于技术集中度，表明创新活动在部分领域中的聚焦程度高于生产活动。此外，观察

① 将专利按国民行业进行分类的主要方法是将国际专利主分类号与国民经济行业分类（GB/T 4754-2011）进行匹配，Jungmittag[50]、Urraca-Ruiz 和 Laguna-Molina[46]、吴兰波[71]、吕拉昌等[180]、丁军等[48]均在研究中进行过类似操作。匹配数据来源于 incoPat 科技创新情报平台提供的付费数据。

发现技术集中度与产业集中度之间存在关联，产业集中度高的地区技术集中度也相对较高，表明我国区域的创新活动与产业关联较为紧密。

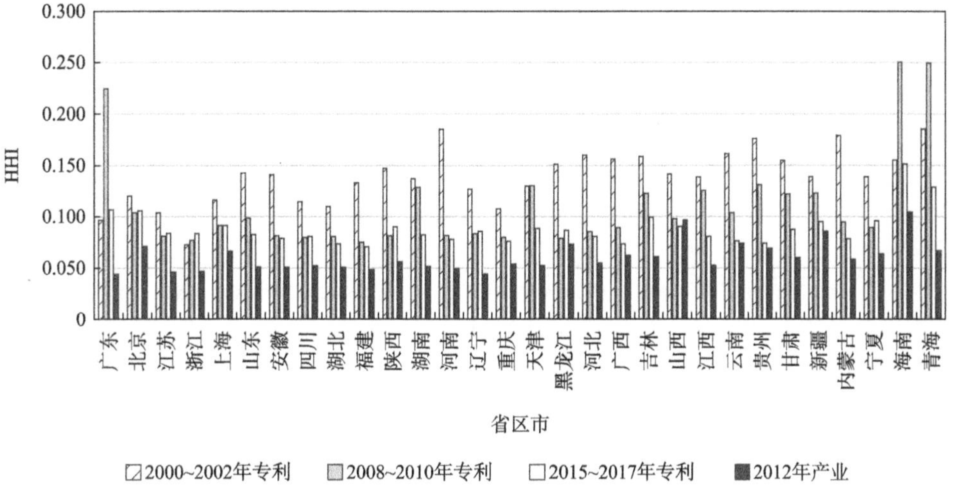

图 3-6　中国各省区市技术与产业的 HHI 对比

专利指发明专利授权数的 HHI，产业指总产值的 HHI

根据式（3-5）计算中国 30 个地区三个时间段发明专利的 KDI，以及 2012 年产业的 KDI，结果如图 3-7 所示，数值越大表示差异度越高。同样首先看各地区三个时间段的技术差异度变化，可知绝大部分地区的技术差异化程度经历了先升后降的趋势。广东、山东、天津、贵州等大部分地区的技术差异度先上升后下降，上海、陕西等少部分地区的技术差异度持续下降，只有北京、浙江的技术差异度呈现出先下降后上升的趋势。总体而言，中国各地区创新活动的分工差异有所降低。其次看地区间的差异，上文中技术集中程度在各地区间的差异并不明显，但技术差异化程度却存在着比较显著的差异。总体而言，创新层级高的地区，如北京、江苏、浙江、上海等，技术差异化程度低，表明这部分地区的创新领域基本代表了全国平均水平；而创新层级低的地区，如贵州、甘肃、内蒙古等，技术差异化程度高，表明这部分地区的创新领域与全国平均水平存在差异。最后将技术的差异度与产业差异度进行对比，发现有些地区的产业差异度高于技术差异度，有些地区的产业差异度小于技术差异度，两者没有明显的规律，但总体来看，产业差异度大的地区，其技术差异度也相对较高，再一次说明区域的创新活动与产业存在关联，但这种关联究竟如何，下一节的具体领域分析中将会描述。

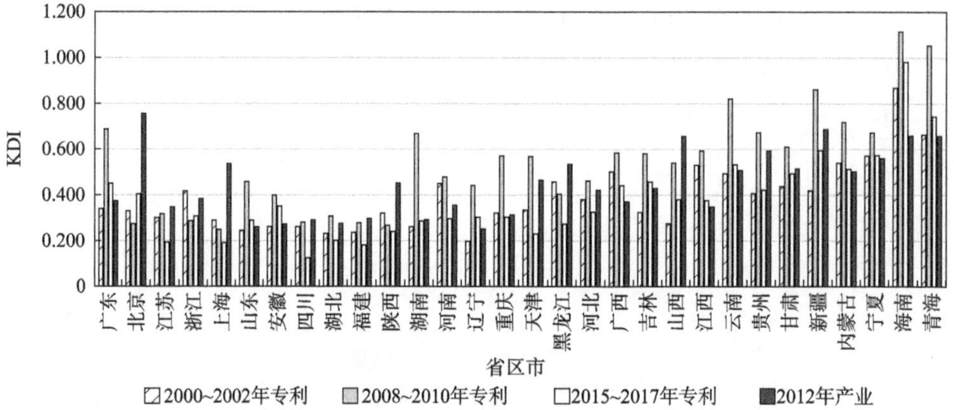

图 3-7　中国各省区市技术与产业的 KDI 对比

专利指发明专利授权数的 KDI，产业指总产值的 KDI

3.2.3　与国际经验的比较

20 世纪 90 年代以来，随着区域分工理论的发展完善，国外有不少学者研究了国际的技术创新差异、技术专业化特征等问题，并取得了一系列成果。

Archibugi 和 Pianta[24]利用专利数据对 OECD 国家的创新能力进行了研究，发现 1971~1991 年国家间的创新能力差距持续大于经济差距，但出现了收敛态势[39]。大国会在大部分技术领域中进行创新活动，而小国则倾向在某个特定领域中进行创新活动。接着 Archibugi 和 Pianta[24]对发达国家的技术专业化情况进行了分析，发现这些国家在具体的技术部门中表现出不同的模式，即出现了创新领域上的分工，且专业化程度在上升。但是对于地理位置相近的欧洲国家，英国、法国、德国和意大利的优势技术领域是较为相似的。

Mancusi 研究了 1982~1996 年十个工业化发达国家的技术专业化情况，发现工业大国的技术专业化程度较低，其创新活动遍布大多数技术领域，并且优势领域的稳定性较强[219]。在技术专业化演进的过程中，一国低专业化的技术领域很难发展为高专业化的领域，但反过来，高专业化技术领域的专业化程度容易下滑。同时，Mancusi 补充说明了 Stolpe[220]的一个观点，对于特定产业而言，产品上的优势相比技术上的优势更具有持续性。

Evangelista 等运用专利数据从地区尺度研究了 1996~2011 年欧洲地区的创新活动分布情况，研究表明，欧洲地区的技术创新发展水平极不平衡，在 15 年的考察期内，创新活动从边缘地区向核心地区集聚的现象十分明显，但随着时间的推移，地区间的差距在逐渐减小[32]。创新能力排在前四位的地区，在绝大部分技术领域中的专利数量占所有欧洲区域的 1/3 至一半以上，进一步地，创新能力领先的地区在电子信息技术领域的专业化程度显著超过其他地区。

Kogler 等研究了 1981~2015 年欧洲国家的技术差距、技术分布与关联度等情况，发现考察期间内各国的技术竞争越发激烈，专业化程度有所上升；新技术的进入和旧技术的退出是影响技术专业化的主要因素，新技术的进入将降低总体技术专业化程度，旧技术的退出将提高技术专业化程度，而与地区核心技术是否相近是决定一项技术进入与退出的重要因素，因此具有众多核心技术的地区将大量吸引新技术进入，从而具有较低的总体技术专业化水平[33]。

总结国外学者的研究结论，可以发现技术创新分布存在如下特征：①区域差距明显，出现层级特征，层级间的差距在逐渐减小；②高层级地区的创新活动遍布在多个领域，低层级地区的创新活动聚焦于特定领域；③地区间的创新分工格局与经济地位、地理位置、产业情况相关。通过上文对中国区域的研究，发现中国的技术创新分布情况与国外有相似之处，但也存在不同的特征。例如，①我国的创新活动也表现出层级特征，然而层级间的差距却十分明显，近年来趋于稳定，并没有减小的态势；②我国的高层级地区和低层级地区在技术集中度上并没有显著的差异，而是与产业的集中度相关，但高层级地区所专注的技术领域与全国平均水平相似，而低层级地区所专注的领域更为独特。由此可见，区域创新活动的演化存在一定的规律，而我国也有自身的独特性，各地区在制定创新驱动发展战略的同时需把握这个规律。

3.3　技术领域分布

本节探讨技术领域在中国区域的分布情况，即各区域技术专业化的模式。技术领域的划分有多种分析角度，以往研究利用专利划分技术领域时往往按照 IPC 进行，本书第 1 章有详细的归纳，但这种分类难以体现技术领域与经济活动的关系。本节以产业领域为标准对技术领域进行划分，将技术专业化与产业专业化进行对比研究。这样操作的一方面原因是区域分工与专业化的源头是产业分工，从产业的角度可以将区域的创新现状与发展历史联系起来；另一方面原因是从产业的角度分析技术专业化具有更强的现实指导意义，因为技术的发展离不开产业，产业是技术的载体，代表着未来的技术发展方向。

虽然创新产出包括多种类别，除专利外，还有科技论文、新产品等，这些创新产出均包含了不同领域，为统一研究口径，本节以发明专利为创新产出分析创新活动在产业领域上的分工，原因如下：科技论文主要与高校和科研院所的分布有关，不会随时间产生太大变化，且论文所代表的理论创新与产业的联系不太紧密；新产品产出是与产业最为紧密相连的一类创新产出，然而只局限于制造业，但创新存在于各个行业，且受限于数据可得性，收集分地区、分行业的新产品产值具有一定的困难。因此，本节将以发明专利作为创新产出，以产业领域作为创新领域的分类标准，分析技术创新领域在中国区域的分布，并比较各地区的优势技术领域与优势产业领域。

3.3.1 优势技术的测度方法

1. 数据说明

为使技术创新活动与当地产业对应起来，本章将技术领域与行业分类进行匹配。与上节一致，本节的专利数据来源于 incoPat 科技创新情报平台的付费数据，该数据可按国民行业进行分类导出，提供了不同地区分行业的创新产出信息①。本章共考察行业 34 个，包括 29 个制造业部门、农业、采掘业、电力热力和水、建筑业和电信服务，涵盖国民经济中与技术创新密切相关的所有行业。部门代码和名称如表 3-1 所示。考察年份是 2000~2002 年和 2015~2017 年，利用三年的发明专利授权量总和代表各地区的创新总规模，以避免单个年份专利数据可能出现的偶然性。

表3-1 各领域代码名称简称对应表

代码	全称	简称	代码	全称	简称
A	农林牧副渔业	农业	C18	纺织服装、服饰业	纺织服装
B08/09	金属非金属矿采选	采掘业	C19	皮革、毛皮、羽毛及其制品和制鞋业	皮革制品
C13	农副食品加工业	农副食品	C20	木材加工和木、竹、藤、棕、草制品业	木材制品
C14	食品制造业	食品制造	C21	家具制造业	家具制造
C15	酒、饮料和精制茶制造业	茶酒饮料	C22	造纸和纸制品业	造纸业
C16	烟草制品业	烟草制品	C23	印刷和记录媒介复制业	印刷业
C17	纺织业	纺织业	C24	文教、工美、体育和娱乐用品制造业	文体用品

① 将专利按国民行业进行分类的主要方法是将国际专利主分类号与国民经济行业分类（GB/T 4754-2011）进行匹配，匹配数据来源于 incoPat 科技创新情报平台提供的付费数据。

续表

代码	全称	简称	代码	全称	简称
C25	石油加工、炼焦和核燃料加工业	石油加工	C37	铁路、船舶、航空航天和其他运输设备制造业	其他运输设备
C26	化学原料和化学制品制造业	化学制品	C38	电气机械和器材制造业	电气机械
C27	医药制造业	医药制造	C39	计算机、通信和其他电子设备制造业	电子设备
C28	化学纤维制造业	化学纤维	C40	仪器仪表制造业	仪器仪表
C29	橡胶和塑料制品业	橡胶塑料	C41	其他制造业	其他制造
C30	非金属矿物制品业	非金属矿物	C42	废弃资源综合利用业	废弃资源利用
C31/32	基本金属的制造	金属冶炼	D44/D46	电力、热力和水生产和供应业	电力热力和水
C33	金属制品业	金属制品	E	建筑业	建筑业
C34	通用设备制造业	通用设备	I63	电信、广播电视和卫星传输服务	电信服务
C35	专用设备制造业	专用设备			
C36	汽车制造业	汽车制造			

产业数据来源于《中国地区投入产出表-2012》，考察年份为 2012 年。产业领域共包括 42 个行业，其中的 34 个行业与专利信息相对应，剩下的 8 个行业主要为服务业，如住宿和餐饮、房地产、卫生和社会工作等，这些行业的创新极少是以专利所代表的技术创新，所以无法和专利信息相对应。测算时依旧会将这些行业纳入优势产业的计算范畴内，以显示地区优势产业的真实情况。

2. *方法说明*

显性技术优势与产业区位熵的思想相同，是用于测度各地区专利结构分布的不均匀性的指标[29]。公式如下：

$$\mathrm{RTA}_{ij}=\frac{p_{ij}/p_i}{p_j/p} \tag{3-6}$$

其中，RTA_{ij} 为 i 地区 j 行业的显性技术优势系数；p_{ij} 为 i 地区 j 行业的发明专利授权数；p_i 为 i 地区所有行业的发明专利授权数；p_j 为所有考察地区 j 行业的发明专利授权数；p 为所有地区所有行业的发明专利授权总数。若 $\mathrm{RTA}_{ij}=1$，说明该地区该行业的创新产出分布处于全地区的平均状态；若 $\mathrm{RTA}_{ij}>1$，说明该地区该行业的创新产出相对集中，具有相对比较优势；若 $\mathrm{RTA}_{ij}<1$，说明该地区该行业的创新产出相对分散，不具有相对比较优势。

某地区某行业的显性技术优势较大代表了该地区在这一行业的创新活动上具有相对比较优势，不同地区在不同产业上具有比较优势则可以展现出一种分工格局，然而，若该地区总体创新发展水平太低，即便该行业相对于某地区而言具有地方性优势，但对于全国而言也算不上比较优势[198]。因此，为了真实反映地方性的创新优势所在，需要设定一个标准，若某一行业的创新产出具有地方化比较优势则必须满足两个条件：一是该地区该行业的显性技术优势系数必须大于 1，二是该地区该行业的发明专利授权量必须高于所有考察地区的平均值。比较优势产业利用产业区位熵计算，选择标准相同。

3.3.2 技术领域分布现状

运用显性技术优势指标及优势技术的选取方法，计算得出 2000~2002 年、2015~2017 年两个时间段中国各省区市具有技术优势的行业领域，同时利用产业增加值计算 2012 年各省区市具有比较优势的产业，具体结果见文末附录 1。总体而言，创新层级较高的地区，其拥有的优势技术领域显著多于创新层级较低的地区，可见大部分领域的创新活动朝层级更高的地区聚集。进一步观察各地区的情况，可以看出一定的分布规律。2015~2017 年北京、上海、广东在电子设备、电信服务、仪器仪表等高技术领域具备比较优势，而江苏、浙江多在纺织业、纺织服装、皮革制品、家具制造等轻工业领域具备比较优势，中部的安徽、湖北、河南等地区在食品制造、农副食品、茶酒饮料、烟草制品等领域具备比较优势，西部许多地区并无具有比较优势的技术领域。从变化趋势来看，2000~2002 年由于全国总体的专利产出量还不高，区域间的专利数量差异不算大，绝大部分地区可以找出具备比较优势的技术领域，而 2015~2017 年随着专利产出量剧增，创新活动的集聚越加明显，区域间差距拉大，许多优势再难以体现，很多低层级地区甚至没有具备比较优势的技术领域。考察期间内，大部分地区的优势技术领域没有出现太大的转变，广东、山东的优势技术从较传统的轻工业领域向高技术领域转变，安徽、福建、四川的优势领域数量有所增加，但东北部地区、西部地区的优势领域数量显著下降，对于创新层级较高的地区，其优势技术领域则表现出更强的稳定性。将优势技术领域与优势产业进行对比，总体而言大部分地区优势技术和优势产业是比较对应的，尤其对于创新层级高的工业省份，如广东、浙江等，优势最为明显的技术领域均能对应到优势产业中，表明这些地区主要是依靠自身产业基础从而进行技术创新。对于北京、上海这类地区，其优势产业主要为服务业，且在技术服务、电信服务这类与技术创新息息相关的服务业中具备明显优势，因此这些地区承担了许多产业的创新环节，是产业链分工中的重要一环。

为比较考察期间内中国区域在优势技术领域中的分工情况，本节选取2000~2002年和2015~2017年各个省区市排名第一的优势技术领域进行对比分析，如表3-2所示，其中空白表示没有优势技术领域。2000~2002年，拥有相对比较优势技术领域的省区市有29个，它们的优势技术集中在16个行业领域中；到2015~2017年，拥有相对比较优势技术领域的省区市减少为20个，受创新活动向东南地区集聚的影响，减少的省区市主要在西北部，但优势技术领域只减少了1个，为15个，且从内容上看增加了如仪器仪表、医药制造等高技术产业。总体而言，2015~2017年的优势技术更为丰富，区域整体的分工水平提高。此外，随着时间的推移，相邻地区的优势领域出现趋同特征。与2000~2002年相比，2015~2017年相邻地优势领域相同的情况更加明显，尤其是中部地区，如河南、湖北及云南、四川最体现比较优势的技术领域均为烟草制品，湖南、江西均为采掘业。由此可见，虽然2015~2017年整体的分工水平提高，但相邻地区表现出更强的趋同特征。

表3-2　2000~2002年、2015~2017年中国区域技术领域分布情况对比

省区市	2000~2002年	2015~2017年	省区市	2000~2002年	2015~2017年
北京	石油加工	石油加工	河南	印刷业	烟草制品
天津	纺织服装		湖北	农业	烟草制品
河北	家具制造		湖南	木材制品	采掘业
山西	化学纤维		广东	电信服务	印刷业
内蒙古	皮革制品		广西	电力热力和水	农业
辽宁	皮革制品	采掘业	海南		
吉林	木材制品		重庆	皮革制品	汽车制造
黑龙江	纺织服装	其他运输设备	四川	废弃资源利用	烟草制品
上海	纺织业	化学纤维	贵州	废弃资源利用	茶酒饮料
江苏	废弃资源利用	纺织业	云南	采掘业	烟草制品
浙江	纺织服装	家具制造	陕西	印刷业	仪器仪表
安徽	橡胶塑料	食品制造	甘肃	石油加工	
福建	其他运输设备	皮革制品	青海	采掘业	
江西	采掘业	采掘业	宁夏	橡胶塑料	
山东	食品制造	医药制造	新疆	纺织服装	

3.3.3　专业化模式的特征

上文得出了各地区具备比较优势的技术领域，本节将对这些信息进一步进行分析，总结中国区域技术专业化模式的特征。在分析专业化模式时，学者更关注的是何种专业化模式更有利于区域发展，即专业化于哪些技术领域将更能促进经济增长。李嘉图专业化思想认为，专业化于有质量的领域将更好地促进经济增长，因此许多学者开始针对什么才是有质量的领域及各地区的专业化模式是否有“质量”开展研究[85]。本节将针对中国区域的现实情况进行分析。

1. 区域技术专业化模式的分类

什么才是有质量的技术领域，学术界尚无定论。首先，Jungmittag 将高技术产业所对应的技术领域作为“正确的技术”（correct technologies），因为正的溢出效应往往出现在高技术产业中，在技术竞争视角下，一国专业化于高新技术领域将生产较高需求收入弹性的产品，并获得更高的增长率[50]。然而，这是一种相对静态的界定方法，因为高技术产业的划分在很长时间内不会改变，但在不同的科技浪潮中，对整体经济起关键作用的技术往往是不同的[221]。因此，Huang 和 Miozzo 以一段时期内快速增长的技术作为“正确的技术”，因为这类技术往往具有更高的发展机会和更大的潜在应用价值，对于未来的学习和技术发展过程更为有利[96]。动态视角下的高技术机会领域也成为后续研究中被广泛考察的领域[46]。

无论是高新技术还是高机会技术，对所有地区而言都是一致的，但各地的经济发展情况不同，尤其是中国的区域经济存在巨大的差异，统一界定的正确技术也许并不适用于所有地区。正如国家创新系统的研究发现，一国的创新活动与其产业结构与部门结构密切相关[151]，上文的对比分析也验证了这一结论，且技术的发展不应脱离当地的产业基础，对当地产业有促进作用的技术也应被认为是正确的。因此，本章认为某地区优势产业所对应的技术领域对该地区而言也是“正确的技术”。

综上所述，本节选择高新技术产业领域、高技术机会领域和地区优势产业领域这三类“正确的技术”计算显性技术优势指数，考察各地区在这三类技术领域中的表现如何。具体技术领域的说明如表 3-3 所示。

表3-3　不同类别的技术专业化系数说明

指标名称	计算公式	指标说明	指标含义
高新技术专业化系数（S_1）	$S_{1i}=(P_{iHT}/P_i)/(P_{HT}/P)$ 其中，P_{iHT} 为 i 地区在高新技术产业领域的发明专利授权数；P_i 为 i 地区的发明专利授权数；P_{HT} 为各地区在高新技术产业领域的发明专利授权总数；P 为各地区的发明专利授权总数	根据国家统计局《高技术产业统计分类目录》选择高新技术产业。具体包括医药制造、专用设备、其他运输设备、电子设备、仪器仪表、电信服务作为高新技术产业	若 $S_{1i}>1$，表示地区 i 在高新技术产业领域的专利数量具有相对比较优势，数值越大表示在该领域的专业化程度越高

续表

指标名称	计算公式	指标说明	指标含义
高机会技术专业化系数（S_2）	$S_{2i}=(P_{iTO}/P_i)/(P_{TO}/P)$ 其中，P_{iTO} 为地区 i 在高技术机会领域的发明专利授权数；P_{TO} 为各地区在高技术机会领域的发明专利授权总数；其余指标含义同上	借鉴 Urraca-Ruiz 和 Laguna-Molina [46]的方法，通过比较考察区间内各产业的专利数占总专利数比值的增长情况选取高技术机会的产业①	S_2 越大表示在高机会技术领域的专业化程度越高
优势产业技术专业化系数（S_3）	$S_{3i}=(P_{iDI}/P_i)/(P_{DI}^i/P)$ 其中，P_{iDI} 为地区 i 在该地区优势产业领域的专利授权数；P_{DI}^i 为各地区在 i 地区优势产业领域的专利授权总数；其余指标含义同上	各地区优势产业参考王德利和方创琳[222]的研究成果，利用《中国地区投入产出表-2002》和相关指标体系确定，并假设在考察期内各地区优势产业保持不变	S_3 越大表示在优势产业技术领域的专业化程度越高

2. 区域技术专业化模式的特征

与上文一致，本节选取考察区间的前、中、后三个时间点（2000~2002 年、2008~2010 年、2015~2017 年）进行展示，分析中国区域技术专业化模式在考察区间内的时间变化特征，结果如表 3-4 所示。

表3-4　中国各省区市在不同类别中的技术专业化系数

省区市	高新技术专业化系数			高机会技术专业化系数			优势产业技术专业化系数		
	2000~2002 年	2008~2010 年	2015~2017 年	2000~2002 年	2008~2010 年	2015~2017 年	2000~2002 年	2008~2010 年	2015~2017 年
北京	0.8474	1.2216	1.3868	1.1354	1.0669	1.1013	1.2666	1.1538	1.3831
天津	0.8957	0.6139	0.9631	1.1042	0.9981	0.9253	0.7723	0.4453	0.7880
河北	1.2108	0.8000	0.7823	0.8533	0.7317	0.8988	0.7317	1.4114	1.4081
山西	0.9302	0.6483	0.8105	0.8031	0.6806	0.8442	1.8844	1.8225	1.8591
内蒙古	1.2194	0.6651	0.7530	0.5508	0.5289	0.6726	1.2317	1.3898	2.4561
辽宁	0.8716	0.6218	0.8165	0.7734	0.8021	0.9026	1.0900	1.5453	1.2611
吉林	1.1474	0.9844	1.0899	0.8480	0.6986	0.9018	1.0300	1.4449	1.7413
黑龙江	1.1393	0.8400	1.0965	0.7516	0.9173	1.0223	1.4570	1.4940	0.9535
上海	1.0536	1.0214	1.1816	1.3100	1.0251	1.0547	1.3195	1.0549	1.1054
江苏	0.7730	0.7507	0.8260	1.2940	0.9870	1.0169	1.0163	1.1294	1.0545
浙江	0.8499	0.8036	0.7382	1.4508	1.0029	1.0242	0.9966	1.0519	1.0748
安徽	1.1098	0.8011	0.6233	0.8982	0.9557	0.8715	1.1868	1.0597	1.3103
福建	1.1533	0.7989	0.8759	1.0849	0.8297	0.9198	0.9432	1.5329	1.6058

① 具体包括纺织业、家具制造、印刷业、橡胶塑料、金属制品、通用设备、专用设备、汽车制造、其他运输设备、电气机械、电子设备、仪器仪表、电信服务。

续表

省区市	高新技术专业化系数			高机会技术专业化系数			优势产业技术专业化系数		
	2000~2002 年	2008~2010 年	2015~2017 年	2000~2002 年	2008~2010 年	2015~2017 年	2000~2002 年	2008~2010 年	2015~2017 年
江西	1.1190	0.9335	0.8022	0.6676	0.5413	0.7446	1.0480	1.0360	1.2676
山东	1.0799	0.8480	0.9579	0.8553	0.7209	0.8358	1.1263	1.4105	1.2449
河南	1.3623	0.7812	0.8106	0.7706	0.7334	0.8632	1.0306	1.4837	1.2621
湖北	1.0188	0.8862	1.0025	1.0887	0.8389	0.9379	1.1701	1.0995	1.1565
湖南	1.0780	0.4748	0.7908	0.8249	0.6097	0.9339	1.0784	2.2339	1.3324
广东	1.0632	1.4340	1.2140	1.4392	1.3637	1.1768	1.4846	1.5746	1.3857
广西	1.1686	0.8086	0.6799	0.7142	0.6198	0.7669	1.5500	2.7848	3.3681
海南	0.8418	1.1514	0.9783	0.4542	0.2595	0.3591	1.7048	5.9099	7.0155
重庆	1.0779	0.9549	0.9392	1.1506	1.0446	1.0501	2.0256	3.3058	1.9981
四川	0.9645	0.9394	1.0226	0.8802	0.8343	0.9696	1.0696	0.9850	0.9874
贵州	1.0357	0.8164	0.6190	0.5277	0.5218	0.7365	0.0000	1.3130	0.9777
云南	1.0815	0.6382	0.7630	0.4931	0.3728	0.6310	2.1311	5.0043	4.1059
陕西	1.3328	1.0317	1.1669	1.1434	0.9583	1.0177	0.6239	0.8981	1.0233
甘肃	0.7672	0.7074	0.8837	0.7072	0.5834	0.7056	0.0000	3.5688	5.9369
青海	0.9478	0.3952	0.7245	0.5370	0.2232	0.4977	1.0153	1.5424	1.6436
宁夏	1.0178	0.5352	0.5286	0.6904	0.5472	0.7319	0.9893	1.4760	1.6220
新疆	0.9572	0.8106	0.8976	0.6119	0.4210	0.7328	0.8347	0.9147	2.5780

表 3-4 中的系数表示中国各省区市在“正确的技术”领域中实现专业化的程度。由表 3-4 可知，①只有少数地区在高新技术产业及高技术机会领域中具有比较优势。在考察期间内，只有上海、广东、陕西在高新技术产业领域中始终保持着较高的专业化程度，专业化系数大于 1。高新技术产业并不一定都具有高技术机会，同样，高技术机会的领域也不局限于高新技术产业，在高技术机会领域中具备比较优势的省份有北京、上海、浙江、广东、重庆。总体而言，只有北京、广东、上海等极少数省区市有能力在拥有最高技术机会的技术领域实现专业化，并在不断强化。②绝大部分地区的技术优势表现在优势产业领域中。考察期间内，几乎所有的地区都在自身优势产业领域内具有较高的技术专业化程度，表明各地区的技术优势基本来自产业基础，由产业的优势带来技术的优势。北京、广东在高新技术领域实现专业化的主要原因也在于这些地区的优势产业是高新技术产业。从时间趋势来看，有不少地区的专业化程度在升高，表明产业基础对于技术发展的作用在增强。由此可见，高新技术和高机会技术往往呈现更强的集聚性，按照技术生命周期理论，新技术出现时通常只会集中在少数企业中，技术溢出会受到地理空间的限制，使得这些新技术集中在特定的少数区域。有研究发现，越

是发展迅速的技术，其在地理空间的集聚度也越高[160]，中国也表现出相同的特征。

结合图 3-6 和表 3-4，中国的区域技术专业化大致可以分为四个类别：一是技术集中度高且优势聚焦于高新技术和高机会的技术领域，如广东；二是技术集中度高并主要体现在自身优势产业领域中，如西部地区；三是总体技术集中度不高但在高新技术或高机会的技术领域具有较强的优势，如北京、上海等；四是总体技术集中度不高但在自身优势产业领域中有较大技术优势，如湖北、四川等。

3.4 本章小结

本章利用发明专利授权数、产业增加值等数据，通过计算区位基尼系数、泰尔指数、HHI、KDI、显性技术优势系数等指标，展示了 2000~2017 年中国省域技术创新的分布情况，着重分析了技术专业化程度与技术专业化模式的区域差异及变动规律，并与国外研究进行对比。主要结论如下。

（1）中国区域创新呈现较高的集聚特征，技术创新活动的集聚程度高于经济集聚。随着时间的推移，创新产出逐渐从东北部、中西部地区向中东部地区集聚，区域差异增大，形成层级特征。与此同时，创新层级内部的差距在降低，但层级之间的差距在提高，表明中国区域技术创新的层级特征越发明显。

（2）从技术的集中度和差异度方面考察各地区的技术专业化程度。集中度方面，绝大部分地区的技术集中程度持续下降，表明创新活动朝着多个领域拓展；产业集中度高的地区技术集中度也相对较高，但技术的集中程度高于产业的集中程度。差异度方面，创新层级高的地区，技术差异化程度低，表明这部分地区的创新领域基本代表了全国平均水平；而创新层级低的地区，技术差异化程度高，表明这部分地区的创新领域与全国平均水平存在差异。

（3）从技术领域的分布情况看，创新层级高的地区，其具有相对比较优势的技术领域的数量多于创新层级低的地区；随着技术的发展，区域整体拥有的优势技术更为丰富，但相邻地区表现出更强的技术趋同特征。同时，只有少数地区能在高新技术和高机会技术领域实现专业化，大部分地区在自身优势产业所对应的技术领域中实现专业化。

上述结论说明中国的创新集聚现象非常明显，所带来的各区域技术专业化程度和模式也存在差异。从现实的角度看，中国各地区的差异可能与经济发展的阶段有关，如冯仁涛[23]认为在工业化的初始阶段，产业结构以劳动或资源密集型产业为主，对技术的需求总体较低，技术专业化的程度相对较高；随着产业结构从劳动或资源密集型向资本密集型转化,产业的扩张会促进技术在不同领域中扩张,导致技术专业化程度降低；在工业化后期，计算机、生物医药等技术密集型产业崛起，技术集中在这些高新技术产业中，技术专业化的程度再一次上升。每个区域在发展过程中都会经历这样的变化，在同一时期，不同的地区会处于不同的阶段。我国的部分地区已进入高新技术领域专业化阶段，也有部分地区处于技术专业化程度降低的扩张阶段，还有许多地区处于初始阶段，因而，在确定创新发展的重点领域时，一方面要考虑区域在发展阶段上的差异，另一方面还要考虑区域技术布局的差别，使技术符合发展阶段，并能促进区域协调。此外，区域技术专业化还是一个技术创新的空间分布问题，除了可以从时间维度上探讨其成因，还可以从空间维度上加以分析。下一章将运用理论模型，从要素空间流动的角度探讨创新集聚形成机制及不同专业化的影响因素。

第 4 章　区域技术创新集聚与专业化模型

上文分析发现，中国区域的技术创新集聚现象明显，且各地区的创新活动具有明显的差异。事实上，创新集聚是一个普遍现象，对于这一现象，学者分别从知识集群、区域功能分工等角度进行了解释[12, 64]。20 世纪 90 年代以来，新经济地理学的兴起使创新活动的空间问题研究得到了显著的扩展，本章试图利用新经济地理学模型作为理论分析工具，进一步探讨创新活动的空间分布问题。上文提到，技术专业化形成的基础是技术创新集聚，由集聚带来知识的分工合作，从而形成专业化。基于此，本章首先将以知识集聚何以产生为分析的源头和基础，逐步挖掘知识的专业化何以产生的问题，剖析区域技术专业化的形成机制，解释为什么技术创新活动有集聚的倾向、创新集聚与专业化受什么因素的影响等问题。其次，本章还将分析知识集聚、知识专业化程度与经济增长和区域福利的关系，探讨创新集聚对于“核心地区”和“边缘地区”的影响，为实践中各地区如何缩小区域创新差异提供参考。最后，本章以广东省作为案例，通过对广东省内部创新活动的空间分布进行分析，更直观地展示理论模型所反映的特征。

4.1　理 论 基 础

克鲁格曼开创的新经济地理学分析了地理集聚将如何发生、在何地发生的问题，随着创新理论和新增长理论的不断推进，知识创新、知识溢出等因素对经济活动空间分布的影响不容忽视。Martin 和 Ottaviano[141]、Baldwin 等[142]在新经济地理学模型中融入了内生经济增长的思想，发展了 GS 模型和 LS 模型，探讨空间区位对长期经济增长的影响。曹骥赟在此基础上构建了 KSDIM，探讨知识溢出下的内生经济增长，发现 C-P 均衡的经济增长率大于对称均衡的经济增长率[143]。然而，何雄浪认为这些模型虽然引入了创新的概念，但只是从创新对物质资本产生的影响角度进行分析，不是从创新过程自身出发[223]。

为探讨知识的创新、扩散这一过程所引起的经济集聚效应，Fujita 和 Thisse[144]、Berliant 和 Fujita[92,224]分别从宏观和微观的层面将技术创新活动融入新经济地理学分析框架中。Fujita 和 Thisse 将核心边缘模型和内生增长理论结合起来，构建了一个"二区域、三部门和二要素"模型[144]。在这个模型中，工人和知识分子这两个要素进行着农业、工业及知识创新这三个部门的生产活动，通过知识分子的动态移民行为把"空间"与"时间"问题结合起来，通过分析经济增长与区域福利把效率与公平结合起来，给本章带来了极大的帮助和启发。经过一系列的均衡分析，该模型指出，创新活动会比经济活动更快地从分散状态转为集聚状态，集聚时经济增长效率高于分散分布，而集聚的空间格局能否稳定持续的关键在于整体经济增长效率的提高能否抵消边缘地区福利损失。在这个研究框架中，关于知识集聚本身还有许多内容值得更深入地探讨。

Berliant 和 Fujita 从微观层面，描绘了两个人之间的知识创造和转移过程（TP 模型）[92]。两人各自拥有自己独有而对方没有的知识，同时也拥有两人共有的知识，具有一定的共同知识并各自具有创新能力是两人间合作的前提和基础。TP 模型指出，两人之间的知识创新和扩散效率是不同的，当且仅当两人合作时的新知识增长率高于独立时的新知识增长率时，两人会选择合作进行知识创新，同时，合作又增加了两人的共同知识。在人口规模既定的区域内，随着人们相互交流的范围越来越广，共同知识越来越多，该区域的知识创新效率越来越低，知识分子开始到其他地区寻找新的合作对象，由此产生了内生的区际移民行为。这篇论文仅分析了两个知识分子之间的互动行为，没有将市场纳入其中。在之后的一项研究中，Berliant 和 Fujita 将这一微观过程融入经济增长模型中，模型增加了生产产品的工人，知识分子生产的知识将卖给产品生产部门，从而推动经济增长[224]。模型发现，知识的异质性和知识的规模决定着新知识增长率，经济的长期增长与知识分子间的合作效率及公共知识的传播效率正相关。

综上所述，新经济地理学模型为集聚经济的研究提供了分析工具。Fujita 和 Thisse[144]侧重描述两个区域间的知识与经济聚集，Berliant 和 Fujita[224]侧重描述一个区域内的知识异质性对经济增长的影响，而本章试图描述两个区域间异质的知识分子的集聚过程及对经济增长的影响。本章将上述两个模型的核心思想相结合，将知识分子的知识创造作为技术创新，将知识的异质性程度作为技术多样化程度，以知识分子流动和知识创新过程为主要研究视角，试图探讨技术创新的集聚过程，进而分析各地区为何会产生技术的专业化集聚和多样化集聚的差别。本章在已有研究的基础上做出如下修改：①以往研究主要以工业生产份额作为分析对象，探讨企业集聚，本章以知识分子份额作为主要分析对象，探讨知识集聚的过程，以及知识集聚与企业集聚、总体经济增长的互动关系；②以往研究主要从贸易自由度出发探讨经济集聚的形成，本章从知识异质性出发，结合贸易自由度和知识扩散度共同探讨知识的多样化集聚和专业化集聚的形成。理论模型往往过于抽象，所描述的经济图景也可能与现实情况大相径庭，无法解决现实中的全部问题。本章以理论模型作为工具，结合现实的案例分析，拟为更好地理解区域技术专业化的形成提供依据。

4.2　模型设定

4.2.1　基本假设

新经济地理学模型通常会对一个虚拟的经济世界做出严格的假设，而这些假设条件往往与现实世界相差甚远，但这些假设条件将现实世界抽象化，对于模型的推演和理解现实问题大有帮助。本章的假设条件将沿用新经济地理学的基本框架，在 Fujita 和 Thisse[144]模型的基础上进行适当的简化，使本章所要研究的知识集聚和异质性问题更容易求解。假设经济是由“二区域、二要素、三部门”组成。二区域指完全同质的区域 1 和区域 2；二要素指工人和知识分子这两种生产要素，其中工人在区域间不能流动，知识分子依据实际工资的高低在区域间流动。三部门指农业部门、工业部门和创新部门，其中农业生产遵循瓦尔拉斯分析框架，农产品完全同质，价格标准化为 1，区际交易无成本；工业生产遵循 D-S 垄断竞争分析框架，工业品具有差异，区际交易存在“冰山”交易成本，一种工业品的生产需要一单位新知识（新专利）作为固定成本和一定量的工人作为可变成本，每个工业企业生产一种产品；创新部门投入知识分子生产新知识（新专利），知识存在异质性，导致工业产品存在差异。模型框架如图 4-1 所示。

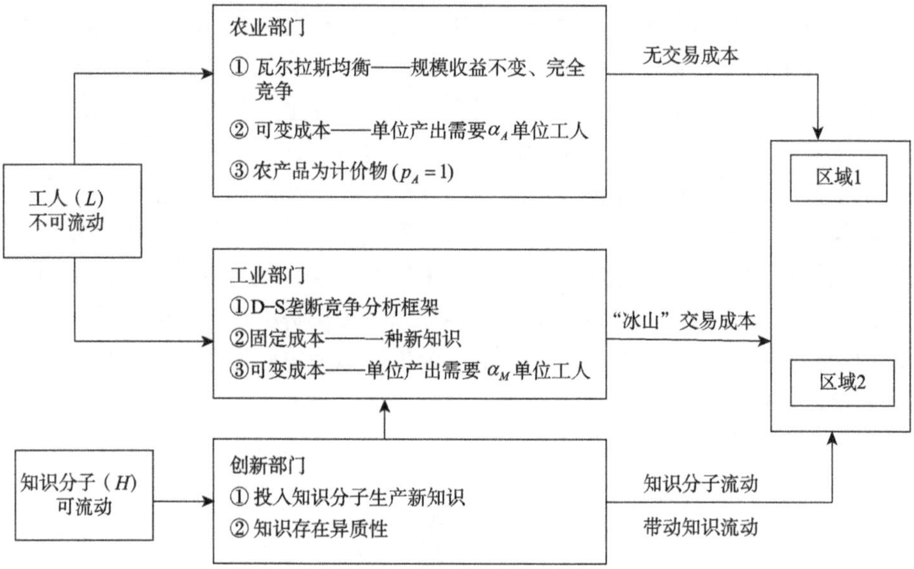

图 4-1　模型框架

模型的分析逻辑是：将知识分子生产新知识（新专利）的过程当作技术创新过程，知识分子在区域间的移动会带动技术创新活动在区域间转移，从而产生创新集聚或分散的现象；知识分子是否会流动取决于福利，由实际工资表示，而实际工资的大小取决于名义工资和生活成本，这两者与当地的其他经济活动，即工业部门、农业部门的生产情况相关，通过均衡分析，便可得出知识集聚的条件。由于知识分子自身的知识储备存在差异，所生产的新知识具有异质性，知识集聚过程中，不同的异质性程度产生专业化集聚、多样化集聚等情况。

4.2.2　基本模型

令工人的数量总和为 L，工人在两区域对称分布，区域 1 和区域 2 工人数量均为 $L/2$。令区域 1 知识分子的数量为 H，区域 2 知识分子的数量为 H^*，设区域 1 与区域 2 知识分子的总数为 1，则 $H+H^*=1$，区域 1 知识分子的份额为 $s_h=H/(H+H^*)$，区域 2 知识分子的份额为 $s_h^*=H^*/(H+H^*)$，则 $s_h+s_h^*=1$。

1. 产品消费过程

工人和知识分子作为消费者，消费同质的农产品和异质的工业品。消费者的效用函数沿用新经济地理学模型的一般设定，分为两个层次：第一层用柯布–道格拉斯效用函数表示消费农产品和工业品组合带来的效用，第二层次用不变替代弹性（constant elasticity of substitution，CES）效用函数表示消费不同质的工业品带来的效用。具体如下：

$$U=\frac{C_M^{\mu}C_A^{1-\mu}}{\mu^{\mu}(1-\mu)^{1-\mu}},\quad C_M=\left[\int_0^{n^w}c(i)^{\rho}\,\mathrm{d}i\right]^{\frac{1}{\rho}}=\left[\int_0^{n^w}c(i)^{(\sigma-1)/\sigma}\,\mathrm{d}i\right]^{\frac{\sigma}{\sigma-1}} \tag{4-1}$$

其中，C_M 为消费者对工业品组合的消费量，也表示消费者消费工业品组合所获得的子效用。由于工业品存在异质性，工业品之间具有一定的替代关系，ρ 为消费者的多样化偏好强度（$0<\rho<1$），ρ 越大表示消费者的多样性偏好强度越弱。ρ 与替代弹性 σ 有如下关系：$\rho=(\sigma-1)/\sigma$，σ 越大表示工业品之间的替代性越强（$\sigma>1$）。C_A 为农产品的消费量；μ 为总收入对工业品组合的支出份额（$0<\mu<1$）。

消费者的预算约束为

$$C_AP_A+\int_0^{n^w}p(i)\,c(i)\,\mathrm{d}i=E \tag{4-2}$$

其中，E 为消费者的支出水平（收入水平）；$p(\cdot)$ 为工业品的价格；P_A 为农产品的价格，这里令 $P_A=1$。

2. 产品生产过程

农业部门生产同质产品，规模报酬不变，具有完全竞争的市场结构。假设生产一单位农产品需要投入一单位工人劳动力，则农产品的单位生产成本 $I_A=w_I$，w_I 为工人工资。

工业部门生产异质产品，规模报酬递增，具有垄断竞争的市场结构。生产工业品需要一单位知识作为固定成本，以及 a 单位工人作为可变成本，则区域 1 代表性企业的成本函数为

$$I_M(x_i)=v+aw_Ix_i \tag{4-3}$$

其中，v 为单位知识的价格；x_i 为该企业的产出。由此可见，厂商的成本函数是固定成本加可变成本的形式，随着产品生产数量的增加，单位总成本减少，从而产生规模报酬递增的效果。则区域 1 代表性企业的利润函数为

$$\pi_i=p_ix_i-(v+aw_Ix_i) \tag{4-4}$$

工业品在区域间运输具有"冰山"运输成本，令一单位工业品的运输成本为 τ，则工业品 i 在区域 2 的价格 $p_i^*=\tau p_i$[①]。令区域 1 和区域 2 对工业品 i 的需求量为分别为 c_i 和 c_i^*，则经济系统对 i 的总需求量为 $c_i+\tau c_i^*$。

---

① 书中凡是加有"*"的变量表示区域 2 的经济变量。

3. 知识生产过程

知识生产过程借鉴 Fujita 和 Thisse 的设定[144]。我们认为，知识分子根据现有的知识和技术来创造新知识，令 K 为区域 1 现存知识总量，s_h 为区域 1 知识分子的份额，由于假设条件中知识分子的总量为 1，则区域 1 的新知识生产函数可表示为 $N = Ks_h$，其中 K 定义如下：

$$K = \left[\int_0^{s_h} h(j)^{\beta} \, \mathrm{d}\, j + \eta \int_0^{1-s_h} h(j)^{\beta} \, \mathrm{d}\, j \right]^{\frac{1}{\beta}} \tag{4-5}$$

假设现存知识总量是由经济系统内所有知识分子的互动所决定的，根据 TP 模型对知识分子互动的微观分析，知识分子相互学习的行为会受到知识分子的空间分布、多样化程度和知识传播程度的影响。式（4-5）中，$h(j)$ 为知识分子 j 所拥有的知识；β 为知识分子的异质性（$0<\beta<1$），β 越小表示知识分子的异质性越强。异质的知识分子拥有异质的知识，进而生产异质的新知识，进入产品生产过程后产生异质的工业品，知识异质性 β 与工业品的替代弹性 σ 的关系为 $\beta=(\sigma-1)/\sigma$①。η 为区域间的知识扩散强度（$0\leqslant\eta\leqslant1$）②。由于每个企业只生产一种产品，每一种产品需要一种新知识，因此知识分子 j 所拥有的现存知识数等于工业企业的数量 n^w 的一部分，$h(j)=\alpha n^w$。为不失一般性，令 $\alpha=1$，则式（4-5）转化为

$$K = n^w \left[s_h + \eta(1-s_h) \right]^{\frac{1}{\beta}} \tag{4-6}$$

因此，区域 1 和区域 2 新知识生产函数分别为

$$N = Ks_h = n^w \left[s_h + \eta(1-s_h) \right]^{\frac{1}{\beta}} s_h, \quad N^* = K^* s_h^* = n^w (1-s_h+\eta s_h)^{\frac{1}{\beta}} (1-s_h) \tag{4-7}$$

经济系统中的新知识总量为

$$N^w = N + N^* = n^w \left[s_h + \eta(1-s_h) \right]^{\frac{1}{\beta}} s_h + n^w (1-s_h+\eta s_h)^{\frac{1}{\beta}} (1-s_h) \tag{4-8}$$

---

① 模型假设知识分子的异质性决定了现有知识的异质性和新知识异质性。第 3 章对中国区域的分析发现技术专业化与产业专业化之间存在一定联系，由于模型中知识分子的异质性程度与工业品替代弹性都为外生变量，这里假设两者之间存在关联。

② 张勋和乔坤元指出知识溢出和技术扩散存在差异：知识溢出效应主要来源于劳动力和一般资本的流动，而技术扩散效应则主要来源于研发所形成的前沿技术[225]。本模型的 η 存在于知识分子之间的新知识生产过程，属于技术扩散，为保证命名的统一，本章将 η 命名为“知识扩散度”。

4.3　均衡分析

4.3.1　短期均衡

短期均衡是指不考虑区位变动的影响因素，仅考察消费者效用最大化、企业利润最大化和产品市场完全出清。

1. 求解过程

1）效用最大化

消费者效用最大化的求解可分为两步[①]，先求解工业品组合支出最小化：

$$\begin{cases} \min \int_0^{n^w} p(i)c(i)\,\mathrm{d}i \\ \text{s.t.} \left[\int_0^{n^w} c(i)^\rho \,\mathrm{d}i\right]^{\frac{1}{\rho}} = C_M \end{cases}$$

可解得工业品价格指数：

$$P_M = \left[\int_0^{n^w} p(i)^{1-\sigma}\,\mathrm{d}i\right]^{\frac{1}{1-\sigma}} \tag{4-9}$$

再求解工业品和农产品效用最大化：

$$\begin{cases} \max U = \dfrac{C_M^\mu C_A^{1-\mu}}{\mu^\mu (1-\mu)^{1-\mu}} \\ \text{s.t. } P_M C_M + P_A C_A = E \end{cases}$$

可解得：①农产品的需求函数为 $C_A = (1-\mu)E$；②工业品 i 的需求函数为 $c(i)=\mu E \cdot p(i)^{-\sigma} \cdot P_M^{\sigma-1}$；③消费者间接效用函数为 $U = EP_M^{-\mu}$；④经济系统的生活成本指数（工业品和农业品价格指数的组合）为 P_M^μ。

2）利润最大化

经济系统对 i 的总需求量为 $c_i + \tau c_i^*$。根据工业品 i 的需求函数，得

① 详细求解过程见附录 2 过程（1）。

$$c_i = \mu E \frac{p_i^{-\sigma}}{P_M^{1-\sigma}}, \qquad c_i^* = \mu E^* \frac{p_i^{*-\sigma}}{P_M^{*1-\sigma}} \tag{4-10}$$

$$x_i = c_i + \tau c_i^* = \mu E \frac{p_i^{-\sigma}}{P_M^{1-\sigma}} + \mu E^* \frac{\tau p_i^{*-\sigma}}{P_M^{*1-\sigma}} \tag{4-11}$$

令 $\phi = \tau^{-(\sigma-1)}$ 表示贸易自由度，式（4-11）可转化为

$$x_i = \mu E \frac{p_i^{-\sigma}}{P_M^{1-\sigma}} + \mu E^* \frac{\tau(\tau p_i)^{-\sigma}}{P_M^{*1-\sigma}} = \left[\frac{\mu E}{P_M^{1-\sigma}} + \frac{\phi \mu E^*}{P_M^{*1-\sigma}}\right] p_i^{-\sigma} \tag{4-12}$$

求解利润最大化①：

$$\begin{cases} \max \pi_i = p_i x_i - (v + a x_i) \\ \text{s.t. } x_i = \left[\dfrac{\mu E}{P_M^{1-\sigma}} + \dfrac{\phi \mu E^*}{P_M^{*1-\sigma}}\right] p_i^{-\sigma} \end{cases}$$

可得企业在本地市场的销售价格：

$$p_i = \sigma a / (\sigma - 1) \tag{4-13}$$

为便于分析，借鉴 C-P 模型的标准化条件 $a = (\sigma-1)/\sigma$ [8]，即当工业品之间的替代程度降低（σ减小），意味着工业品异质程度增加，知识的异质性增加，新知识的增长率提高时，工业品生产的边际劳动投入 a 会减少，工业部门的劳动生产率会提高。并由此得 $p_i = 1$，$p_i^* = \tau$。

3）农产品均衡

农产品出清时供给量等于需求量 C_A，均衡时利润为 0，即 $P_A C_A - w_l C_A = 0$，由于农产品价格标准化为 1，可得出 $w_l = 1$，工人的名义工资由于农产品的自由贸易，在不同区域中是相同的。

4）工业品均衡

工业品出清时厂商的供给量等于需求量 x_i，均衡时企业的超额利润为 0，即 $p_i x_i - (v + a x_i) = 0$，可推出 $v = p_i x_i / \sigma$。将式（4-12）、式（4-13）代入 v，可得

$$v = \frac{\mu}{\sigma}\left[\frac{E}{P_M^{1-\sigma}} + \frac{\phi E^*}{P_M^{*1-\sigma}}\right] \tag{4-14}$$

对于知识生产过程，由式（4-7）可知知识分子的边际生产率等于区域知识总量 $K = n^w [s_h + \eta(1 - s_h)]^{\frac{1}{\beta}}$，因此新知识的单位成本 $I_K = w_K / K$，其中 w_K 为知识分子的工资。均衡时，知识生产零利润条件下有 $v = \frac{w_K}{K} = \frac{w_K}{n^w k(s_h)}$，因此区域 1 知识分子的工资可表示为

① 详细求解过程见附录 2 过程（2）。

$$w_K = v \cdot n^w \cdot \left[s_h + \eta(1-s_h)\right]^{\frac{1}{\beta}} \tag{4-15}$$

实际工资是名义工资除以生活成本指数，根据生活成本指数 P_M^{μ}，知识分子的实际工资为 $\omega_K = \frac{w_K}{P_M^{\mu}}$，由消费者间接效用函数 $U = EP_M^{-\mu}$，当收入只有工资时，实际工资与间接效用函数相同。

2. 知识集聚的产生

Krugman 用“4R 方程”，即收入方程、价格指数方程、名义工资方程和实际工资方程来描述两个地区的短期均衡状态[8]。根据上述分析，可以总结本模型区域 1 和区域 2 的“4R 方程”。

1）收入方程

区域 1 与区域 2 工人的分布均为 $L/2$，工资均为 1；区域 1 知识分子的份额为 s_h，工资为 w_K，区域 2 知识分子的份额为 $1-s_h$，工资为 w_K^*。令 L=1，因此，区域 1 与区域 2 的收入（支出）方程分别为

$$E = \frac{1}{2} + s_h \cdot w_K \tag{4-16}$$

$$E^* = \frac{1}{2} + (1-s_h) \cdot w_K^* \tag{4-17}$$

2）价格指数方程

将式（4-13）代入式（4-9），将积分符号改为加总符号，则区域 1 与区域 2 的价格指数方程分别为

$$P_M = \left[n + \phi\left(n^w - n\right)\right]^{\frac{1}{1-\sigma}} = (n^w)^{\frac{1}{1-\sigma}}\left[s_n + \phi\left(1-s_n\right)\right]^{\frac{1}{1-\sigma}} \tag{4-18}$$

$$P_M^* = \left[\phi n + \left(n^w - n\right)\right]^{\frac{1}{1-\sigma}} = (n^w)^{\frac{1}{1-\sigma}}\left[\phi s_n + \left(1-s_n\right)\right]^{\frac{1}{1-\sigma}} \tag{4-19}$$

3）名义工资方程

由式（4-14）、式（4-15）可知区域 1 与区域 2 知识分子的名义工资分别为

$$w_K = v \cdot n^w \cdot \left[s_h + \eta(1-s_h)\right]^{\frac{1}{\beta}} \tag{4-20}$$

$$w_K^* = v^* \cdot n^w \cdot \left[1 - s_h + \eta s_h\right]^{\frac{1}{\beta}} \tag{4-21}$$

其中，$v = \frac{\mu}{\sigma}\left[\frac{E}{P_M^{1-\sigma}} + \frac{\phi E^*}{P_M^{*1-\sigma}}\right]$；$v^* = \frac{\mu}{\sigma}\left[\frac{\phi E}{P_M^{1-\sigma}} + \frac{E^*}{P_M^{*1-\sigma}}\right]$。

4）实际工资方程

由生活成本指数 P_M^{μ} 得区域 1 与区域 2 知识分子的实际工资分别为

$$\omega_K = w_K P_M^{-\mu} \tag{4-22}$$

$$\omega_K^* = w_K^* P_M^{*-\mu} \tag{4-23}$$

区域 1 与区域 2 工人的实际工资分别为

$$\omega_I = P_M^{-\mu} \tag{4-24}$$

$$\omega_I^* = P_M^{*-\mu} \tag{4-25}$$

根据“4R 方程”可以求解知识分子实际工资与知识分子份额之间的关系。先将式（4-16）、式（4-17）代入式（4-14），再代入式（4-20）和式（4-21），求得区域 1 与区域 2 的知识分子名义工资，根据式（4-22）和式（4-23）可求得 ω_K 与 ω_K^*，进而求得区域 1 与区域 2 知识分子的实际工资之比①。由于解析式过于复杂，本章用数字模拟的方法展示了某一特定情况下，区域 1 与区域 2 知识分子实际工资之比与区域 1 知识分子份额之间的关系，如图 4-2 所示。

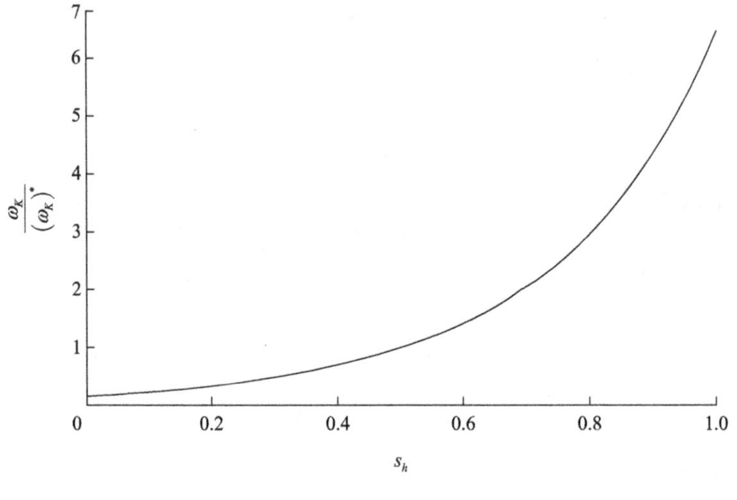

图 4-2　知识分子实际工资之比与区域 1 知识分子份额 s_h 的关系

令 μ=0.8, σ=2, ϕ=0.5, η=0.5, β=0.5

在图 4-2 中，如果知识分子在两个地区均匀分布，即 s_h=1/2 时，两地区的实际工资相同。在这种短期均衡下，如果存在一种非对称冲击导致一个区域的知识分子向另一个区域移动，如从区域 2 向区域 1 移动，则 s_h 大于 1/2，实际工资之比

① 式子过于复杂，在此不展示，详见附录 2 过程（3）。本章所有计算和图片绘制均由 Mathematica 11 完成。

大于 1。也就是说，区域 1 知识分子的份额提高时，实际工资水平高于区域 2，对称的区域分布模式不再稳定，知识分子会进一步向区域 1 集聚。对于区域 2 而言也是一样，只要知识分子的份额比区域 1 大一点，便会引发知识分子的进一步集聚。原因在于：一方面知识分子集聚产生的本地市场效应会增加名义工资，另一方面会降低生活成本指数。同时，由图 4-2 可以看出，曲线的斜率随横坐标的增大而增大，表明两地区实际工资差异的增加值随知识分子份额的增大而增大，即当知识分子向一个地区集聚时，该地区对知识分子的吸引力将不断增强。这也解释了高端人才纷纷向一线城市聚集的现象，如今各地出台人才政策开启"人才争夺战"，然而二三线城市集聚高端人才依然十分困难。

令 s_n 表示区域 1 企业所占份额，由于现存知识数等于工业企业的数量，可得

$$s_n = n / n^w = K / K^w , \qquad 1 - s_n = n^* / n^w = K^* / K^w \tag{4-26}$$

$$=> \quad \frac{s_n}{1-s_n} = \frac{n}{n^*} = \frac{K}{K^*} = \frac{\left[s_h + \eta(1-s_h)\right]^{1/\beta}}{\left[1 - s_h + \eta s_h\right]^{1/\beta}} \tag{4-27}$$

为考察企业集聚与知识集聚的关系，令 η=0.5，取不同的 β 值，通过数值模拟得出 s_n 与 s_h 的关系图，如图 4-3 所示。

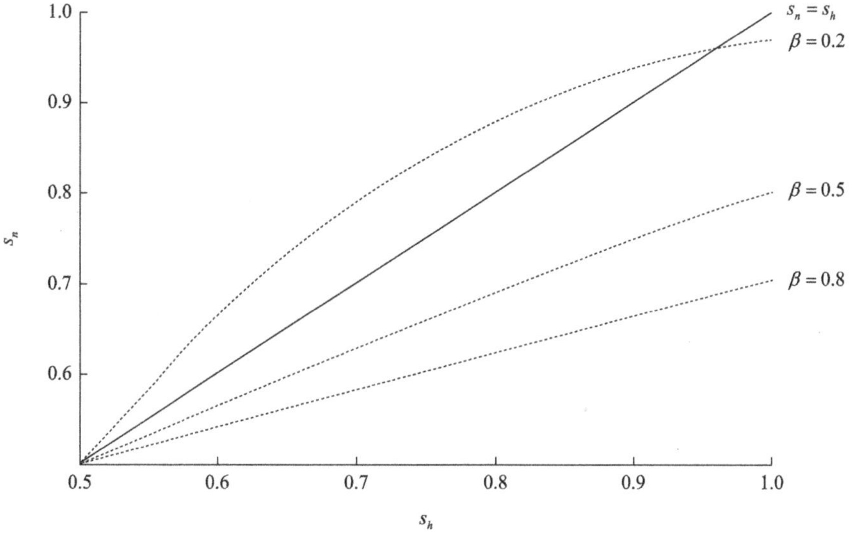

图 4-3　不同知识异质性下企业集聚与知识集聚的关系

由图 4-3 可知，区域 1 知识分子所占份额越大，区域 1 企业所占份额也越大，企业集聚与知识集聚具有同步性。当知识异质性适中及较小时（β 较大），知识集聚的程度大于企业集聚，而当知识异质性较大时（β 较小），将会出现企业集聚大于知识集聚的情况，知识集聚具有更复杂的机制。

4.3.2 长期均衡

1. 求解过程

这部分主要探讨经济区位均衡的形成机制，在此基础上分析异质性的知识如何形成专业化或多样化集聚。新经济地理学分析框架中，nn 曲线是指满足资本不再流动的长期均衡条件下，区域 1 支出份额 s_E 与知识分子份额 s_h 相对应的函数关系；EE 曲线是根据支出份额 s_E 的定义式推导出 s_E 与 s_h 的函数关系[120]。区域 1 的支出份额等于该区域的支出与整个经济体总支出的比值，由于总支出等于总收入，因此支出份额也可以表示该地区的收入占经济体总收入的比值，进而反映两区域经济体量的差异。

令区域 1 支出份额 $s_E=E/E^w$，区域 2 支出份额 $(1-s_E)=E^*/E^w$，由式（4-14）得

$$v=\frac{\mu E^w}{\sigma n^w}\left[\frac{s_E}{s_n+\phi(1-s_n)}+\frac{\phi(1-s_E)}{\phi s_n+(1-s_n)}\right] \quad (4\text{-}28)$$

$$v^*=\frac{\mu E^w}{\sigma n^w}\left[\frac{\phi s_E}{s_n+\phi(1-s_n)}+\frac{(1-s_E)}{\phi s_n+(1-s_n)}\right] \quad (4\text{-}29)$$

本模型中，长期知识资本不再流动的内部均衡条件是 $v=v^*$。

$$v=v^* \Rightarrow \frac{s_E}{s_n+\phi(1-s_n)}+\frac{\phi(1-s_E)}{\phi s_n+(1-s_n)}=\frac{\phi s_E}{s_n+\phi(1-s_n)}+\frac{(1-s_E)}{\phi s_n+(1-s_n)} \Rightarrow s_E=\frac{\phi+s_n-\phi s_n}{1+\phi} \quad (4\text{-}30)$$

将式（4-27）代入式（4-30）可求出 nn 曲线。

对于 EE 曲线，根据支出函数，将附录 2 过程（3）中区域 1 与区域 2 知识分子名义工资式（1-29）、式（1-30）再代入式（4-16）、式（4-17），求得区域 1 支出份额与知识分子份额的关系式①。

通过数值模拟，将 nn 曲线和 EE 曲线放在一张图中形成剪刀图，其中横坐标为知识分子份额 s_h，纵坐标为支出份额 s_E，实线为 EE 曲线，虚线为 nn 曲线，两条曲线均在中点（0.5，0.5）处相交。图 4-4 的（a）至（d）展示了不同程度的知识分子异质性对两种曲线的影响效果。

① 式子过于复杂，在此不展示，求解过程和公式详见附录 2 过程（4）。

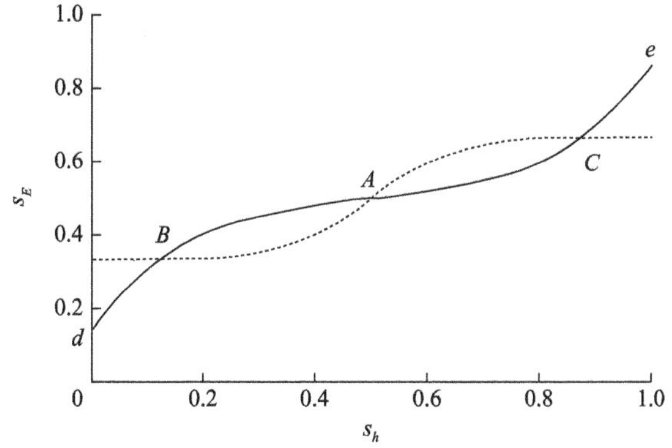

（a）β=0.1

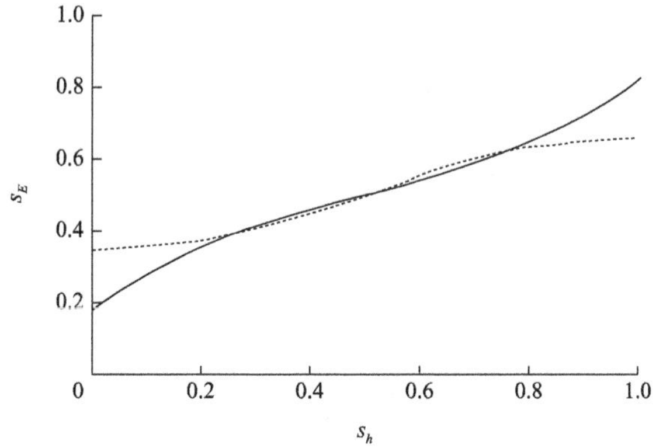

（b）β=0.2

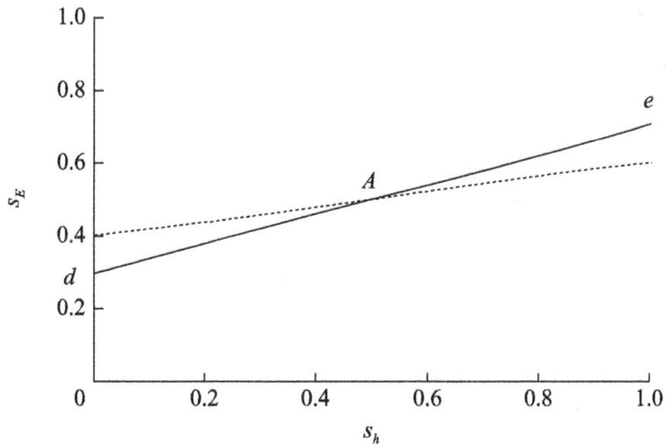

（c）β=0.5

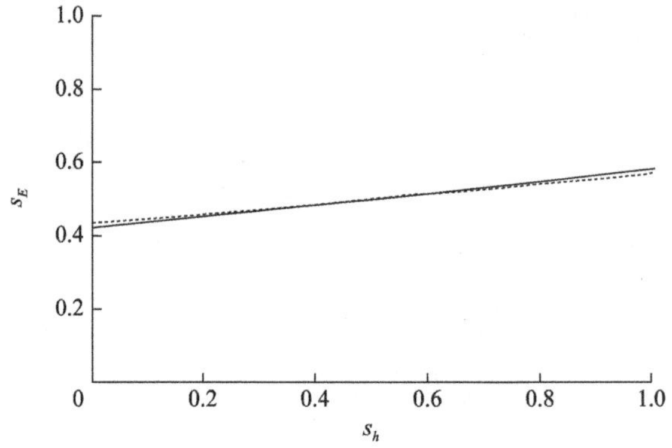

（d）β=0.8

图 4-4　不同知识异质性下的 nn 曲线与 EE 曲线

令 μ=0.8, ϕ=0.5, η=0.5

知识分子异质性既影响 EE 曲线又影响 nn 曲线的变动。由图 4-4（a）至（d）可知，随着知识分子异质性的减小（β增大），EE 曲线和 nn 曲线都由弯曲变得平直。如前所述，nn 曲线上的每一点都使得两个区域的知识资本价值相同，若有一点偏离了 nn 曲线，则两地区知识资本价值的差异会使得偏离点逐渐移动，最终回归到 nn 曲线上，因此 nn 曲线也可以称为"标准曲线"。总体而言，位于 nn 曲线上方的点，受非均衡力的作用存在一种向右运动的趋势；位于 nn 曲线下方的点，存在一种向左运动的趋势。由于 EE 曲线是由支出函数定义而得，表示实际可能存在的 s_E 与 s_h 之间的对应关系，不一定满足 nn 曲线，因此 EE 曲线偏离 nn 曲线部分的运动趋势便成为判断长期均衡的依据。以图 4-4（a）为例，当 β=0.1，即异质性很大时，EE 曲线与 nn 曲线共有三个交点，在交点 A 和交点 C 之间，EE 曲线位于 nn 曲线的下方，具有向左运动的趋势，这些点不能脱离 EE 曲线，最终沿 EE 曲线运动到中心点 A。同理，交点 A 和交点 B 之间的点具有向右运动的趋势，向 A 点靠近。在交点 C 右侧，EE 曲线位于 nn 曲线的上方，EE 曲线上的点将沿 EE 曲线向右运动至端点 e，交点 B 左侧的点也将运动至端点 d。因此，A 点、d 点和 e 点都是稳定点，分别代表了知识分子对称分布、以区域 2 为核心和以区域 1 为核心的三种空间结构。图 4-4（b）与（a）类似，当知识分子的异质性较大时，具有对称结构和中心—外围结构两种稳定均衡。图 4-4（c）中，当知识异质性适中，β=0.5 时，中心点 A（0.5，0.5）以上的上半支 EE 曲线位于 nn 曲线的上方，EE 曲线上的点具有向右运动的趋势，将沿 EE 曲线向右运动；同理，EE 曲线下半支上的点将沿 EE 曲线向左运动，最终 EE 曲线的两个端点 d 和 e 是稳定均衡点，分别代表区域 1 和区域 2 两种中心—外围结构。与图 4-2 对应，当 β=0.5 时，知识分子会朝区域 1 或区域 2 集聚。图 4-4（d）中，β=0.8 表明知识分子异质性较小，此时 EE 曲线和 nn 曲线几乎重合，EE 曲线上的点不会移动，表明区域 1 拥有任意份额的知识分子都将是稳定的，知识分子的分布是随机的。由图 4-4（a）至（d）可知，当知识分子的异质性由高降低时（β增大），对称均衡不再稳定，更有利于中心—外围结构的形成，而当异质性过小时，又会降低中心—外围结构的稳定性，知识分子趋向任意分布。

对于这一情形的原因，可以结合 TP 模型的结论进行分析。TP 模型[92]探讨两个知识分子之间的微观行为，假设两个知识分子可以选择独立创新或合作创新，独立或合作的决策取决于哪种模式的新知识增长率更高。模型分析发现，独立创新的新知识增长率只取决于个人能力，是个固定值，而合作创新时的新知识增长率与个人能力和两人间的知识异质性程度有关，并且新知识增长率与知识异质性之间呈倒“U”形关系，如图 4-5 所示。

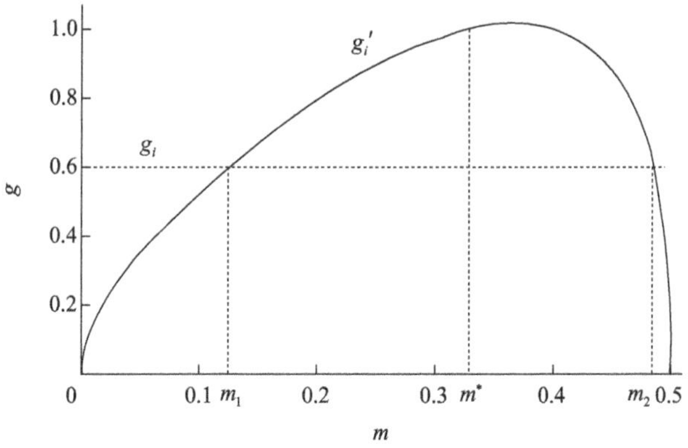

图 4-5　两种决策下的新知识增长率

资料来源：作者根据 Berliant 和 Fujita[92]结论结合本章研究目标加以修改绘制

图 4-5 中，横轴为知识分子间的异质性程度 m，表示两名知识分子之间完全异质的知识占总知识的份额，比上文β所代表的异质性更为具体；纵轴为新知识增长率 g；虚线为知识分子独立创新时的新知识增长率 g_i；实线为知识分子合作创新时的新知识增长率 g_i'。m_1 和 m_2 分别表示 g_i 和 g_i' 相交时的异质性程度，m^*表示异质的知识份额与共同的知识份额相等时的异质性程度，据 TP 模型可推导出 $m^*=1/3$。

据图 4-5 可知，当知识分子间的异质性很小时，m 处于 0 到 m_1 的范围内，合作创新的新知识增长率将低于独立创新，此时知识分子不会选择合作创新，更愿意独自开展创新活动。类似地，当知识分子的异质性很高，即 m 处于 m_2 到 0.5 的范围内时，合作创新的新知识增长率下降，知识分子会选择独立创新。当知识分子间的异质性程度在一定的范围内，即 m 处于 m_1 到 m_2 的范围时，合作创新的新知识生产率高于独立创新，此时知识分子会选择合作。结合本章模型，假设知识分子的合作会受到地理因素的影响，如果知识分子选择交流合作，则需要地理邻近，如集聚在一处；如果知识分子选择独立开展创新活动，则不需要地理邻近。

由此可以推断：若知识的异质性太弱，则知识分子难以进行思想碰撞而不会合作产生新知识；若知识的异质性太强，则知识分子因缺少共同语言而无法交流合作，这两种情况都使得知识分子不会产生集聚。只有当知识异质性在一定范围内时，合作创新的新知识增长率高于独立创新的新知识增长率，知识分子为便于合作交流会倾向集聚。这与图 4-4 所展示的结论相对应。

由图 4-5 还可以延伸出一个特征，若 $m_1 \leqslant m < m^*$，知识分子之间的共同知识多于异质知识，由此产生的集聚类似于专业化集聚；若 $m^* < m \leqslant m_2$，知识分子间的共同知识少于异质知识，由此产生的集聚类似于多样化集聚；当 $m=m^*$时，知识分子间的共同知识与异质知识相同，异质性程度适中。接下来将回到本章模型的框架中，进一步说明知识的专业化集聚和多样化集聚究竟如何产生。

2. 知识集聚的特征

进一步选取 β=0.2 、β=0.5 和 β=0.8 这三种情况，考察在不同的知识分子异质性程度下，知识扩散度和贸易自由度会对知识分子集聚产生怎样的影响，通过剪刀图进行分析，结果如图 4-6、图 4-7 和图 4-8 所示。

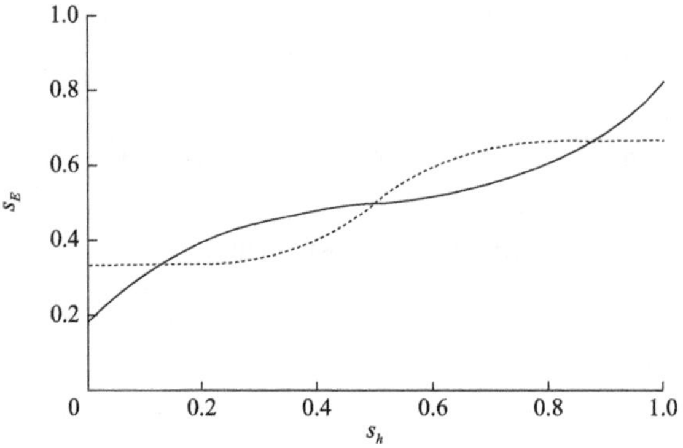

（a）η=0.2

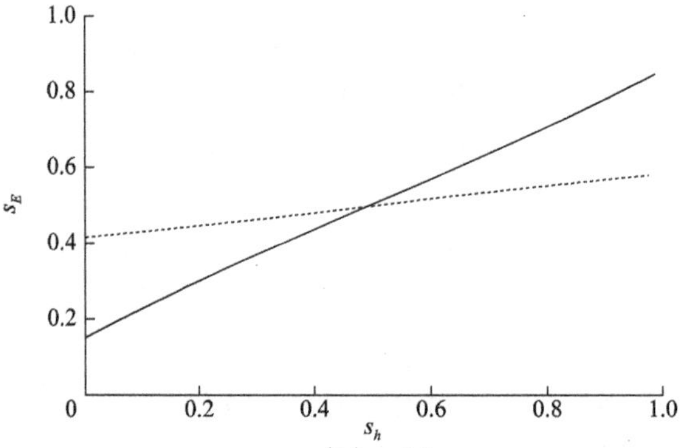

（b）η=0.8

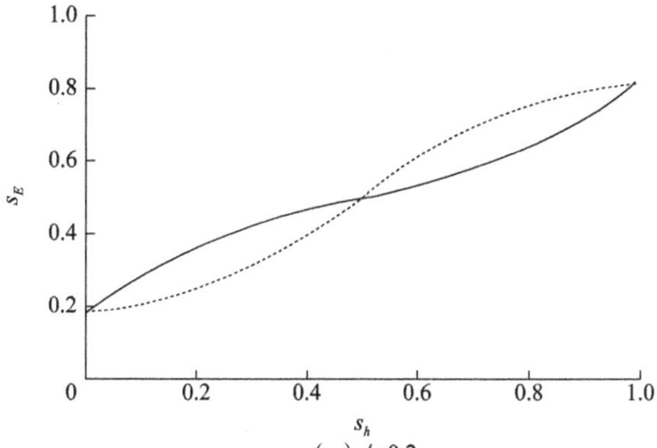

（c）ϕ=0.2

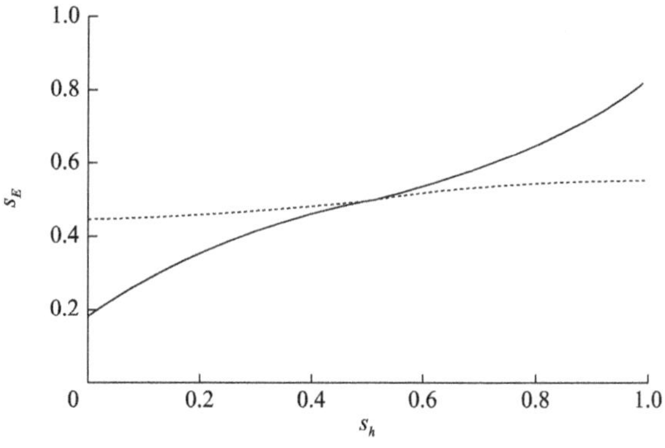

（d）ϕ=0.8

图 4-6　β=0.2 时，不同知识扩散度和贸易自由度下的 nn 曲线与 EE 曲线

令 μ=0.8, σ=1.25, η=0.5, β=0.2

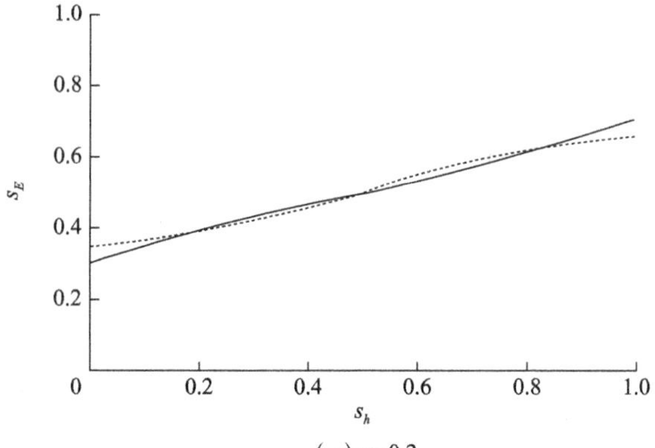

（a）η=0.2

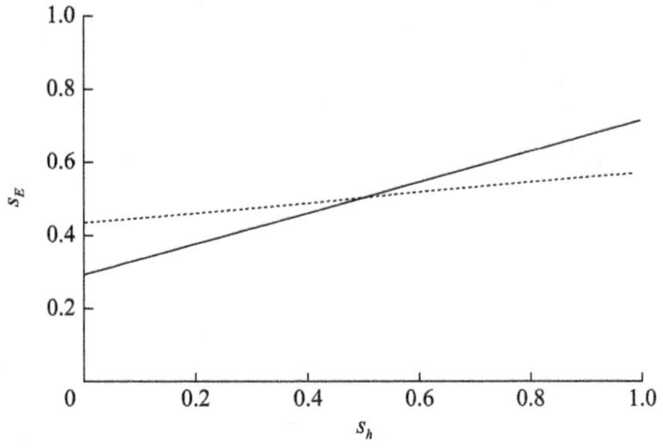

（b）η=0.8

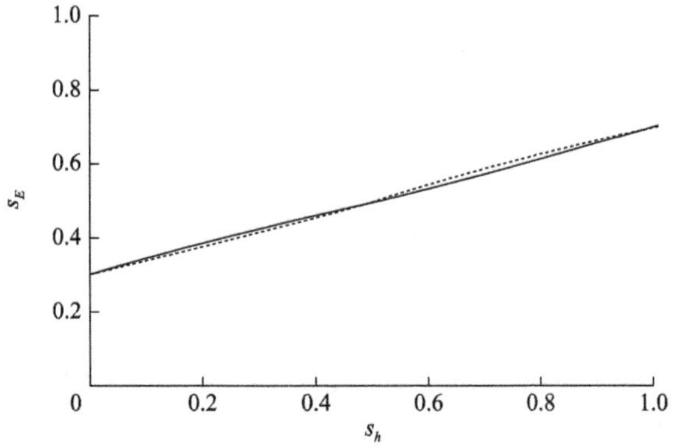

（c）ϕ=0.2

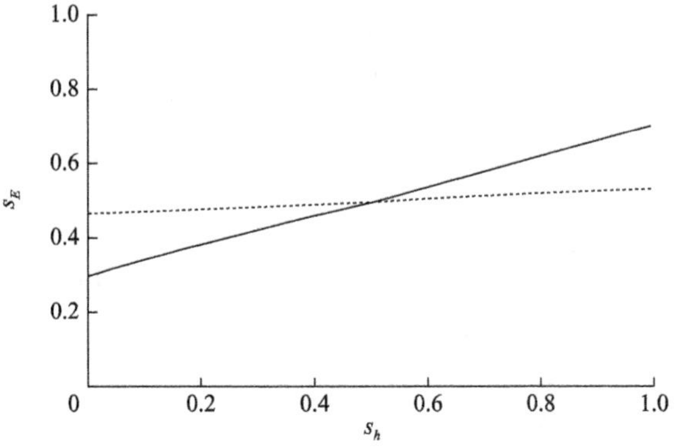

（d）ϕ=0.8

图 4-7　β=0.5 时，不同知识扩散度和贸易自由度下的 nn 曲线与 EE 曲线

令 μ=0.8, σ=2, η=0.5, β=0.5

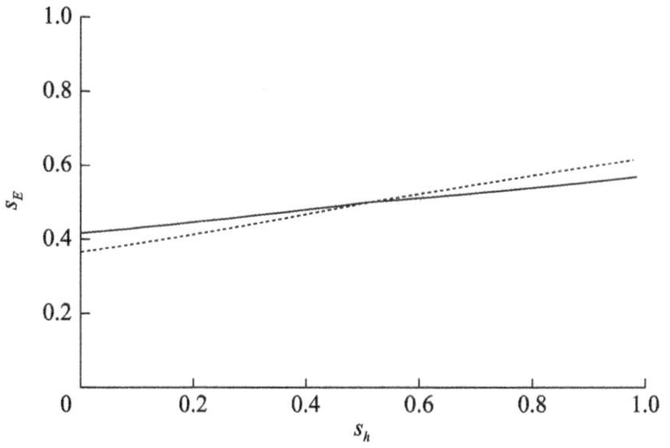

（a）η=0.2

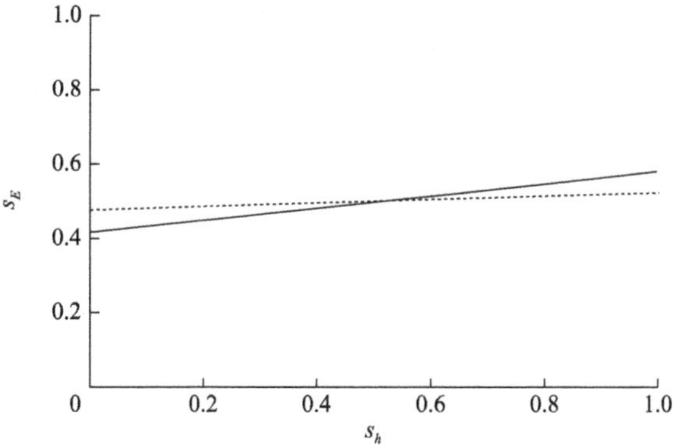

（b）η=0.8

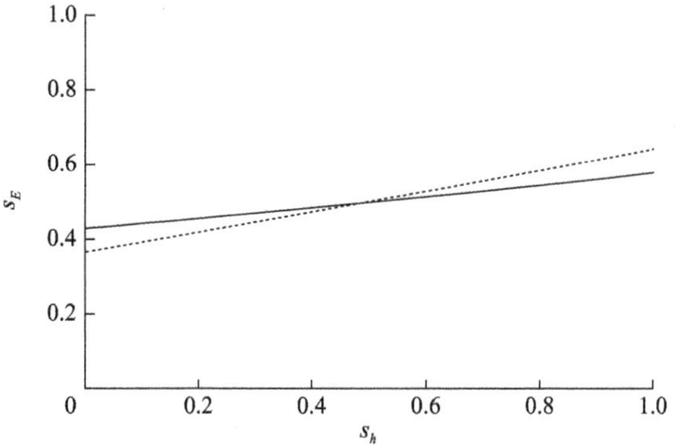

（c）ϕ=0.2

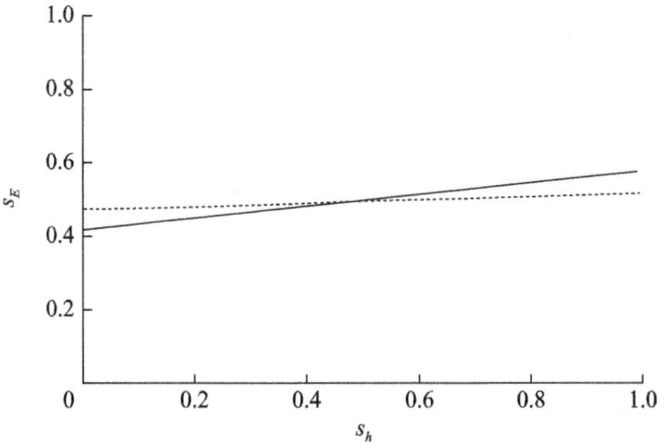

（d）ϕ=0.8

图 4-8　β=0.8 时，不同知识扩散度和贸易自由度下的 nn 曲线与 EE 曲线

令 μ=0.8, σ=5, η=0.5, β=0.8

首先，图 4-6~图 4-8 的（a）和（b）反映的是不同的知识扩散度对知识分子集聚的影响。知识的扩散强度既影响 nn 曲线的变动，又影响 EE 曲线的变动。由图 4-6（a）和（b）可知，当知识扩散强度提高时，EE 曲线和 nn 曲线均由初始的较为弯曲变得更加平直，并且 nn 曲线围绕中心交点沿顺时针方向旋转。增加知识扩散强度，会加大 EE 曲线与 nn 曲线的偏离程度，使知识分子从对称分布或集聚分布的状态转向朝区域 1 或区域 2 集聚转变。图 4-7（a）和（b）也可以得出相同的结论。图 4-8（a）和（b）则表明当知识异质性较小时，知识扩散度提高会使知识分子从对称分布的均衡转为集聚分布。总体而言，在不同的异质性下，知识扩散度的增加都使知识分子更趋向于集聚。以往研究中，LS 模型和 KSDIM 得出知识溢出是分散力[142-143]，而本模型的结论与之不同，原因在于上述两个模型的"知识溢出"体现为由资本的流动带来的知识资本生产，而本模型的"知识扩散"体现为知识的传播带来的新知识的研发，这两个概念具有不同的内涵[225]。知识扩散强度的增加表示知识在地区间的传播更为便捷，当知识分子全部集聚在一处时，所生产的知识也可以快速传播至外围地区，因而知识分子更倾向集聚在一处进行创新活动。

其次，图 4-6~图 4-8 的（c）和（d）反映的是贸易自由度对于知识分子空间结构的影响。与知识扩散度较为类似，如图 4-6（c）和（d）所示，贸易自由度的提高会降低知识分子对称分布的稳定性，形成中心—外围的空间结构。图 4-7（c）和（d）及图 4-8（c）和（d）也可得出类似结论，由此可见，随着知识扩散度和贸易自由度的提高，知识分子的非对称分布进一步明显，因而知识扩散度和贸易自由度的提高并非让区域趋同，而是加强了区域之间的差异。

最后，将图 4-6~图 4-8 放在一起比较，看不同知识异质性的对比。图 4-6 表明，在异质性程度较高的情况下，如果知识扩散度或贸易自由度比较低，则知识分子对称分布是稳定的，此时知识分子分布在两个地区进行创新活动，两个地区的交流也较少。而如果知识扩散度或贸易自由度比较高时，知识分子的集聚是稳定的，此时虽然知识分子之间由于差异较大没有合作而集聚的动力，但基础设施的改善使得两地区沟通交流更加便利，知识分子也倾向在一处集聚，获得更高的福利。图 4-8 的结论与图 4-6 类似，知识异质性较低时，如果两地交流不便利，拥有较多共同知识的知识分子倾向对称分布，但知识扩散度或贸易自由度的提高还是会促进知识分子的集聚。上文提到，当知识分子的异质性过高或者过低时，知识分子不一定会集聚，很可能产生对称分布的稳定均衡，只有当异质性适中时，中心—外围结构才是稳定的。但当基础设施改善带来较高的知识扩散度和贸易自由度时，异质性较高或较低的情况下依然会产生集聚，从而形成多样化集聚或专业化集聚等不同情形。如图 4-6（b）和（d）所示的稳定均衡代表着多样化集聚，图 4-8（b）和（d）所示的稳定均衡代表着专业化集聚。

4.4　经济增长与区域福利

4.4.1　知识集聚与经济增长

以上分析着重讨论了知识分子的空间布局，没有将时间考虑在内。本部分将加入时间变化，考察知识分子集聚与经济增长的互动关系。

由经济系统的新知识生产函数式（4-7），可得区域 1 和区域 2 的新知识增长率分别为

$$k(s_h)=\left[s_h+\eta(1-s_h)\right]^{\frac{1}{\beta}} \tag{4-31}$$

$$k^*(s_h)=(1-s_h+\eta s_h)^{\frac{1}{\beta}} \tag{4-32}$$

则经济系统的新知识增长率为

$$g(s_h)=s_hk(s_h)+(1-s_h)k^*(s_h)=s_h\left[s_h+\eta(1-s_h)\right]^{\frac{1}{\beta}}+(1-s_h)(1-s_h+\eta s_h)^{\frac{1}{\beta}} \tag{4-33}$$

由式（4-33）可得

$$\frac{\partial g(s_h)}{\partial \beta}=-\frac{s_h(s_h+\eta-\eta s_h)^{\frac{1}{\beta}}\log(s_h+\eta-\eta s_h)}{\beta^2}+\frac{(1-s_h)(1-s_h+\eta s_h)^{\frac{1}{\beta}}\log(1-s_h+\eta s_h)}{\beta^2} \tag{4-34}$$

$$\frac{\partial g(s_h)}{\partial \eta}=\frac{(1-s_h)s_h\left[(s_h+\eta-\eta s_h)^{\frac{1}{\beta}-1}+(1-s_h+\eta s_h)^{\frac{1}{\beta}-1}\right]}{\beta}\geqslant 0 \tag{4-35}$$

由式（4-34）可知，知识的异质性与新知识增长率并非线性关系；式（4-35）表明知识扩散强度越高，新知识增长率越大。若令知识的异质性和扩散强度均适中，为 0.5，易知当 $s_h=0.5$，即知识分子在两区域对称分布时，新知识增长率最低，当 $s_h=0$ 或 $s_h=1$，即知识分子在区域 2 或区域 1 集聚时，新知识增长率最大，可见知识部门的集聚度越高，新知识增长率越高。

由于现存知识数等于工业企业的数量，令初期工业企业数为 n_o^w，则 t 时期企业总数为

$$n^w(t)=n_o^w e^{g(s_h)t} \tag{4-36}$$

按生产法计算 GDP，通常包括四个方面：劳动者报酬、生产税净额、固定资产折旧和营业盈余。在本模型中，由于没有税收和固定资产的设定，且长期均衡下企业利润为零，因此劳动者报酬是 GDP 的最主要部分，经济系统的总收入可近似看作 GDP。因此，t 时期的名义 GDP 可表示为

$$Y(t)=E^w(t)=E(t)+E^*(t) \tag{4-37}$$

一般意义上的经济增长是指扣除物价因素后的实际 GDP 增长率，根据生活成本指数 P_M^μ，实际 GDP 可表示为

$$Y(t)'=E(t)P_M(t)^{-\mu}+E^*(t)P_M^*(t)^{-\mu} \tag{4-38}$$

则初期到 t 时期的经济增长率可表示为

$$G(t)=\frac{E(t)P_M(t)^{-\mu}+E^*(t)P_M^*(t)^{-\mu}-\left[E(0)P_M(0)^{-\mu}+E^*(0)P_M^*(0)^{-\mu}\right]}{E(0)P_M(0)^{-\mu}+E^*(0)P_M^*(0)^{-\mu}} \tag{4-39}$$

将式（4-18）、式（4-19）和式（4-36）代入，式（4-39）可写为

$$G(t)=\frac{\left\{\begin{array}{l}E(t)\left[n_o^w \mathrm{e}^{g(s_h)t}\right]^{\frac{-\mu}{1-\sigma}}\left[s_n+\phi(1-s_n)\right]^{\frac{1}{1-\sigma}}+E^*(t)\left[n_o^w \mathrm{e}^{g(s_h)t}\right]^{\frac{-\mu}{1-\sigma}}\left[\phi s_n+(1-s_n)\right]^{\frac{1}{1-\sigma}}\\-\left[E(0)P_M(0)^{-\mu}+E^*(0)P_M^*(0)^{-\mu}\right]\end{array}\right\}}{E(0)P_M(0)^{-\mu}+E^*(0)P_M^*(0)^{-\mu}}$$

$$=\frac{\left[\mathrm{e}^{g(s_h)t}\right]^{\frac{-\mu}{1-\sigma}}\left[E(t)P_M(0)^{-\mu}+E^*(t)P_M^*(0)^{-\mu}\right]-\left[E(0)P_M(0)^{-\mu}+E^*(0)P_M^*(0)^{-\mu}\right]}{E(0)P_M(0)^{-\mu}+E^*(0)P_M^*(0)^{-\mu}}$$

（4-40）

根据附录 2 过程（4）得出的 E 和 E^*的表达式，在达到均衡状态时，无论是对称均衡还是非对称均衡，总支出都不随新知识增长率而变化，有 $E(t)=E(0)$，$E^*(t)=E^*(0)$，则式（4-40）可简化为

$$G(t)=\mathrm{e}^{\mu g(s_h)t/\sigma-1}-1 \tag{4-41}$$

此时的经济增长率为

$$G=\mu g(s_h)/\sigma-1 \tag{4-42}$$

由此可知，整个经济系统的经济增长率与新知识生产率 $g(s_h)$ 成正比，与工业品支出份额 μ 成正比，与工业品替代弹性 σ 成反比。通过数值模拟，在不同的知识异质性和扩散度下将知识分子份额与经济增长率的关系表示出来，如图 4-9 和图 4-10 所示。

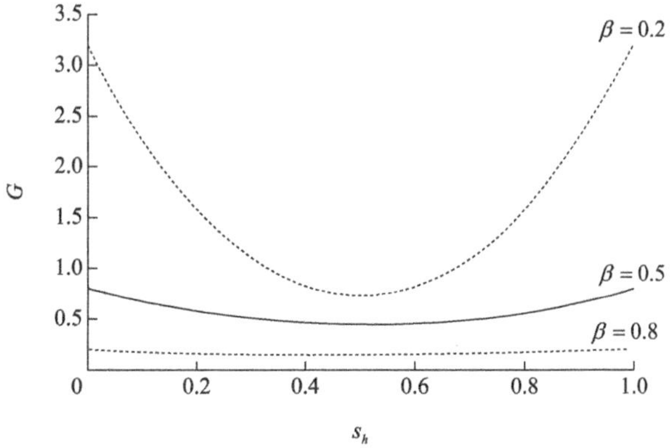

图 4-9　不同知识异质性下知识分子份额与经济增长率的关系

令 μ=0.8, η=0.5

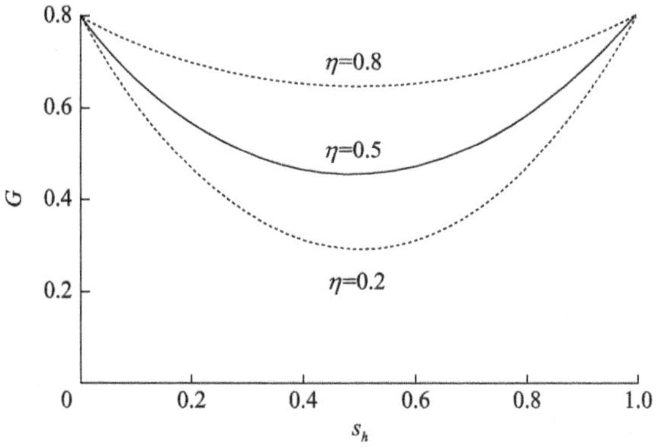

图 4-10　不同知识扩散度下知识分子份额与经济增长率的关系

令 μ=0.8, σ=2, β=0.5

由图 4-9 可知，不同的异质性下，知识分子在一处集聚时（$s_h = 0$ 或 $s_h = 1$）的经济增长率均大于对称分布时（$s_h = 0.5$）的经济增长率，这是集聚时的新知识增长率更高所导致的。此外，异质性越大（β越小），经济增长率越高，知识分子集聚时的经济增长率也更显著地高于对称分布时的经济增长率。由上文分析可知，异质性适中的知识分子相互合作，会产生更高的新知识增长率，并带动经济增长。除此之外，工业品生产需要知识投入，知识分子异质性的提高还会带来工业品多样化的提高，降低工业品之间的替代弹性，带动经济增长。

新经济地理学模型以 D-S 垄断竞争分析框架为基础，在该框架下，如果消费者偏好多样化产品，那么生产企业具有规模收益递增特征，多样化偏好越强，企业规模收益递增程度越大[120]。在本模型的框架中，异质的知识分子会产生异质的知识，进而形成异质的工业品，知识的异质性越高，工业品的多样化程度越大，替代弹性越小。随着人们生活水平的提高，消费者对多样化产品的需求也在持续增加，这种多样化需求，正是由人类永不满足的本质所决定的[120]。知识异质性的增加提高了工业品多样化程度，满足了消费者对多样化产品的偏好，提高了企业规模收益递增程度，由此带来了更高的经济增长率。

由图 4-10 可知，在工业品支出份额μ和替代弹性σ不变的条件下，整个经济系统的经济增长率与新知识增长率正相关，与知识扩散度η正相关。知识分子在一处集聚时（$s_h = 0$ 或 $s_h = 1$）的经济增长率显著大于对称分布时（$s_h = 0.5$）的经济增长率。在对称均衡条件下，知识扩散强度越大，经济增长率越大，对于知识集聚度较低的地区而言，提高知识的扩散度更有利于加快经济增长。

4.4.2 区域福利分析

知识分子的集聚是一种长期的稳定均衡，由此形成知识生产的中心—外围结构，那么对于中心地区和边缘地区的知识分子和工人而言，其福利存在多大差距呢？上文提到，假设知识分子的收入只有工资，则实际工资函数等于间接效用函数，因而两地区知识分子的实际工资之比可看作间接效用之比，即福利水平之比。为具体分析区域 1 与区域 2 知识分子分布不均时，各地区福利水平的影响情况，不妨假设区域 1 的知识分子份额较大，即 $s_h > 0.5$，通过数值模拟可展示区域 1 与区域 2 知识分子福利与知识扩散度和贸易自由度的关系[①]。图 4-11 表明，虽然知识分子份额更大的区域 1，知识分子福利始终大于区域 2，但随着地区间知识扩散强度增加，地区间知识分子福利水平的差距会缩小。图 4-12 表明，地区间知识分子福利水平的差距与贸易自由度之间存在倒“U”形关系，贸易自由度的提高会提高中心区知识分子的福利，但随着贸易自由度进一步提高，地区间知识分子福利水平的差距会缩小。

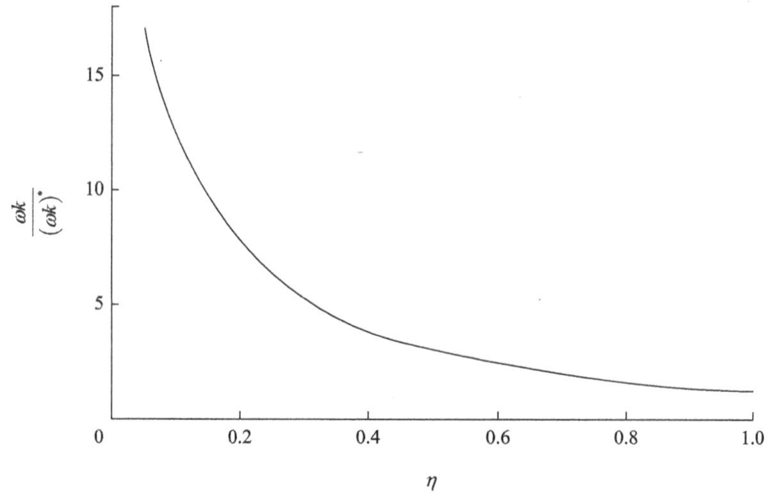

图 4-11　知识分子实际工资之比与知识扩散度 η 的关系图

令 $s_h = 0.8, \mu=0.8, \sigma=2, \phi=0.5, \beta=0.5$

① 知识分子实际工资之比的具体表达式见附录 2 过程（3）。

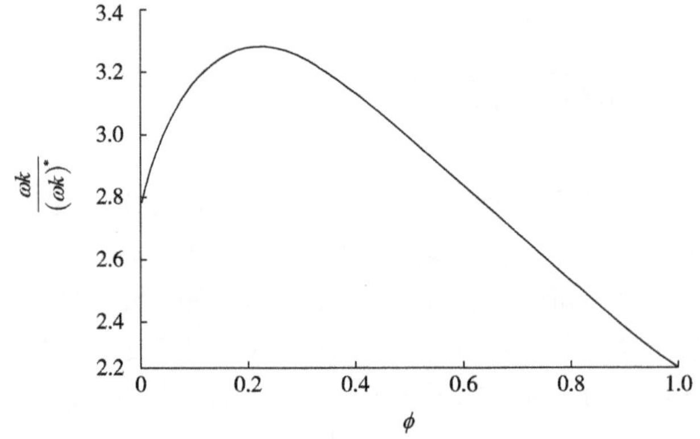

图 4-12　知识分子实际工资之比与贸易自由度 ϕ 的关系

令 $s_h=0.8,\ \mu=0.8,\ \sigma=2,\ \eta=0.5,\ \beta=0.5$

根据式（4-18）、式（4-19）和式（4-24）、式（4-25），区域 1 与区域 2 工人的实际工资分别为

$$\omega_I=\left(n^w\right)^{\frac{\mu}{\sigma-1}}\left[s_n+\phi\left(1-s_n\right)\right]^{\frac{\mu}{\sigma-1}} \tag{4-43}$$

$$\omega_I^*=\left(n^w\right)^{\frac{\mu}{\sigma-1}}\left[\phi s_n+\left(1-s_n\right)\right]^{\frac{\mu}{\sigma-1}} \tag{4-44}$$

将式（4-27）代入式（4-43）与式（4-44），可以推出区域 1 与区域 2 工人的实际工资之比①。通过数字模拟，可得区域 1 与区域 2 工人实际工资之比（间接效用之比）与区域 1 知识分子份额、知识扩散度和贸易自由度之间的关系，如图 4-13 至图 4-15 所示。

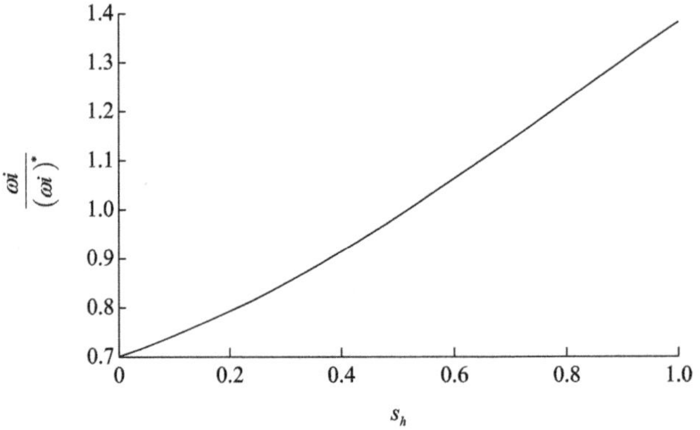

图 4-13　工人实际工资之比与区域 1 知识分子份额 s_h 的关系

令 $\mu=0.8,\ \sigma=2,\ \beta=0.5,\ \eta=0.5,\ \phi=0.5$

① 工人实际工资之比的具体表达式见附录 2 过程（3）。

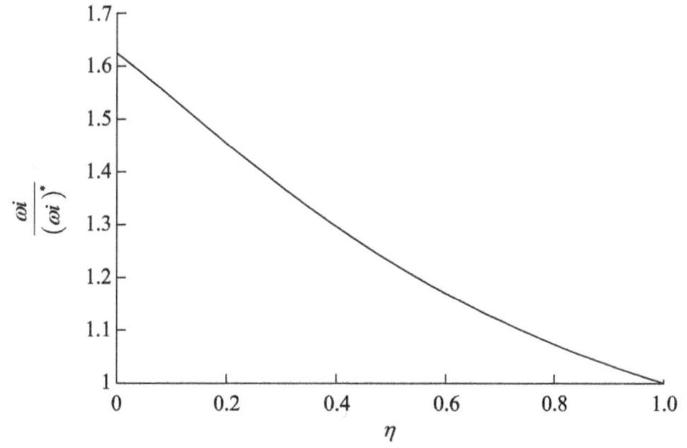

图 4-14　工人实际工资之比与知识扩散度 η 的关系

令 $s_h = 0.8$, μ=0.8 , σ=2 , β=0.5 , ϕ=0.5

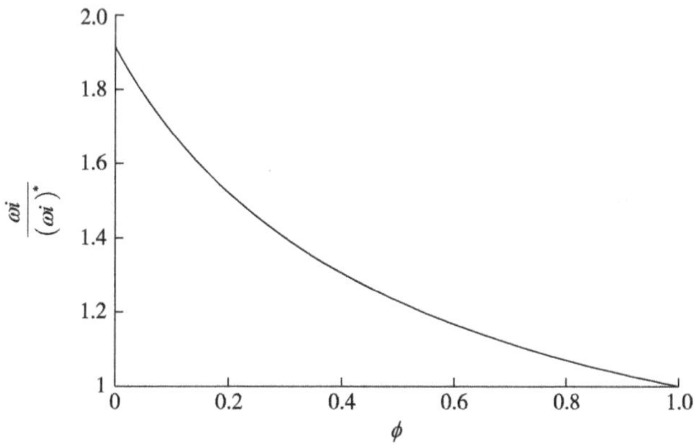

图 4-15　工人实际工资之比与贸易自由度 ϕ 的关系

令 $s_h = 0.8$, μ=0.8 , σ=2 , β=0.5 , η=0.5

图 4-13 表明，区域 1 或区域 2 某一地区知识分子的份额超过一半，则该地区工人的福利水平就超过了另一地区。虽然工人的工资不变，但知识分子的集聚会降低该地区的生活成本指数，从而使工人的福利得到提高。图 4-14 表明，知识扩散强度的增加会降低地区间工人福利水平差距，这是由于提高知识扩散强度会缩小地区间生活成本指数差距。图 4-15 中贸易自由度对工人福利的影响与知识扩散度类似，因此，提高地区间贸易自由度和知识扩散强度，会缩小区域福利差异。

4.5 案例分析

4.5.1 广东省创新发展现状

为了对技术创新集聚与专业化的现象有一个更直观的认知，加深对本章模型的理解，本章以广东省为例进行说明。广东省是中国最具经济活力的省份之一，其创新能力一直处于全国前列，同时广东省也是内部经济发展不平衡最为明显的省份之一，既有全国科技领先的城市，也有科技发展较为落后的城市。

第 3 章分析了中国区域创新集聚，由分析可知广东省是创新集聚度非常高的地区，处于第一层级。2017 年广东省区域创新能力居全国第一位：全省研发支出超过 2300 亿元，占地区生产总值的比重为 2.65%；技术自给率和科技进步贡献率分别为 72.5%和 58%；有效发明专利量、专利合作条约（patent cooperation treaty，PCT）国际专利申请量及专利总和实力连续多年居全国首位；国家级高新技术企业 3 万家，居全国第一[①]。广东省是工业大省，优势产业中既有电子设备、仪器仪表这类高技术产业，也有纺织服装、造纸业、木材制品等传统产业。根据第 3 章的分析结果，广东省的高新技术专业化系数、高机会技术专业化系数和优势产业专业化系数均较高，表明广东省是在自身产业基础之上发展创新优势，同时技术创新所聚焦的领域也属于发展潜力强的前沿技术。在工业基础之上，广东省主要通过发展增量和改善存量来保持技术优势。

增量方面，从 2014 年开始，广东组织实施了新一轮省重大科技专项，在计算与通信集成芯片、移动互联关键技术与器件、云计算与大数据管理技术、新型印刷显示技术与材料、可见光通信技术及标准光组件、智能机器人、新能源汽车电池与动力系统、干细胞与组织工程、增材制造（3D 打印）技术等重点领域开展关键核心技术攻关。省重大科技专项培育和建设了一批产业基地，针对产业（行业）和骨干企业的需求，重点研究和解决了一大批关键技术，通过技术突破带动 80 多个细分行业的示范应用，形成了较好的社会效益和经济效益。例如，广州中国科学院工业技术研究院联合多家科研机构和企业建立了新能源汽车专业化创新基地，对产业链多个关键或共性技术进行协同攻关，突破了动力电池自动化生产装备国产化核心技术。截至 2017 年，全省已取得 53 项具有国际先进水平和 181 项

① 数据来源于 2018 年广东省政府工作报告。

国内领先的技术成果，形成重点创新产品 109 件，发明专利授权 3.86 万件。“十二五”期间，全省形成了新一代移动通信、平板显示、高端软件、半导体照明、生物医药等 7 个产值超千亿元的战略性新兴产业集群，无人机、机器人、新能源汽车等一批创新型产业处于国内领先水平。部分优势技术领域的案例详见表 4-1。

表4-1　广东省部分优势技术领域案例

领域	案例
新一代信息技术	网络服务：深圳市腾讯计算机系统有限公司（以下简称腾讯）是中国最大的互联网综合服务提供商之一，其多元化的服务包括社交、通信、游戏、视频等，并持续探索人工智能在终端侧的应用 智能终端：华为技术有限公司（以下简称华为）是全球最大移动通信设备企业和第三大智能手机厂商，是全球领先的信息与通信技术解决方案供应商，为各国数字经济发展打造云、网、端协同的 ICT 智能平台 智能网联汽车：广州汽车集团股份有限公司与腾讯公司签订战略合作协议，双方将基于智能语音、智能出行、智能听服务展开合作，联合打造具有品牌特色和竞争力的智能网联汽车品牌
生物医疗	基因测序：华大基因是全球最大的基因测序和基因组学研究机构，连续多年在《自然》和《科学》发表指数中排名全国前 5 名，自主研发了多项软件工具、实验设备，并建立了庞大的数据库应用系统 生物医药：联邦制药国际控股有限公司最新研制并正式向全国发售的长效胰岛素“甘精胰岛素”，全世界有能力生产的企业不超过 5 家，提高了国产第三代胰岛素的市场份额 医疗器械：迈瑞医疗国际股份有限公司是全球领先的医疗设备和解决方案供应商，提供生命信息与支持、体外诊断、医学影像、外科产品等设备与服务
新能源	锂电池材料：深圳市贝特瑞新能源材料股份有限公司是全球领先的锂离子电池负极材料供应商，专注于锂离子二次电池用材料的研究与开发，创建了全球业内首家新能源技术研究院。珠海银通新能源有限公司通过股权收购，掌控了全球钛锂材料顶级生产技术 新能源汽车：比亚迪股份有限公司是同时掌握新能源汽车电池、电机、电控及充电配套、整车制造等核心技术，以及拥有成熟市场推广经验的企业，成功推出八款新能源汽车，并且率先提出“公交电动化”战略
智能机器人	工业机器人：代表企业有广州启帆工业机器人有限公司、广州数控设备有限公司、广东鑫泰科技集团有限公司等，生产的用于替代简单重复劳动、危险岗位的搬运、喷涂、码垛、钻孔机器人以较高的性价比在国内占有一定的市场份额 服务机器人：深圳市优必选科技股份有限公司是智能服务机器人行业的领军企业，拥有逾 500 人的研发团队，生产的人形机器人应用于教育、娱乐、家庭服务等领域 无人机：深圳市大疆科技有限公司 2015 年占全球消费无人机市场份额超 70%，现有研发人员 700 余人，其自主研发生产的无人机广泛应用于航拍、巡演、农业灌溉等方面
人工智能	智能语音：科大讯飞股份有限公司的智能语音研究成果突出，其全资子公司广东讯飞启明科技发展有限公司主要从事教育招生考试信息化服务 人脸识别：佳都科技集团股份有限公司在生物识别、智能视频分析等人工智能领域掌握了自主核心技术，多项技术达到了国际先进水平，2017 年将人脸识别核心算法准确率提高至 99.5%，识别时间缩小至 40 毫秒 图像识别：广州图普网络科技有限公司在中国和北美搭建的深度学习超算中心，2017 年日均处理图像数据近 10 亿次。深圳市商汤科技有限公司、深圳云天励飞技术股份有限公司等也在图像识别准确率上取得了不错的成绩 医学影像识别：腾讯公司发布人工智能医学影像产品——腾讯觅影，包含 6 个人工智能系统，涉及疾病包含食管癌、肺癌、糖尿病、宫颈癌和乳腺癌。其中，2017 年其早期食管癌智能筛查系统最为成熟，实验室准确率在 90%，已进入临床试验阶段

存量方面，广东省坚持把技术改造作为优化产业存量的关键抓手，于 2014 年出台《广东省人民政府办公厅关于推动新一轮技术改造促进产业转型升级的意见》，发布指导目录，在全国创新性地实施技术改造事后奖补措施。2015 年到 2017 年末，超过 2 万家规模以上工业企业实施了技术改造，累计完成工业技改投资 1.17 万亿元，其中佛山市开展技术改造的企业占规模以上工业企业的 58.4%。东莞推进“百、千、万”工程，建设 100 个智能改造重点项目，开展 1000 家企业智能制造诊断，开展 10 000 人次智能制造技术升级培训，截至 2018 年已建成 109 条普及型智能制造示范生产线，完成约 280 家企业的智能制造诊断，推动行业协会开展 42 场累积约 3700 人次的公共服务培训。此外，广东省还通过机器换人的方式优化存量。广东省 2017 年遴选出机器人骨干企业 25 家、培育企业 35 家，2017 年全省工业机器人产量 20 662 台，产量约占全国的 16%。广东省通过机器人购置补贴鼓励企业使用机器人，重点鼓励使用广东省自主生产的机器人或成套设备，推广本土机器人产业应用，既发展了战略性新兴产业，又提高了传统制造业的生产效率。2017 年全省应用工业机器人 8 万台，保有量约占全国的 1/5。其中东莞率先推进“机器换人”专项计划，通过风险补偿和贷款贴息方式，支持企业通过融资租赁解决资金难题。2015~2017 年佛山开展“机器代人”的规模以上工业企业超 400 家，应用机器人超 7000 台，主要应用在汽车制造、陶瓷、家电、机械装备及金属材料加工等行业领域，主要替代搬运、焊接、码垛、喷涂、装配、冲压等工种[①]。

发展增量使广东省的技术创新朝着世界领先水平迈进，而优化存量也使得广东省在生产方式上不断改进，催生了一系列自动化、机器人方面的技术。这两个方面都令广东省对科技人才产生了巨大需求，吸引了全国乃至全球的人才集聚。与此同时，广东省内部发展的不平衡也使得创新活动具有明显的集聚特征，接下来将结合模型进行具体分析。

4.5.2 广东省创新集聚特征

广东省的创新活动很明显地体现出了集聚特征。以发明专利授权量表示知识创新活动的产出，以地区生产总值表示经济活动的产出，图 4-16 展示了 1995~2017 年广东省发明专利授权量和地区生产总值的区位基尼系数对比情况。可以看出，20 多年间发明专利的空间分布差异始终高于经济的空间差异，并随着 2001 年左右开始的专利数量激增经历了先上升后下降的过程，创新活动的集聚效应显著强于经济活动。这与第 3 章中全国的创新差异变动趋势类似。

① 本节数据资料来源于广东省科学技术厅、佛山市经济和信息化局、东莞市经济和信息化局等政府部门工作报告。

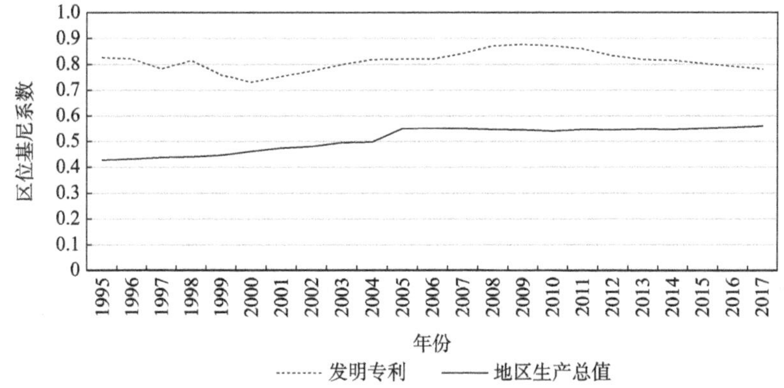

图 4-16　1995~2017 年广东省创新产出与经济产出的区位基尼系数对比

资料来源：1996~2018 年《广东统计年鉴》，作者计算绘制

为显示广东省创新活动集聚的具体区域，图 4-17 展示了 2008~2010 年及 2015~2017 年两个时间段的三年发明专利授权总数在广东省各市的分布情况。可以看出，在全省范围内，创新产出基本集中在珠三角区域，粤东西北地区鲜有分布。在 2008~2010 年区域创新差异增大的时间段内，发明专利主要在深圳市、广州市、佛山市、珠海市、东莞市产生，相对集中，在 2015~2017 年区域差异减小的时间段内，珠海市、东莞市、惠州市、江门市的发明专利显著增加，创新活动出现从中心向外围扩散的特点。若将广东省看作一个整体，那么广东省的创新活动分布基本呈现中心—外围形态，珠三角区域是中心地带，珠三角以外的地区是外围地带。

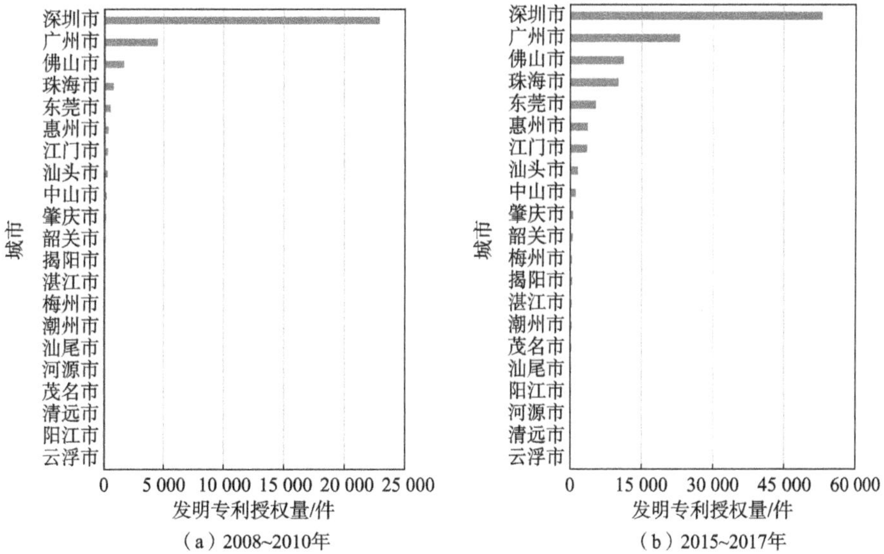

图 4-17　两阶段广东省发明专利空间分布情况

资料来源：2009~2018 年《广东统计年鉴》，作者计算绘制

21 世纪以来广东省创新活动进入爆发式增长时期，发明专利授权量增长超过 100 倍，工业企业 R&D 人员数量扩大 6 倍，这期间伴随着 R&D 人员向中心区域集聚的过程。如图 4-18 所示，作为中心区域的珠三角城市群，工业企业 R&D 活动人员份额超过 80%，并在 2001~2010 年呈上升趋势，最高达 94.6%。从 2011 年开始，中心区域工业企业 R&D 活动人员份额出现小幅下降，2017 年的份额为 92.7%。

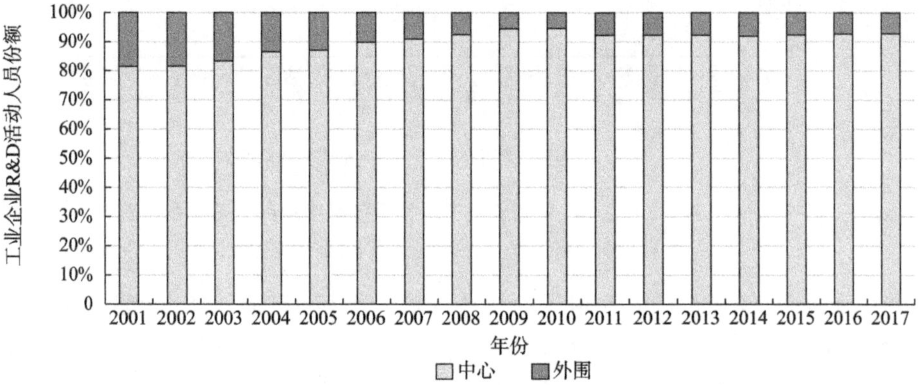

图 4-18　广东省中心与外围地区工业企业 R&D 活动人员份额

资料来源：2002~2018 年《广东统计年鉴》，作者计算绘制

根据前文的理论分析，区域间知识分子的实际工资差异会导致知识分子流动。根据数据可得性，本章采用广东省各城市在岗职工年平均工资代表名义工资，利用各地区居民消费价格指数进行平减，得到以 2000 年为基期的实际工资，将珠三角城市群实际平均工资减去粤东西北城市的实际平均工资，得到中心与外围地区的实际年平均工资差距，如图 4-19 所示。由图 4-19 可知，中心与外围地区 2005~2008 年的实际年平均工资差距在 8000 元以上，在 2009~2013 年扩大到 10 000 元以上，之后工资差距出现了回缩，近年来有再一次扩大的趋势。总体而言，中心与外围地区实际年平均工资差距的变化趋势与中心地区 R&D 活动人员份额的变化趋势大体一致，两者具有一定关联。

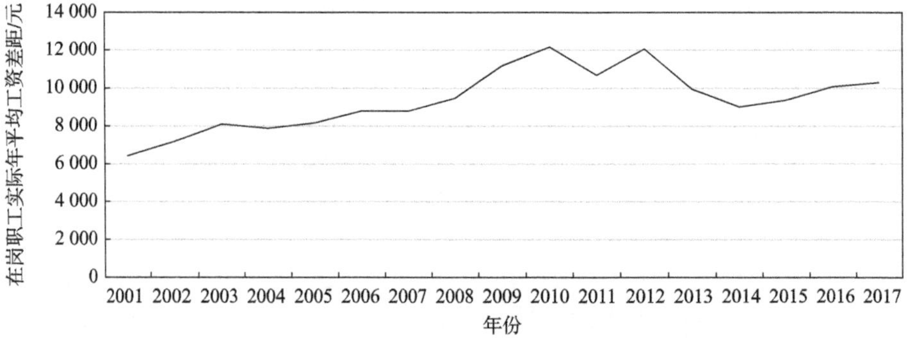

图 4-19　广东省中心与外围地区在岗职工实际年平均工资差距

资料来源：2002~2018 年《广东统计年鉴》，作者计算绘制

为考察知识异质性情况，本章利用技术专业化的计算思路[93]，将发明专利所属行业的不同作为知识的异质性，利用 HHI 计算专利在所有行业的集中或分散程度。与模型中 β 系数的性质类似，HHI 的范围为 0 到 1，HHI 越小，表示地区的技术分散程度越高，知识异质性越大。图 4-20 展示了广东省总体的 HHI。在 2001~2017 年，广东省技术创新活动的 HHI 呈现先上升后下降的趋势，表明知识异质性先减小后增大。根据上文模型的分析结论，异质性过大时，知识分子会由于缺乏相互交流和学习的基础而没有进一步集聚的动力，广东省在 2002~2008 年知识异质性下降的过程中，促使具有相同知识背景的科研人员向中心聚集，而后知识的多样性随着科研人员的增多开始上升，新知识生产率大幅提高，但科研人员的集聚进程开始放缓。广东省知识异质性的变动趋势也与工业企业 R&D 活动人员份额的变动趋势大体一致。

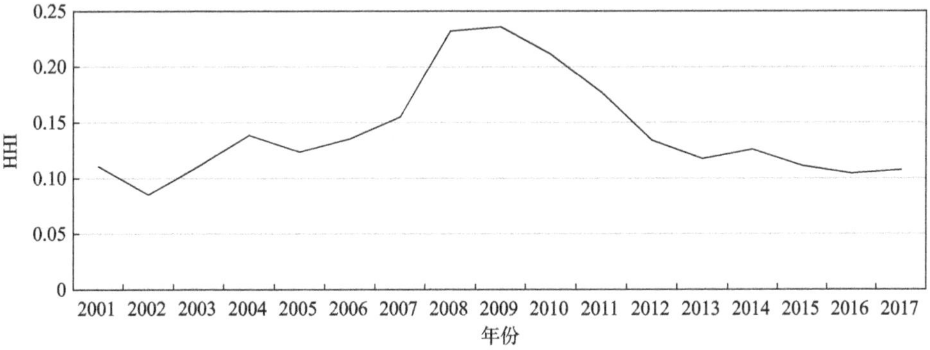

图 4-20　2001~2017 年广东省技术专业化程度的变化趋势

资料来源：incoPat 专利数据情报平台，作者计算绘制

4.5.3　专业化集聚与多样化集聚

由图 4-17 可知，深圳和广州是广东省创新活动最为集聚的两座城市，而这两座城市分别表现出专业化集聚和多样化集聚的不同特征。图 4-21 和图 4-22 展示了 2008~2010 年及 2015~2017 年两座城市分行业的发明专利占比。在 2008~2010 年，深圳的发明专利授权总数占全省的 72%，HHI 为 0.38，专业化程度较高，体现出专业化集聚的特征。其中电信服务（I63）的专利数占比接近 60%，电子设备（C39）的专利数占比为 14.4%。自 21 世纪初，深圳的民营企业逐渐发展壮大，以民营企业为主的市场环境注重竞争性和优胜劣汰，使市场成了资源配置中的主要力量，这为高科技产业的崛起提供了绝佳的发展环境，使其逐步成为深圳最重要的主导产业和支柱产业。由于深圳市在电信服务（I63）、电子设备（C39）、仪

器仪表（C40）等行业的优势明显，吸引了大量相关领域的科技人才，深圳与其他城市在创新产出方面的差距也从这个时候开始迅速拉大。在这个时间段内，广州的发明专利授权总数占全省的 14%，仅次于深圳，而 HHI 为 0.092，专业化程度显著小于深圳，体现出多样化集聚的特征。其中占比最大的医药制造（C27）和化学制品（C26）比例均为 17%，电气机械（C38）占比 9%，仪器仪表（C40）占比 8%，总体而言各领域分布较为平均。广州是广东省的科教中心，拥有多样化的科研院所，技术创新所渗透的领域更为广泛。

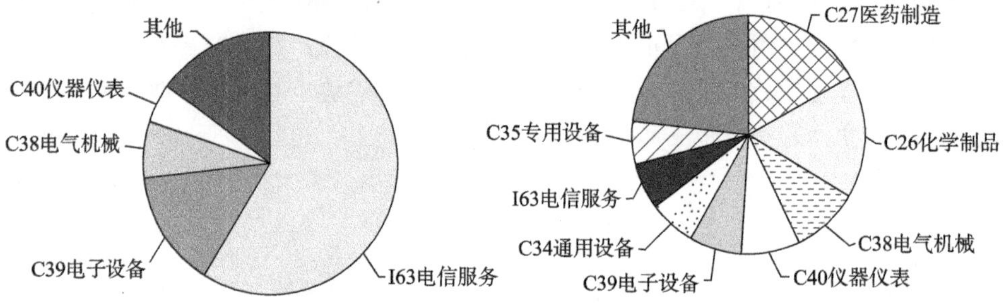

（a）深圳　　（b）广州

图 4-21　2008~2010 年深圳与广州各行业发明专利授权数占比

资料来源：incoPat 专利数据情报平台，作者计算绘制

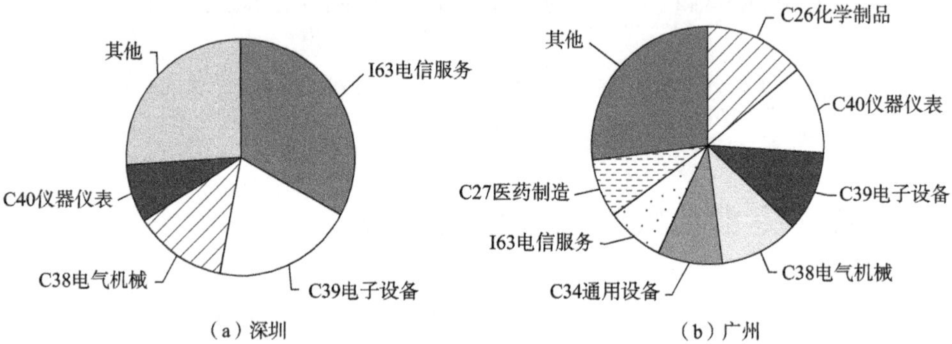

（a）深圳　　（b）广州

图 4-22　2015~2017 年深圳与广州各行业发明专利授权数占比

资料来源：incoPat 专利数据情报平台，作者计算绘制

在 2015~2017 年，深圳的发明专利授权总数占全省的 46%，HHI 为 0.18，技术创新的集聚程度和专业化程度均有所下降。其中电信服务（I63）的专利数占比下降至 33%，电子设备（C39）的专利数占比提高至 20%，电气机械（C38）和仪器仪表（C40）等行业的专利比重均有所增加。在这个时间段内，广州的发明专利授权总数占全省的 20%，集聚程度小幅提高，HHI 为 0.085，专业化程度小幅

下降，且依然显著小于深圳。总体而言，广东省的知识异质性程度在 2011~2017 年下降的主要原因是深圳的知识异质性程度有所下降，随着知识的扩散，广东省创新产出总体数量增加的同时，创新活动所遍布的领域更加多元，区域间的创新差异也有所缩小。

由此可见，深圳和广州作为广东省的创新集聚中心，表现出截然不同的发展模式。深圳在创新方面拥有比较优势的行业基本上是自身的优势行业，与广州相比，深圳是在自身产业优势的基础之上进一步发展创新优势，是产业链纵向发展的模式，在电子设备制造及服务上一直牢牢掌控着绝对优势。而广州有许多在创新上具有比较优势的产业并非自身的优势产业，反映了广州的创新发展模式是向产业间横向发展，承担了许多产业链的创新功能。两个集聚中心分别体现了专业化集聚和多样化集聚，深圳的专业化也使其对信息技术方面的人才更具吸引力。

珠三角地区是广东省的经济中心，在此对珠三角其他城市的技术创新情况进行补充说明。佛山和东莞的发展模式比较类似，两座城市均属于工业重地，其中佛山在五金制品方面的优势较明显，东莞在电子设备方面的优势较明显。由于工业基础良好，两座城市在创新方面的优势基本围绕自身的优势产业，但更多地体现在传统行业中。佛山和东莞是在加强产业基础的同时进行创新发展，但两市存在一定的同构化现象。中山、江门、惠州、珠海、肇庆这几座城市在创新方面具备的优势均比较小，更多地承担了生产功能。其中，中山、江门、珠海这三座珠江西岸的城市在医药制造、化学纤维上的生产优势较为明显，惠州和肇庆在农业之外，承接了石油化工、木材加工和金属制造等产业的生产。总体而言，珠三角城市群体现出了中心城市承担技术创新、外围城市承担生产配套的城市功能分工格局。

4.6　本章小结

本章以新经济地理学为理论框架，在包含知识生产过程的宏观和微观模型的基础上，以知识分子的移动作为研究对象，探讨了知识集聚的形成，以及知识集聚、知识异质性等与区域福利、经济增长之间的关系，以此探讨技术创新集聚过程中的专业化和多样化问题。同时将广东省作为案例地，结合理论和现实对广东省的创新集聚现象进行分析。主要得出以下结论。

（1）对两地区而言，平均分布的知识分子会在一种偶然的、非对称的冲击下朝其中一个地区流动，形成知识集聚，这是由于集聚会带来更高的名义工资和更低的生活成本。知识集聚与企业集聚具有同步性，当知识异质性适中或较小时，知识集聚的程度大于企业集聚，而当知识异质性很大时，将可能出现企业集聚大于知识集聚的情况。这与第 3 章展示的中国区域因制度、政策、区位等因素形成技术创新集聚且创新产出的集聚度大于经济产出的集聚度相对应。

（2）知识异质性对知识分子空间分布的影响比较复杂，当知识分子的异质性降低时，会降低对称均衡的稳定性，更有利于形成知识生产的中心—外围结构，而当知识分子异质性过小时，又会降低中心—外围结构的稳定性，使知识分子趋向任意分布。原因在于：若知识的异质性太弱，即共同知识过多，则知识分子缺乏合作产生新知识的动力；若知识的异质性太强，即共同知识过少，则知识分子缺乏合作交流的基础，这两种情况都使得知识分子不会产生集聚。只有当知识异质性在一定范围内时，合作创新的新知识增长率高于独立创新，知识分子为便于合作交流会倾向集聚，共同知识较多的知识分子合作将形成技术专业化集聚，共同知识较少的知识分子合作将形成技术多样化集聚。

（3）知识的扩散强度和贸易自由度也会影响知识的集聚过程。地区间知识扩散强度和贸易自由度的提高更有利于知识分子的集聚，形成知识生产的中心—外围空间结构。虽然当知识分子的异质性过高或者过低时，知识分子不一定会集聚，但当基础设施改善带来较高的知识扩散度和贸易自由度时，异质性较高或较低的情况下依然会产生集聚，从而更容易形成多样化集聚或专业化集聚这两种情形。与第 3 章结论相对应，随着中国交通、通信等基础设施的不断改善，创新集聚现象愈加明显，并表现出不同的技术专业化程度，而究竟是专业化程度高还是专业化程度低，则更依赖于当地的初始条件，如产业的多样性等。

（4）经济增长方面，知识分子集聚时的经济增长率大于知识分子对称分布时的经济增长率，这是集聚时的新知识增长率更高导致的。此外，知识分子异质性越大，经济增长率越高，知识分子集聚时的经济增长率也更显著地高于对称分布时的经济增长率。除了异质的知识分子相互合作会产生更高的新知识增长率之外，知识分子异质性的提高还会带来工业品多样化的提高，增强企业规模收益递增效应，带动经济增长。此外，对于知识集聚度较低的地区而言，提高知识的扩散度更有利于缩小经济差距。

（5）福利方面，知识分子的集聚会提高区域福利水平，包括知识分子和工人的福利水平。当知识分子份额固定时，知识扩散强度和贸易自由度的提高有利于提高边缘区福利，缩小区域福利差距。

（6）在针对广东省的案例分析中，发现广东省创新活动的集聚效应显著强于经济活动，区域创新差距随着 2001 年左右开始的专利数量激增经历了先上升后下降的过程，珠三角区域是创新活动的中心地区。在考察区间内，中心与外围地区实际平均工资差距、整体的技术专业化程度和中心地区工业企业 R&D 活动人员占全省的份额的变动趋势大致相同，均经历了先上升后下降的过程，表明知识分子的流动与知识异质性程度、工资差距有关，从而影响创新集聚，验证了模型结论。

（7）案例分析中，深圳和广州是两个创新集聚地，其中深圳在创新方面拥有比较优势的行业基本上是自身的优势行业，创新活动朝产业链纵向延伸；而广州有许多在创新上具有比较优势的产业并非自身的优势产业，表明其创新发展模式是向产业间横向发展的，承担了许多产业链的创新功能。深圳的技术专业化程度高，广州的技术多样化程度高，分别体现出专业化集聚和多样化集聚的特征。

当知识分子从对称分布转向非对称分布时，知识资本和企业快速集聚，集聚区的经济规模不断扩大，非集聚区的经济规模进一步缩小，从而形成"增长极"和"边缘区"，这种区域差异难以避免。但是"边缘区"并非只是"牺牲品"，一方面，知识集聚的空间结构会提高整个经济系统的新知识增长率，促进整体经济的快速增长；另一方面，在贸易开放程度和知识扩散程度提高的情况下，"增长极"和"边缘区"的福利差距会降低。知识异质性在这个过程中的作用比较复杂，异质性的增强会提高"增长极"的经济增长率，但异质性太强时，进一步集聚的动力减弱，同时福利下降。当前，各地出台的人才引进政策很多没有明确人才的领域，这种引进将很大程度上提高当地人才的异质性，虽然异质性的增加可以提高新知识增长率，但异质性太高时则难以形成进一步集聚的动力。因此，对于尚未形成人才集聚的地区而言，引进人才时需把握一个度，与其盲目引进多样化的人才，不如提高交通、网络等基础设施建设水平，充分参与中心地区的贸易和知识交流，保证经济增长的同时提高当地的福利水平。

本章的理论分析还存在一些不足之处。一方面，本模型为了在两区域的宏观框架下讨论空间集聚问题，将知识分子看作一个整体，异质性作为外生变量，并认为知识分子的异质性决定了知识的异质性。而对现实的讨论中，我们发现知识的异质性会受知识分子集聚与互动的影响，是内生变量，这需要更多的微观机制分析。而将微观机制嵌套进宏观模型中具有一定难度，还需进一步的研究。另一方面，本章只探讨了创新集聚和区域技术专业化的程度，对于区域技术专业化的模式，由于涉及多种产业和技术领域，在本章的三部门框架中无法体现，需对工业部门进行更细致的划分。在新经济地理学模型中，拟线性效用函数可以实现对多种工业部门的分析。将多行业分析与创新活动结合起来，探讨不同区域独特的技术专业化模式如何形成，是接下来的研究方向。

第5章　区域技术专业化对经济增长的影响

技术创新对经济和社会发展的重要作用已经被广为接受，创新被摆在国家发展全局的核心位置。但由于我国不同地区在自然资源、社会和经济发展历程上各不相同，区域创新水平及创新增长水平的差异十分显著，这一点在第3章已有体现。可与之相对的是，我国区域战略性新兴产业却严重趋同，各地政府由于竞争压力，在战略性新兴产业的布局上基本都与国家层面的发展计划一致，这很可能带来产能过剩、资源浪费等一系列问题[226, 227]。实际上，技术创新与其他经济活动一样，其产生和发展都依赖于特定的环境和阶段。优化区域创新布局在于“构建各具特色的区域创新发展格局”①。因此，了解并把握各地区的技术优势及发展趋势，明确技术发展与经济增长的关系，对于理解并实施创新驱动发展战略具有重要的指导意义。

本章要研究的是区域技术专业化对区域经济增长有何影响的问题。国外学者Pavitt[4]、Archibugi和Pianta[5]最早利用专利数据，构建技术专业化指标，总结一国技术创新的优势领域、专业化程度和演变规律，为创新活动的研究开拓了新思路。此后不断有学者围绕技术专业化，对国家、区域、企业层面的创新活动进行分析。国外对于技术专业化与经济增长的讨论已较为丰富，但大部分基于国家层面，国内对技术专业化问题的讨论更多地集中在描述阶段，同产业与经济发展的联系较少。此外，现有研究难以得出一致结论，可能的原因在于技术专业化与区域经济增长也许不是简单的线性关系，而是根据地区发展阶段的不同表现出不同的效果，所以针对不同地区不同时间的实证研究会产生不同的结论。基于此，本章在前人研究的基础上，按技术创新能力的不同对地区进行分类，分别探讨技术布局结构的专业化和具体技术领域的专业化对不同类地区经济增长的影响，并分析其中的非线性效应，旨在为不同区域选择合适的技术布局路线提供参考。

① 中共中央 国务院印发《国家创新驱动发展战略纲要》，http://www.gov.cn/zhengce/2016-05/19/content_5074812.htm[2016-05-19]。

5.1　研究问题与假设

5.1.1　技术专业化是否会影响经济增长

国内外有大量研究证实了技术创新对经济增长的重要作用。从需求端看，技术创新将提高产品竞争力，从而促进出口，推动经济增长，这是技术竞争效应；从供给端看，技术创新将提高产业部门生产率，并进一步提高总体生产率，带来经济增长，这是成本竞争效应[82]。作为经济增长的重要源泉，技术创新差异也是导致区域经济增长差异的原因之一[228]。王春杨和许浩楠[214]、陈向东和王磊[229]均研究发现我国省域创新差异较大；朱勇和张宗益认为技术创新水平及其对经济增长的贡献差异会拉大经济发展差距[230]。在创新差异的形成问题上，张战仁实证发现区域要素使用效率的差异是比要素数量差异更为重要的原因且经济地理中的规模报酬递增理论认为集聚互动可以提高要素使用效率，所以集聚和专业化为创新差异的产生提供了一个更为合理的解释[218]。Audretsch 和 Feldman 研究发现产业区内企业的创新活动具有地域性的倾向，体现了专业化的形成[231]。由此可见，由专业化带来的创新效率提升，将对经济增长产生作用。Jungmittag[50]、Urraca-Ruiz 和 Laguna-Molina[46]认为在近期经济增长与收敛的研究中，技术专业化提供了另一种思路。因此本章将技术专业化问题引入经济增长的研究中，并提出如下假设。

假设 5-1：除了技术创新的总量之外，技术专业化程度也会影响经济增长。

5.1.2　技术专业化对经济增长有怎样的影响

前文提到，技术专业化的研究包括两个角度：一是技术创新在不同领域中分布的集中程度；二是技术创新在特定领域中的相对优势。学者研究了上述两类技术专业化的经济影响，但得到了不同结论。Archibugi 和 Pianta 发现对一些国家来说，更重要的是专业化本身而不是具体的领域，也就是说，不考虑具体的技术领域，只关注差异化和区域分工有利于经济增长[5]。然而，许多研究表明技术专业化领域的质量对于经济增长率有显著影响，其中有“质量”的技术通常被认为是高新技术或快速发展的技术。Pavitt 实证发现高技术产业对欧洲国家的经济发展做出了巨大贡献[4]。Meliciani 总结发现一国在快速发展的技术领域中的专业化程度与出口增长率正相关，并将促进 GDP 的增长[94]。Jungmittag 认为良好的技术将提高生产率，为经济增长做出更多贡献[50]。这些有“质量”的技术将促进高附加值产品的出口，并且会通过技术溢出效应加快技术进步和赶超的过程[90, 96]。

然而，许多研究得出了不同的结论。Solow 提出“生产率悖论”，认为对信息技术的投资不会促进经济增长和提高经济效率，反而可能阻碍经济的发展[100]。Laursen 对于日本、芬兰和其他赶超国家的研究表明，高新技术领域的专业化发展并不意味着出口的增加[88]。Malerba 和 Montobbio[98]、Montobbio 和 Rampa[99]对发展中国家的研究得出了类似的结论。冯仁涛探讨了 ICT 领域的专业化对中国经济增长的影响，发现两者之间存在“U”形关系，即 ICT 发展可能会限制 GDP 的增长，但超过临界值之后，阻碍会变成促进[23]。Evangelista 等对欧洲国家的研究显示技术专业化促进了经济增长，但不同领域的专业化对经济有不同的影响[32]。

经济的发展具有阶段性，每个阶段有不同的特征，技术结构也应顺应这些特征。在工业化的起步阶段，产业结构以劳动或资源密集型产业为主，对技术的需求总体较低，技术专业化的程度相对较高；随着产业结构从劳动或资源密集型向资本密集型转化，会促进技术在不同领域中的引进与扩张，使技术规模扩大并逐步提升；工业化后期，主导产业朝电子信息、医药等技术密集型产业靠近，产业升级使得技术在高新技术领域实现专业化[23]。Lee 等使用 1980~2000 年的时间序列数据，发现 ICT 投资有助于提高美国等发达国家及爱尔兰等新兴工业化国家的生产率，但是没有影响发展中国家的生产率，包括中国、印度、印度尼西亚和马来西亚等[232]。由此可见，对于不同发展阶段的地区，特定领域的技术专业化所起到的作用不尽相同，因此，本章提出假设 5-2。

假设 5-2：技术专业化与经济增长之间存在非线性关系，专业化对经济增长的促进作用受地区创新能力的影响。

5.2 技术专业化程度对经济增长的影响

5.2.1 研究设计

1. 模型设定

假设生产函数为柯布–道格拉斯生产函数：

$$Y = AF(K,L) = K^{\alpha}(AL)^{1-\alpha} \tag{5-1}$$

其中，Y 为产出；A 为技术发展水平；K 为资本投入；L 为劳动投入；α 为资本产出弹性。假定规模报酬不变。

令 y 为人均产出，k 为人均资本，式（5-1）可变换为

$$\frac{Y}{L} = A^{1-\alpha}\left(\frac{K}{L}\right)^{\alpha} \Rightarrow y = A^{1-\alpha}k^{\alpha} \tag{5-2}$$

对第 t 期和第 t−1 期的式（5-2）取对数，可得

$$\ln y_t = (1-\alpha)\ln A_t + \alpha \ln k_t \tag{5-3}$$

$$\ln y_{t-1} = (1-\alpha)\ln A_{t-1} + \alpha \ln k_{t-1} \tag{5-4}$$

将式（5-3）与式（5-4）相减，可推出人均产出增长方程：

$$\ln\left(\frac{y_t}{y_{t-1}}\right) = (1-\alpha)\ln\left(\frac{A_t}{A_{t-1}}\right) + \alpha\ln\left(\frac{k_t}{k_{t-1}}\right) \tag{5-5}$$

由式（5-5）可知，人均产出的增长来源于人均资本的增长和技术水平的增长。

技术创新的总量规模和内部结构均是影响技术水平增长的重要因素，因为技术创新的总量增长会促进生产技术进步，提高要素使用效率，而技术专业化或多样化的程度会影响要素的分配效率及技术溢出效应，进而影响技术进步及经济增长。将 $\ln\left(\frac{A_t}{A_{t-1}}\right)$ 表示为

$$\ln\left(\frac{A_t}{A_{t-1}}\right) = F(\mathrm{tc}, \mathrm{ts}, \cdots) = \Delta \mathrm{tc}_t + \mathrm{ts}_{t-1} + \mu_t \tag{5-6}$$

其中，tc 为技术创新的总量；ts 为技术创新的结构；$\Delta \mathrm{tc}_t$ 为第 t 期技术总量的变化；ts_{t-1} 为 t−1 期末（第 t 期初）的技术结构；μ 为其他影响因素。

根据式（5-5）、式（5-6）构建实证模型，考察技术专业化对区域经济增长的影响，模型基本形式如下：

$$\mathrm{gdppc}_{it} = \alpha_0 + \alpha_1 \mathrm{gdppc}_{it-1} + \alpha_2 \mathrm{tspec}_{it-1} + \alpha_3 \mathrm{tspec}^2{}_{it-1} + \alpha_4 \mathrm{patpc}_{it} + \alpha_5 \mathrm{cappc}_{it} + \varepsilon_{it} \tag{5-7}$$

其中，gdppc_{it} 为 i 地区 t 时期的人均地区生产总值增长率，用滞后项 gdppc_{it-1} 来控制初始条件对人均地区生产总值增长率的影响；tspec_{it-1} 为 i 地区 t−1 时期的技术专业化程度，由于技术专业化指标的计算采用的是年末数据，t−1 期的结果准确来说代表的是第 t 期初的情况，因此选择滞后一期，同时控制内生性，此外，为考察技术专业化与经济增长可能存在的非线性关系，在模型中加入 tspec_{it-1} 的二次项；patpc_{it} 为 i 地区 t 时期技术创新增长率，考察技术创新数量的增长对经济增长的影响；cappc_{it} 为人均资本存量增长率；ε_{it} 为随机扰动项。

2. 变量说明

1）人均地区生产总值增长率

将各地区人均地区生产总值用人均地区生产总值平减指数折算成 2000 年不变价，并计算增长率。

2）人均资本存量增长率

借鉴张军等采用永续盘存法计算资本存量[233]。以 2000 年为价格基年，使用年末总人口数计算人均资本存量，并计算增长率。

3）技术创新增长率

沿用第 3 章方法，本章利用发明专利授权数据考察技术创新的总体规模及内部结构。用每万人发明专利授权量表示区域技术创新能力，并计算增长率表示创新能力的变动情况。

4）技术专业化程度

与前文方法相同，本章利用 incoPat 科技创新情报平台提供的专利数据库，将专利按国民行业进行分类导出，共考察与技术创新密切相关的 34 个行业，包括制造业（29 个子行业）、农业、采掘业、电力热力和水、建筑业、电信服务。同样，本章从集中度和差异度两个角度考察技术专业化的程度，集中度表示创新活动在技术领域间的聚焦程度，差异度表示技术领域的结构与全国平均水平的相对差异。选取 HHI 测算集中度，并借鉴 Jungmittag 构建的斯密专业化指数（Smithian specialisation index，SI）作为集中度的补充指标[50]；选取 KDI 测算差异度。具体指标说明如表 5-1 所示。

表5-1　表示技术专业化程度的指标说明

指标名称	指标符号	计算公式	指标说明
赫芬达尔-赫希曼指数	HHI	$\mathrm{HHI}_i=\sum_{k=1}^{n}\left(\frac{P_{ik}}{P_i}\right)^2$ 其中，P_{ik} 为 i 地区 k 行业的发明专利授权数；P_i 为 i 地区的发明专利授权数	HHI 越接近于 1，表示 i 地区的技术集中度越高
斯密专业化指数	SI	$\mathrm{SI}_i=\left(1-\sum_{k=1}^{n}\frac{P_{ik}^2}{P_i^2}\right)/\left(1-\frac{1}{n}\right)$ 其中，P_{ik} 为 i 地区 k 行业的发明专利授权数；P_i 为 i 地区的发明专利授权数；n 为技术领域的个数，本章中的 n 等于 34	SI 越小，表示 i 地区的技术集中度越高，所以 SI 又称为多样化指数（diversification index）
克鲁格曼分工指数	KDI	$\mathrm{KDI}_i=\sum_{k=1}^{n}\left\lvert\frac{P_{ik}}{P_i}-\frac{P_k}{P}\right\rvert$ 其中，P_{ik} 为 i 地区 k 行业的发明专利授权数；P_i 为 i 地区的发明专利授权数；P_k 为各地区 k 行业的发明专利授权总数；P 为各地区的发明专利授权总数	KDI 越大，表示 i 地区的技术差异度越高，分工程度越大

由于西藏包含的专利数据过少，本章的考察区域为除西藏以外的中国（不含港澳台）30 个省区市，考察区间为 2001~2017 年。各类经济数据来源于历年《中国统计年鉴》。

3. 估计方法

由于模型（5-7）使用了因变量的滞后一期作为解释变量且模型中因变量与部分自变量可能存在互为因果的关系，即存在内生性，使用标准的面板数据模型会导致估计有偏。基于以上问题，本章借鉴 Arellano 和 Bond 采用系统广义矩估计（system GMM）方法估计上述模型，它通过恰当使用工具变量解决了被解释变量与部分解释变量之间的内生性问题，并能够克服弱工具变量问题和降低小样本偏误且在存在单位根的情况下仍然有效[234]。本章通过检验扰动项的一阶和二阶自相关来判断参数估计的合理性，并通过 Hansen 统计量来判断工具变量的有效性。

5.2.2　描述性统计

对考察地区 2001~2017 年三类技术专业化指标的均值进行计算，同时，为深入考察不同技术创新能力条件下研究结果的差异，本章依据考察期间内每万人发明专利授权数（PAT）的均值将 30 个地区划分为高创新能力地区、中等创新能力地区和低创新能力地区，具体划分情况及结果如表 5-2 所示。

表5-2　中国各省区市技术规模与专业化的均值结果

地区类别	省区市	PAT		HHI		SI		KDI	
高创新能力地区	北京	7.138	[1]	0.107	[16]	0.920	[15]	0.320	[24]
	上海	3.262	[2]	0.101	[21]	0.927	[10]	0.249	[29]
	天津	1.559	[3]	0.117	[12]	0.909	[19]	0.414	[18]
	浙江	1.544	[4]	0.081	[30]	0.947	[1]	0.342	[23]
	江苏	1.521	[5]	0.089	[26]	0.938	[5]	0.259	[28]
	广东	1.348	[6]	0.142	[4]	0.884	[27]	0.543	[10]
	均值	2.729		0.106		0.921		0.355	
中等创新能力地区	陕西	0.718	[7]	0.095	[24]	0.933	[7]	0.299	[26]
	辽宁	0.638	[8]	0.096	[23]	0.931	[8]	0.349	[22]
	山东	0.615	[9]	0.110	[14]	0.917	[17]	0.364	[21]

续表

地区类别	省区市	PAT		HHI		SI		KDI	
中等创新能力地区	福建	0.567	[10]	0.087	[28]	0.941	[3]	0.301	[25]
	安徽	0.546	[11]	0.107	[15]	0.920	[16]	0.400	[19]
	重庆	0.546	[12]	0.084	[29]	0.943	[2]	0.460	[14]
	湖北	0.525	[13]	0.087	[27]	0.940	[4]	0.260	[27]
	黑龙江	0.436	[14]	0.097	[22]	0.930	[9]	0.376	[20]
	四川	0.411	[15]	0.094	[25]	0.933	[6]	0.247	[30]
	吉林	0.382	[16]	0.128	[6]	0.899	[25]	0.470	[12]
	湖南	0.379	[17]	0.102	[20]	0.925	[11]	0.440	[16]
	均值	0.524		0.099		0.928		0.361	
低创新能力地区	山西	0.262	[18]	0.112	[13]	0.915	[18]	0.464	[13]
	广西	0.248	[19]	0.106	[17]	0.921	[14]	0.532	[11]
	宁夏	0.247	[20]	0.123	[9]	0.904	[22]	0.741	[3]
	河南	0.236	[21]	0.105	[18]	0.922	[13]	0.449	[15]
	海南	0.211	[22]	0.223	[1]	0.801	[30]	1.023	[1]
	河北	0.202	[23]	0.104	[19]	0.923	[12]	0.430	[17]
	甘肃	0.189	[24]	0.134	[5]	0.893	[26]	0.568	[8]
	云南	0.184	[25]	0.118	[11]	0.909	[20]	0.672	[5]
	贵州	0.173	[26]	0.145	[3]	0.881	[28]	0.635	[7]
	新疆	0.146	[27]	0.125	[7]	0.901	[24]	0.687	[4]
	江西	0.145	[28]	0.121	[10]	0.906	[21]	0.558	[9]
	青海	0.136	[29]	0.197	[2]	0.828	[29]	0.947	[2]
	内蒙古	0.134	[30]	0.125	[8]	0.902	[23]	0.668	[6]
	均值	0.193		0.134		0.893		0.644	
全国均值		0.822		0.115		0.911		0.482	

注：方括号中的数字为该地区的全国排名

其中，高创新能力地区是考察期间内 PAT 均值均高于全国均值（0.822）的地区，中等创新能力地区是 PAT 均值高于全国除高创新能力以外其余地区均值（0.345）的地区，剩下的地区为低创新能力地区。由结果可以总结出以下特点：①高创新能力地区分布在东南沿海地带，这部分区域承担了全国大部分的技术创新活动，表明技术创新的集聚特征十分明显，且高、低创新能力地区之间的差异巨大。②结合 HHI 和 SI 结果，低创新能力地区的技术集中程度高于中等、高创新能力地区，主要原因在于低创新能力地区的产业种类相对单一，创新活动也相对集中。③根据 KDI 结果，低创新能力地区的技术差异度也高于中等、高创新能力地区，表明这部分地区所关注的创新领域与全国普遍关注的创新领域存在差异。

为验证技术专业化程度与经济增长可能存在着非线性关系的猜想，本章对技术集中度（HHI）、差异度（KDI）与区域人均地区生产总值增长率的关系进行曲线拟合，其中 HHI 与 KDI 取滞后一阶，结果如图 5-1 所示。

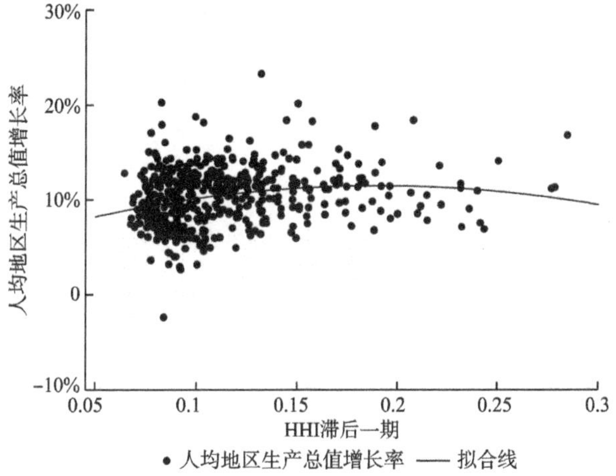

（a）HHI 与人均地区生产总值增长率拟合图

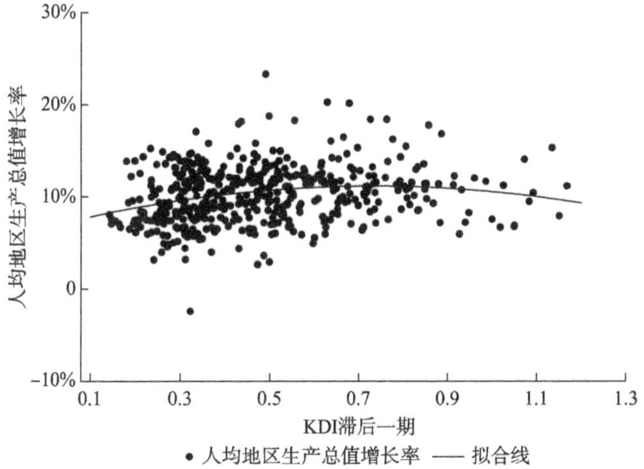

（b）KDI 与人均地区生产总值增长率拟合图

图 5-1　技术专业化程度与人均地区生产总值增长率的曲线拟合

图 5-1 中纵坐标为区域人均地区生产总值增长率。由图 5-1 可知，两类技术专业化程度与人均地区生产总值增长率之间均存在一定的非线性关系，呈倒“U”

形，线性模型并不能很好地展现技术专业化对经济增长的影响。

5.2.3 实证结果

1. 全国总样本回归结果

表 5-3 展示了动态面板模型（5-7）的两阶段系统 GMM 估计结果。采用人均 GDP 增长率、人均资本存量增长率、每万人发明专利授权增长率的滞后二期及以上作为前定变量。第（1）列和第（2）列考察技术集中度指标 HHI 及二次项对经济增长的影响；第（3）列和第（4）列考察技术多样化指标 SI 及二次项对经济增长的影响；第（5）列和第（6）列考察技术差异度指标 KDI 及二次项对经济增长的影响。所有模型 AR（1）的 p 值均小于 1%，AR（2）和 Hansen 检验的 p 值均大于 10%，表明模型设定的工具变量是有效的。

表5-3 总样本回归结果

变量	（1）	（2）	（3）	（4）	（5）	（6）
$gdppc_{t-1}$	0.534***	0.456***	0.534***	0.456***	0.571***	0.582***
	（5.48）	（4.48）	（5.48）	（4.48）	（2.44）	（5.34）
$cappc_t$	0.221***	0.224***	0.221***	0.224***	0.221***	0.206***
	（4.36）	（4.37）	（4.36）	（4.37）	（3.75）	（3.46）
$patpc_t$	0.011***	0.017***	0.011***	0.017***	0.013***	0.015***
	（3.81）	（4.80）	（3.81）	（4.80）	（2.90）	（3.18）
HHI_{t-1}	12.348	65.248***				
	（1.58）	（4.49）				
HHI^2_{t-1}		−152.90***				
		（−4.02）				
SI_{t-1}			−11.985	233.47***		
			（−1.58）	（3.84）		
SI^2_{t-1}				−144.04***		
				（−4.02）		
KDI_{t-1}					−0.036	3.661
					（−0.03）	（1.00）
KDI^2_{t-1}						−2.884
						（−1.44）
AR（1）	0.002	0.003	0.002	0.003	0.002	0.002
AR（2）	0.119	0.157	0.119	0.157	0.246	0.235
Hansen	1.000	1.000	1.000	1.000	1.000	1.000

注：参数估计采用两阶段 GMM 估计法，采用了稳健标准误；括号内为 t 值；AR（1）和 AR（2）分别是对残差差分进行一阶和二阶序列相关检验的 p 值；Hansen 是在稳健估计下对工具变量合理性进行过度识别检验的 p 值。

***表示在 1%水平上显著

实证结果显示，各模型中人均 GDP 增长率的滞后项 $gdppc_{t-1}$ 系数均显著为正，表明经济增长的变化趋势具有持续性。人均资本存量增长率 $cappc_t$ 和每万人发明专利授权增长率 $patpc_t$ 的系数均为正且显著，表明资本投资和创新能力的增长对区域经济增长具有正向作用，与理论预期一致。对技术专业化的估计结果显示，第（1）列中 HHI_{t-1} 的系数为正，第（3）列中 SI_{t-1} 的系数为负，第（5）列中 KDI_{t-1} 的系数为负，然而三个系数均不显著，表明技术集中、分散与差异对经济增长没有特别显著的线性影响。为进一步考察技术专业化与经济增长之间可能存在的非线性关系，在模型中引入二次项 HHI_{t-1}^2、SI_{t-1}^2 和 KDI_{t-1}^2，结果显示，第（2）列中 HHI_{t-1} 的系数为正，HHI_{t-1}^2 的系数为负且均在 1%的水平上显著，表明 HHI 与经济增长之间存在倒“U”形的非线性关系，增加技术集中度有利于经济增长，但当其超过临界值 0.213 时[①]，技术集中则不利于经济增长。第（4）列中 SI_{t-1} 的系数显著为正，SI_{t-1}^2 的系数显著为负，表明 SI 与经济增长之间也存在倒“U”形的非线性关系，当 SI 大于临界值 0.810 时，降低技术多样化程度有利于经济增长，反之则增加技术多样化更为有利。第（6）列中 KDI_{t-1} 和 KDI_{t-1}^2 的系数均不显著，表明 KDI 与经济增长不存在明显的非线性关系。综上所述，就全国总体样本而言，创新活动在技术领域间的集中程度对区域经济增长具有积极作用，但集中度过高时，将抑制经济增长。由表 5-2 可知，全国 HHI 均值为 0.115，小于 HHI 临界值，全国 SI 均值为 0.911，大于 SI 临界值，因此应从整体上提高全国的技术专业化程度。

2. *按技术创新能力分组回归结果*

由上文分析可知，不同创新能力的地区具有不同的技术专业化特征，因此专业化与经济增长之间的关系可能会因创新能力的不同而不同，需进一步分析。表 5-4 展示了三类地区的系统 GMM 估计结果。第（1）列和第（2）列分别展示了技术集中度指标 HHI 和技术差异度指标 KDI 对高创新能力地区的经济增长的影响；第（3）列和第（4）列分别展示了技术集中度指标 HHI 和技术差异度指标 KDI 对中等创新能力地区的经济增长的影响；第（5）列和第（6）列分别展示了技术集中度指标 HHI 和技术差异度指标 KDI 对低创新能力地区的经济增长的影响。

---

① 临界值的计算方法是：$d\left(-152.90\text{HHI}^2+65.248\text{HHI}\right)/\,d\,\text{HHI}=0$，得 HHI^*=0.213。后文计算临界值的方法相同。

表5-4　分组回归结果

变量	高创新能力地区		中等创新能力地区		低创新能力地区	
	（1）	（2）	（3）	（4）	（5）	（6）
$gdppc_{t-1}$	0.588***	0.557***	0.421***	0.417***	0.359***	0.482***
	（7.67）	（7.15）	（3.98）	（4.70）	（2.74）	（3.36）
$cappc_t$	0.259**	0.287**	0.289**	0.280***	0.304***	0.251**
	（3.93）	（3.66）	（3.16）	（4.07）	（4.07）	（2.76）
$patpc_t$	0.013**	0.014***	0.016***	0.007	−0.002	−0.006
	（3.36）	（4.11）	（4.34）	（1.27）	（−0.32）	（−0.80）
HHI_{t-1}	−2.965		21.410**		20.780***	
	（−1.02）		（2.18）		（5.57）	
KDI_{t-1}		−1.352		7.616		5.231**
		（−1.29）		（2.32）		（2.39）
AR（1）	0.045	0.047	0.006	0.010	0.007	0.002
AR（2）	0.094	0.077	0.065	0.081	0.147	0.198
Hansen	1.000	1.000	1.000	1.000	1.000	1.000

注：参数估计采用一阶段 GMM 估计法，采用了稳健标准误；括号内为 t 值；AR（1）和 AR（2）分别是对残差差分进行一阶和二阶序列相关检验的 p 值；Hansen 是在稳健估计下对工具变量合理性进行过度识别检验的 p 值

***、**分别表示在 1%和 5%水平上显著

第（1）列和第（2）列分别展示高创新能力地区的技术集中度和技术差异度对经济增长的影响；第（3）列和第（4）列分别展示中等创新能力地区的技术集中度和技术差异度对经济增长的影响；第（5）列和第（6）列分别展示低创新能力地区的技术集中度和技术差异度对经济增长的影响。六个模型中，$gdppc_{t-1}$ 的系数均显著为正，表明三类地区经济增长的变动趋势均具有持续性。$cappc_t$ 的系数均显著为正，表明投资的增长对三类地区的经济增长均有正向作用。$patpc_t$ 的系数具有不同结果，高创新能力和中等创新能力地区的 $patpc_t$ 系数显著为正，但低创新能力地区的 $patpc_t$ 系数不显著，表明专利增长会显著促进中等和高创新能力地区的经济增长，但不会影响低创新能力地区，低创新能力地区的经济增长主要依靠投资驱动。

技术专业化对不同类地区的经济增长具有不同影响。具体而言，高创新能力地区 HHI_{t-1} 和 KDI_{t-1} 的系数均为负但不显著，表明技术集中度和技术差异度对经济增长没有显著影响，只在一定程度上会产生抑制作用。中等创新能力地区 HHI_{t-1} 的系数显著为正，KDI_{t-1} 的系数为正但不显著，表明技术集中度高将有利于经济增长，而差异度则无显著影响。对低创新能力地区而言，HHI_{t-1} 和 KDI_{t-1} 的系数均显著为正，表明技术集中且差异化发展将有利于经济增长。

上述结果表明，对技术创新能力较低的地区而言，技术专业化发展有利于经济增长。由于这部分地区的技术基础薄弱，工业结构单一，将有限的资源投入特定领域中将更有效率。同时，技术领域的结构与全国平均水平差异越大越有利于

经济增长，即这部分地区应避免技术结构趋同，需基于各自的产业优势进行技术创新。而对于技术创新能力较高的地区而言，技术多样化发展有利于经济增长。这部分地区是中国技术创新的集聚区，已具备良好的产业基础，有能力在各类技术领域中占得先机，获得持续发展的动力。此外，创新能力强的地区更倾向形成功能分工，纵使没有生产环节，也可以在某些产业的创新功能上实现专业化。

5.3　技术领域优势对经济增长的影响

我国大部分地区属于中低创新能力地区，根据前文结论，提高技术专业化程度将促进区域经济增长。但同时，以往研究如文献[86]~[89]表明专注于不同的技术领域会引起不同的经济增长模式。那么目前各地区的技术优势体现在哪些领域？聚焦哪些领域更有利于经济增长呢？本节将进一步探讨这一问题。

5.3.1　研究设计

1. 技术领域的划分

OECD 根据技术密集度将制造业划分为低技术、中低技术、中高技术和高技术四个类型[44]，本章参考这一标准，结合我国战略性新兴产业分类，将前文的 34 个技术领域挑选合并为高新技术领域、中高技术领域和传统技术领域三类，主要基于以下两方面考虑：一是本章的初始技术领域分类是按国民行业标准进行的，其中低技术与中低技术行业中的专利数量相对较少，故将两类合并，并命名为传统技术领域；二是高新技术领域往往是关注的焦点，许多研究如文献[89]、[94]、[96]表明在高新技术领域具备专业化优势将更有利于经济增长，本章将高新技术领域单独列出以验证这一观点。三类技术领域的划分如表 5-5 所示。

表5-5　三类技术领域分类

类别	具体领域
高新技术领域	医药制造、专用设备、其他运输设备、电子设备、仪器仪表、电信服务
中高技术领域	化学制品、化学纤维、通用设备、汽车制造、电气机械
传统技术领域	农副食品、食品制造、茶酒饮料、烟草制品、纺织业、纺织服装、皮革制品、木材制品、家具制造、造纸业、印刷业、文体用品、石油加工、橡胶塑料、非金属矿物、金属制品、废弃资源利用、其他制造

利用显性技术优势指标计算各类技术领域的专业化系数，公式如下：

$$\mathrm{RTA\_X}_i = \left(P_{iX} / P_i\right) / \left(P_X / P\right) \tag{5-8}$$

其中，P_{iX} 为 i 地区在 X 领域的发明专利授权数；P_i 为 i 地区的发明专利授权数；P_X 为各地区在 X 领域的发明专利授权总数；P 为各地区的发明专利授权总数。若 $\mathrm{RTA\_X}_i > 1$，表示地区 i 在 X 领域的专利数量具有相对比较优势，数值越大表示在该领域的专业化程度越高。

计算 2001~2017 年不同创新能力地区在三类技术领域中的专业化系数的均值，结果如表 5-6 所示。

表5-6　不同地区三类技术领域专业化系数的均值结果

地区	高新技术领域专业化系数（RTA_H）	中高技术领域专业化系数（RTA_M）	传统技术领域专业化系数（RTA_L）
高创新能力地区	1.001	1.090	0.865
中等创新能力地区	0.936	0.983	1.167
低创新能力地区	0.854	0.921	1.367
全国均值	0.930	0.998	1.133

由表 5-6 结果可知，从全国层面看我国的技术优势主要体现在传统技术领域中，只有少部分地区能在高新技术领域实现专业化。具体来看，高创新能力地区在高新技术和中高技术领域的专业化系数高于其他地区，在传统技术领域的专业化系数小于其他地区，可见高创新能力地区的比较优势主要体现在中高技术领域和高新技术领域中，其余地区的比较优势体现在传统技术领域中。

2. 模型设定

为探讨不同地区在不同技术领域中的专业化程度将对经济增长产生怎样的影响，本节设置如下模型：

$$\begin{aligned} \mathrm{gdppc}_{it} = {} & \beta_0 + \beta_1 \mathrm{gdppc}_{it-1} + \beta_2 \mathrm{RTA\_X}_{it-1} + \beta_3 \mathrm{RTA\_X}^2_{it-1} \\ & + \beta_4 \mathrm{patpc}_{it} + \beta_5 \mathrm{cappc}_{it} + \varepsilon_{it} \end{aligned} \tag{5-9}$$

其中，$\mathrm{RTA\_X}_{it-1}$ 为 i 地区在 X 技术领域的专业化系数，选择滞后一期控制内生性，加入二次项以检验某领域的技术专业化是否对经济增长存在非线性影响，其余各项与式（5-7）含义相同。

5.3.2　实证结果

利用系统 GMM 方法对式（5-9）进行估计，为节约篇幅，若二次项系数显著，即存在非线性关系，则报告非线性回归结果，若不存在非线性关系，则报告线性回归结果，如表 5-7 所示。第（1）列到第（3）列分别展示了高新技术领域专业化系数 RTA_H、中高技术领域专业化系数 RTA_M 和传统技术领域专业化系数 RTA_L 对高创新能力地区的经济增长的影响；第（4）列到第（6）列分别展示了高新技术领域专业化系数 RTA_H、中高技术领域专业化系数 RTA_M 和传统技术领域专业化系数 RTA_L 对中等创新能力地区的经济增长的影响；第（7）列到第（9）列分别展示了高新技术领域专业化系数 RTA_H、中高技术领域专业化系数 RTA_M和传统技术领域专业化系数RTA_L对低创新能力地区的经济增长的影响。

表5-7 分地区、分领域回归结果

变量	高创新能力地区			中等创新能力地区			低创新能力地区		
	（1）	（2）	（3）	（4）	（5）	（6）	（7）	（8）	（9）
$gdppc_{t-1}$	0.583***	0.529***	0.624***	0.430***	0.410***	0.420***	0.416**	0.412***	0.466***
	（4.99）	（3.62）	（5.93）	（4.17）	（4.23）	（4.28）	（3.35）	（3.29）	（3.53）
$cappc_t$	0.323**	0.328*	0.304**	0.320***	0.327***	0.317***	0.276***	0.263***	0.262***
	（3.02）	（2.29）	（3.14）	（3.66）	（4.48）	（3.84）	（4.49）	（3.87）	（3.59）
$patpc_t$	0.010*	0.011*	0.012**	0.013**	0.010	0.014***	0.002	−0.005	0.008
	（2.10）	（2.10）	（2.63）	（2.79）	（1.68）	（3.34）	（0.37）	（−1.39）	（1.37）
RTA_H_{t-1}	15.518***			1.681*			−9.875*		
	（4.29）			（2.04）			（−1.97）		
$RTA\_H^2_{t-1}$	−9.626**						7.693**		
	（−3.73）						（2.41）		
RTA_M_{t-1}		25.178*			−36.539***			−15.547**	
		（2.20）			（−3.44）			（−3.02）	
$RTA\_M^2_{t-1}$		−7.955*			16.981***			7.142**	
		（−2.33）			（3.31）			（3.06）	
RTA_L_{t-1}			1.397			−0.116			−2.100**
			（0.81）			（−0.19）			（−2.44）
$RTA\_L^2_{t-1}$									
AR（1）	0.025	0.027	0.026	0.010	0.010	0.011	0.004	0.003	0.002
AR（2）	0.079	0.109	0.094	0.142	0.084	0.202	0.254	0.228	0.487
Hansen	1.000	1.000	1.000	1.000	1.000	1.000	1.000	0.000	1.000

注：参数估计采用一阶段 GMM 估计法，采用了稳健标准误；括号内为 t 值；AR（1）和 AR（2）分别是对残差差分进行一阶和二阶序列相关检验的 p 值；Hansen 是在稳健估计下对工具变量合理性进行过度识别检验的 p 值

***、**、*分别表示在 1%、5%和 10%水平上显著

由表 5-7 结果可知，对于高创新能力地区，RTA_H_{t-1} 系数显著为正，$RTA\_H^2_{t-1}$

的系数显著为负，表明提高高新技术领域的专业化程度对经济增长具有促进作用，但超过临界值后，促进转变为抑制；同样，RTA_M_{t-1} 系数显著为正，$RTA\_M_{t-1}^2$ 的系数显著为负，提高中高技术领域的专业化程度也对经济增长具有先促进后抑制的影响；传统技术领域的专业化对经济增长没有显著影响。对于中等创新能力地区，RTA_H_{t-1} 系数显著为正，表明提高高新技术领域的专业化程度将促进经济增长；RTA_M_{t-1} 系数显著为负，$RTA\_M_{t-1}^2$ 的系数显著为正，表明提高中高技术领域的专业化程度首先会抑制经济增长，但超过临界值后，将由抑制转变为促进；RTA_L_{t-1} 系数不显著，传统技术领域的专业化程度对经济增长无显著影响。对于低创新能力地区，其结果与高创新能力地区相反，RTA_H_{t-1} 系数显著为负，$RTA\_H_{t-1}^2$ 的系数显著为正，提高高新技术领域的专业化程度首先会抑制经济增长，但超过临界值后将对经济增长起到促进作用；RTA_M_{t-1} 系数显著为负，$RTA\_M_{t-1}^2$ 的系数显著为正，提高中高技术领域的专业化程度也对经济增长具有先抑制后促进的影响；RTA_L_{t-1} 系数显著为负，传统技术领域的专业化会抑制经济增长。由此可见，高创新能力地区的高新技术领域专业化与经济增长呈倒“U”形关系，低创新能力地区的高新技术领域专业化与经济增长呈正“U”形关系，特定领域的专业化对不同地区的影响具有很大差异。

综合表 5-4 和表 5-7 的实证结果，可以发现，对于不同创新能力的地区，技术专业化的模式和程度对经济增长的影响具有很大差异。首先，技术集中度高对于创新能力较低的省份而言更为合适，且在具体领域的选择方面，高新技术和中高技术领域有助于推动经济增长。但由于低创新能力地区在这些领域暂不具备比较优势，并且对经济的带动作用需在一定的优势基础之上才能体现，因此这些地区需完善相关的生产要素配套，积累在高新技术上持续发展的能力。其次，对于创新能力较高的省份，技术多样化发展更为有利，专业化于高新技术领域虽在一定程度上会促进经济增长，但过于聚焦这些领域则会产生不利影响。

5.4 本章小结

除了技术创新的总量之外，技术创新的结构，即专业化程度也会影响经济增长。本章基于 2001~2017 年分地区、分行业的发明专利授权数据，运用面板 GMM 模型，首先从技术结构的集中度、差异度方面考察技术专业化对不同创新能力地区经济增长的影响；其次进一步分析在特定类别的技术领域中不同地区的专业化程度与经济增长的关系，主要结论如下。

（1）从全国范围看，技术专业化与经济增长之间存在倒“U”形的非线性关系，提高专业化程度将促进经济增长，但超过临界值之后会对经济增长产生抑制作用。

（2）对于高创新能力地区，技术专业化不利于经济增长；对于中等创新能力地区和低创新能力地区，技术专业化有助于经济增长，且技术结构的差异化显著促进低创新能力地区的经济增长。

（3）对具体技术领域而言，提高高新技术和中高技术领域的专业化程度有助于推动经济增长，但其对高创新能力地区的经济带动作用在超过临界值之后会降低，对低创新能力地区的经济带动作用需在一定的基础之上才能体现。

本章的结论表明技术创新在领域间的集中和分散程度会影响经济增长，在具体技术领域中的专业化程度也会影响经济增长，并且这些影响的程度和方向会因地区创新能力的不同而不同，前人的研究出现诸多争议性的结论，很可能是所选的研究样本具有不同的创新能力，或所考察的研究区间处于不同的发展阶段导致的。第 4 章的模型结论中指出：知识分子异质性越大，知识分子集聚时的经济增长率也更显著地高于对称分布时的经济增长率。本章的结论也与该观点相呼应：对于高创新能力地区，技术多样化更有利于经济增长。随着价值链分工的不断深化，区域间分工逐渐从产业分工演化为功能分工[12]，我国的创新活动向东南沿海地区集聚，形成明显的层级特征，高创新能力地区承担了我国主要的创新功能，这不仅为多样化的技术创新提供可能，同时，不同类型的创新活动集聚和碰撞也增加了新技术产生的机会。但是，不同地区在创新模式的选择上是不同的，各地区的发展既要考虑自身的阶段特性，还要考虑大环境及区域间的互动影响。

第 6 章　两类技术专业化领域的经济影响与作用机制

在明确技术创新的重要作用之后，中国各地区均开始思考以创新驱动经济增长的路径。创新活动存在于不同的技术领域中，如何选择重点发展的领域成为各地区创新发展的重要课题。第 3 章指出，中国的区域创新水平存在十分显著的差异，且随着工业化进程的推进，中国各地区已逐渐累积形成各自独特的技术优势。第 5 章指出，对于不同技术创新能力的地区而言，区域技术专业化的程度和模式对经济增长的影响存在差异。在这些差异之下，本章探讨的是更为现实的问题：各地区选择怎样的技术领域更有利于未来的发展？是跟随技术发展的大趋势选择先进的技术领域？还是依照各地区的自身条件选择差异化的发展方向？这些是相关决策制定时亟待解决的问题。

一个地区在某个技术领域中具有明显的创新优势，就表示该地区在该技术领域实现了专业化，这种专业化优势也正是地区技术继续发展的基础[31]。国外学者从多个角度论述了专业化领域的选择会影响经济增长。供给侧方面，内生增长理论表明，技术进步是经济增长的驱动力，但在不同的产业部门中，技术创新、知识溢出和规模报酬递增的机会和程度是不同的[235-236]，因此，专业化部门的选择将影响长期增长。需求侧方面，Thirlwall 提出的国际收支平衡约束框架下，专业化会通过影响进出口的收入弹性，从而影响经济增长[237]。在技术竞争视角下，一国专业化于新技术领域将生产高收入弹性的产品，并获得更高的增长率[94]。综上所述，技术机会存在不对称性，当经济体专注于不同的技术领域时，将引起不同的经济增长模式[238]。

本章的目的是考察两类特定技术领域的专业化程度对中国区域经济增长的影响，为区域技术创新重点领域的选择提供参考。一方面以中国这一科技快速发展且地区差异巨大的样本作为考察对象，试图探讨技术专业化对不同地区经济增长的不同作用机制；另一方面对中国区域层面为数不多的技术专业化问题进行补充，为区域技术创新重点领域的选择提供参考。

6.1　研究问题与假设

6.1.1　有利于经济增长的技术创新领域

技术不仅需要被创造，还需要在动态的市场环境下保持比较优势。目前有大量文章论述了技术创新的总体规模对经济增长的贡献，但对于特定技术领域专业化对经济的影响的研究则相对较少，且大部分研究聚焦在高新技术领域的专业化上，却未能得出统一的结论。一部分研究表明以信息通信为代表的高技术产业领域、快速发展的技术领域对经济增长有着巨大贡献[239-241]，还有许多研究提出了不同的观点，认为这些高新技术对经济增长的贡献有限[99, 242]，甚至会起到相反的作用[50]。如何选择正确的技术领域，技术专业化对经济增长有何影响依旧是学术界讨论的焦点。

不少研究认为专业化于有质量的领域将更大程度地推动产出增长[85, 243]。在技术专业化的问题上，学术界也更关注有质量的技术领域，并通常认为这类技术存在于高技术产业和具有高技术机会的领域中，因为正的溢出效应往往出现在高技术产业中，而高技术机会的技术往往具有更大的潜在应用价值，对于未来的学习和技术发展过程更为有利[89, 96]。第 3 章提到，高新技术领域的界定在很长一段时间内不会改变，但在不同的科技浪潮中，对整体经济起关键作用的技术往往是不同的[221]。因此高技术机会领域显得更为重要。5.3 节已讨论了高新技术领域的专业化对经济增长的影响，本章主要讨论高技术机会领域的专业化对经济增长的影响。

此外，本章认为某地区由产业基础发展而来的技术也是该地区的“正确”技术，由于每个地区的经济发展情况不同，统一定义的“正确技术”也许并不适用于所有地区。冯仁涛和余翔[31]、吕拉昌等[47]从不同尺度发现很多地区拥有比较优势的技术领域与优势产业相关，并存在差异。技术的发展不应与产业基础相脱离，因此对当地产业有促进作用的技术也应认为是“正确”的技术。同时，Urraca-Ruiz 和 Laguna-Molina 认为现有研究对“正确技术”的理解不够全面，是研究结论出现争议的原因之一[46]。因此本章认为自身优势产业领域的技术和具有高技术机会的技术均是技术发展的正确方向，两类专业化优势将有利于经济增长。因此，本章提出假设 6-1。

假设 6-1：优势产业技术专业化和高机会技术专业化均会影响经济增长。

6.1.2 空间对技术创新的经济效应的影响

空间溢出是创新的一个重要特征。R&D 资源会自发转移到生产效率高的地区，形成空间互动，创新“位势差”也会产生空间溢出效应[231, 244]。许多研究表明区域创新、经济增长存在空间效应。在中国“政治集中化，经济分散化”的背景下，众多区域问题都植根于区域间的相互影响，地方政府的战略性行为导致了地区间的互动[245]。各地由于竞争压力会为提高创新能力而创造各种有利条件，同时将其他地区的创新资源吸引到该地区[246]。白俊红和王林东研究发现外围地区创新驱动对缩小区域经济差距具有明显的促进作用[247]。然而，目前关于技术专业化和经济增长的实证研究大多未考虑空间问题，弱化了创新的空间溢出效应，而地区专业化问题意味着分工的产生，分工意味着区域间的互动和协调，考察一个地区专业化对本地区的影响，还需考虑地区间的分工，将空间溢出效应纳入其中。因此，本章引入空间计量模型，提出假设 6-2。

假设 6-2：地区间存在技术创新溢出效应，周边地区的技术创新能力和专业化将对本地区的经济增长产生影响。

6.1.3 不同的技术领域对经济的影响机制

技术机会存在不对称性，当经济体聚焦在不同的技术领域时，将产生不同的经济增长模式[238]。因此不同的技术领域对经济的影响机制是不同的。对于优势产业技术专业化，技术创新是生产过程的一个环节，与产业活动息息相关。在我国的供给侧结构性改革中，传统产业的优化升级是一个重要方面，而技术创新则是产业转型的一个重要手段。因此，针对优势产业的技术专业化将促进地区的产业发展，进而影响经济发展。对于高机会技术专业化，有研究认为技术机会是“某领域内已有技术新出现的技术形态或技术发展点，为创新主体提供应用于生产新技术产品的可能性”[248]。正确地把握技术机会对于技术创新的成功而言十分重要，因为技术机会高的领域意味着更大的需求和潜在应用价值，更有利于未来的技术发展，给创新主体带来持续的竞争力。由此可见，高技术机会的领域主要通过影响技术创新过程，从而对经济发展产生影响。

图 6-1 总结了技术专业化对经济增长的作用路径：专业化于优势产业领域将通过促进地区产业的发展从而促进经济增长；专业化于高机会技术领域有助于技

术规模的迅速扩大，从而促进经济增长。但这两种途径可能会受地区创新发展阶段的影响，最终的效果也可能与空间溢出效应有关。因此，本章提出假设 6-3。

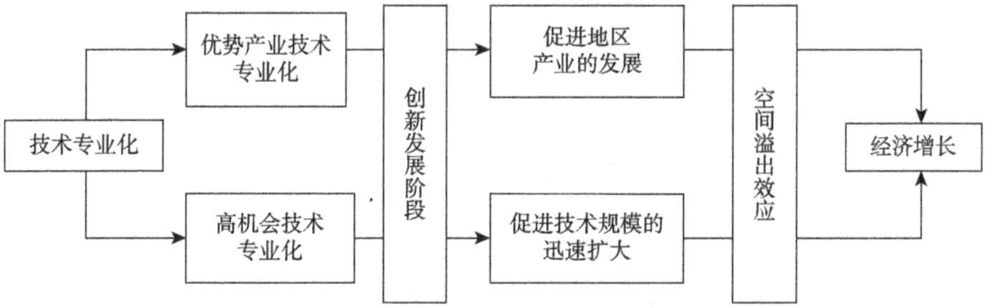

图 6-1　不同领域的技术专业化对经济增长的作用路径

假设 6-3：优势产业技术专业化和高机会技术专业化会通过各自不同的路径影响区域经济增长。

本章在已有研究的基础上进行以下四个方面的改进：一是将技术领域与产业领域联系起来，构建与产业基础相关联的技术专业化衡量指标，探讨各地区由自身优势产业所带来的技术专业化是否会影响经济增长，完善现有研究中主要关注高新技术领域的情况；二是在模型中引入技术创新能力和技术专业化的交互项，探讨技术专业化对经济增长的作用是否受不同的技术发展阶段的影响，为当前研究的争议提供解释；三是考虑技术创新的溢出效应，引入空间计量模型，改善模型的拟合效果；四是利用中介效应模型考察技术专业化对经济增长的作用机制，完善当前只重视作用结果而缺少作用机制分析的情况。

6.2　两类技术领域的影响效果分析

6.2.1　研究设计

1. 变量说明

1）被解释变量：人均地区生产总值（Y）

将人均地区生产总值按 2000 年不变价格进行折算得到的人均实际地区生产总值作为衡量各省区市经济产出的指标。

2）解释变量一：技术创新能力（TC）

参考《中国区域创新能力评价报告》中对区域创新能力和竞争力的衡量指标，将百万人口平均发明专利授权量作为技术创新能力的代理变量[1]。

3）解释变量二：技术专业化

本章沿用显性技术优势指标测算各区域在特定类型技术领域中的专业化程度。根据研究假设，本章考察两类领域的技术专业化对经济增长的影响，一是在自身优势产业技术领域中的专业化，二是在具有高技术机会的技术领域中的专业化。计算公式如下：

$$\mathrm{IRTA}_i = \left(P_{i\mathrm{DI}} / P_i\right) / \left(P_{\mathrm{DI}}^i / P\right) \tag{6-1}$$

$$\mathrm{ORTA}_i = \left(P_{i\mathrm{TO}} / P_i\right) / \left(P_{\mathrm{TO}} / P\right) \tag{6-2}$$

其中，IRTA 为优势产业技术专业化系数；ORTA 为高机会技术专业化系数；其余各项含义与第 3 章相同：$P_{i\mathrm{DI}}$（$P_{i\mathrm{TO}}$）为地区 i 在该地区优势产业领域（高技术机会领域）的发明专利授权数；P_i 为 i 地区的发明专利授权数；P_{DI}^i（P_{TO}）为各地区在 i 地区优势产业领域（高技术机会领域）的发明专利授权总数；P 为各地区的发明专利授权总数。若专业化系数大于 1，表示地区 i 在优势产业领域或高技术机会领域的专利数量具有相对比较优势，数值越大表示在该领域的专业化程度越高。

各地区优势产业参考王德利和方创琳的研究成果，利用《中国地区投入产出表–2002》和相关指标体系确定，并假设在考察时期内各地区优势产业保持不变[222]。高技术机会产业的确定借鉴 Urraca-Ruiz 和 Laguna-Molina 的方法[46]，首先将 2001~2005 年、2012~2017 年全国各产业专利数量加总，以五年为一时期，计算两时期内各产业的专利数量占总专利数的比值，若第二时期比值高于第一时期，则认为该产业技术具有较好的发展前景，技术机会较大，若第二时期比值小于第一时期，则认为该技术发展势头减缓。本章选取两时期比值增长超过 20%的产业作为高技术机会产业①。

4）控制变量

生产函数中人均资本投入是人均产出的重要影响因素，因此人均资本存量（Cap）是模型的控制变量之一，资本存量采用张军等的方法计算[233]，以 2000 年为价格基年，并使用年末总人口计算人均资本存量。除此之外，影响经济增长的因素还包括财政支出、外贸依存度和产业结构等[249-250]。借鉴相关参考文献[251]、[252]选取财政支出（Gov）、对外开放度（Open）和产业结构（Ind）作为控制变量。财政支出用地区生产总值平减指数折算成 2000 年不变价；对外开放度

① 具体包括：纺织业、家具制造、印刷业、橡胶塑料、金属制品、通用设备、专用设备、汽车制造、其他运输设备、电气机械、电子设备、仪器仪表、电信服务。由此可见高技术机会产业与 5.3 节所述的高新技术产业有所差异。

采用区域对外进出口总值表示，先用人民币汇率折算为以人民币计算的金额，再用地区生产总值平减指数折算为 2000 年不变价；产业结构采用非农产业增加值占总增加值比重表示。

2. 模型设定

根据第二部分提出的假设构建如下回归方程。

模型 1

$$\begin{aligned}\ln Y_{it} = &\beta_0 \ln Y_{it-1} + \beta_1 \ln \mathrm{TC}_{it-1} + \beta_2 \mathrm{IRTA}_{it-1} + \beta_3 \mathrm{IRTA}_{it-1} \times \ln \mathrm{TC}_{it-1} \\ &+ \beta_4 \ln \mathrm{Cap}_{it} + \beta_5 \ln \mathrm{Open}_{it} + \beta_6 \ln \mathrm{Gov}_{it} + \beta_7 \mathrm{Ind}_{it} + \varepsilon_{it}\end{aligned} \tag{6-3}$$

模型 2

$$\begin{aligned}\ln Y_{it} = &\beta_0 \ln Y_{it-1} + \beta_1 \ln \mathrm{TC}_{it-1} + \beta_2 \mathrm{ORTA}_{it-1} + \beta_3 \mathrm{ORTA}_{it-1} \times \ln \mathrm{TC}_{it-1} \\ &+ \beta_4 \ln \mathrm{Cap}_{it} + \beta_5 \ln \mathrm{Open}_{it} + \beta_6 \ln \mathrm{Gov}_{it} + \beta_7 \mathrm{Ind}_{it} + \varepsilon_{it}\end{aligned} \tag{6-4}$$

两个模型对应了两种不同类型的技术专业化模式。其中，Y_{it} 为人均地区生产总值，表示 i 地区 t 时期的产出水平，滞后项 Y_{it-1} 可控制初始条件对人均地区生产总值的影响；TC_{it-1} 为 i 地区 t−1 时期的技术创新能力，由于技术创新的效果通常具有滞后性，同时为避免内生性，这里采用滞后一期，若系数 β_1 显著为正，则表示技术创新能力高的地区会带来更高的经济产出；IRTA_{it-1} 和 ORTA_{it-1} 分别为优势产业技术专业化系数和高机会技术专业化系数，表示不同的技术专业化模式，其系数 β_2 为技术专业化对经济增长的影响，若 β_2 显著为正，则表明技术专业化程度高将促进经济增长，以此验证假设 6-1；为了检验技术专业化对经济增长的影响是否受创新能力的影响，根据计量经济学的一般设计，本章引入了创新能力与技术专业化的交互项。若该交互项的系数 β_3 显著为正，则说明技术创新能力和技术专业化对经济增长的作用是相互促进的，当创新能力达到一定水平时，会促进技术专业化对经济的带动作用，若 β_3 显著为负或不显著，说明两者的作用是相互替代的，当创新能力达到一定水平时，会削弱技术专业化对经济的带动作用。本章所有计算由 Stata 14 完成。

3. 数据说明

与前文一致，本章的考察区域为除西藏以外的中国 30 个省区市，考察区间为 2001~2017 年。专利数据来源于 incoPat 科技创新情报平台提供的付费数据，按 34 个行业进行分类，相关经济数据来源于中国各地区统计年鉴。除比率外其他数据均取对数处理。为了消除多重共线性，在构建交互项前对 IRTA、ORTA 和 TC 进行中心化处理。

6.2.2 描述性统计

表 6-1 列出了主要变量的描述性统计。结果可知，技术创新能力的标准差为 1.5608，且最大值与最小值之间相差较多，可以看出中国各地区间的创新能力差异较大。优势产业技术专业化系数的平均值大于 1，表明大部分地区在自身优势产业领域内具有较高的技术专业化程度，技术优势基本来自产业基础。高机会技术专业化系数的平均值小于 1，表明只有少数地区能在高技术机会领域中实现专业化。

表6-1　主要变量描述性统计分析

变量	平均值	标准差	最小值	最大值	观测值
ln*Y*	9.8208	0.6989	7.9894	11.4601	510
lnTC	3.1671	1.5608	−0.2916	7.6607	510
IRTA	1.4535	0.7733	0	8.4728	510
ORTA	0.8059	0.2716	0	1.5927	510
lnCap	10.7581	0.8336	8.8470	12.6691	510
lnOpen	7.0483	1.7053	2.7584	10.8213	510
lnGov	7.0784	0.9420	4.4457	9.1759	510
Ind	87.8675%	6.4610	62.1%	99.6384%	510

6.2.3 实证结果

应用普通面板模型初步分析技术专业化对经济增长的影响，结果如表 6-2 所示。表 6-2 中的第（0）列为只加入技术创新能力的模型结果，第（1）列和第（4）列分别为只加入优势产业技术专业化和高机会技术专业化的模型结果，第（2）列和第（5）列为加入交互项的模型结果，第（3）列和第（6）列为加入人均地区生产总值滞后项的动态面板模型结果。Hausman 检验支持了固定效应模型，因此本章的分析主要基于固定效应模型结果。从第（0）列可以看出，技术创新能力的系数显著为正，且在其他模型中该项指标的系数保持为正，表明技术创新能力强的地区会带来更高的经济产出。

表6-2　普通面板模型回归结果

变量	模型 1				模型 2		
	（0）	（1）	（2）	（3）	（4）	（5）	（6）
L_ln$Y$				0.557*** （7.18）			0.535*** （8.57）
lnTC	0.046*** （9.36）		0.062*** （10.43）	0.060*** （5.87）		0.033*** （6.48）	0.013*** （2.62）
IRTA		−0.015*** （−3.39）	0.027*** （3.24）	0.079*** （5.26）			
IRTA × ln TC			−0.014*** （−5.07）	−0.027*** （−4.75）			
ORTA					0.001 （0.09）	0.047*** （2.85）	0.021 （1.16）
ORTA × ln TC						0.040*** （6.30）	0.034*** （5.01）
lnCap	0.391*** （29.43）	0.401*** （27.76）	0.394*** （30.03）	0.151*** （4.05）	0.409*** （27.81）	0.404*** （30.71）	0.132*** （4.72）
lnOpen	0.048*** （6.71）	0.059*** （7.67）	0.043*** （6.55）	0.029*** （4.67）	0.064*** （8.33）	0.045*** （6.48）	0.039*** （7.72）
lnGov	0.186*** （13.27）	0.247*** （17.31）	0.188*** （13.33）	0.044** （2.07）	0.237*** （16.48）	0.190*** （13.81）	0.087*** （5.48）
Ind	0.005*** （4.19）	0.006*** （4.13）	0.006*** （4.78）	0.015*** （6.98）	0.004*** （3.13）	0.007*** （5.62）	0.015*** （10.52）
F	110.68***	89.98***	110.94***		93.53***	119.70***	
Hausman	177.18***	367.22***	236.14***		245.03***	85.91***	

注：第（3）列和第（6）列参数估计采用差分 GMM 估计法，其余采用固定效应模型，括号内为 t 值
***、**分别表示在 1%、5%水平上显著

不同技术领域专业化的效果则不然，比较模型 1 中的三列结果，其中第（1）列单独加入优势产业技术专业化的系数显著为负，而在第（2）列中，IRTA 的系数显著为正，交互项的系数却显著为负，这表明优势产业技术专业化对经济的负效应需建立在一定的技术创新水平之上，也说明在创新能力相对较低时，优势产业的技术专业化会对经济增长起到正向作用，而当创新能力达到较高水平时，这种正向作用被削弱了。第（3）列的动态面板模型控制了初始条件对人均地区生产总值的影响，也得出了相同的结果。比较模型 2 中的三列结果，第（4）列单独加入机会技术专业化的系数不显著，似乎验证了以往争论当中这类技术专业化并不会影响经济产出的结论，然而，第（6）列中 ORTA 的系数虽不显著，但交互项的系数显著为正，表明高机会技术专业化与技术创新能力对经济增长的作用是相互促进的，只有在一定的创新能力基础上，选择高机会的技术领域并实现专业化才能表现出对经济增长的促进作用。

6.3 两类技术领域的空间效应分析

6.3.1 模型设定

为检验本章的假设 2，本节建立空间计量模型，将空间要素纳入其中。空间杜宾模型（spatial Dubin model，SDM）既考虑了被解释变量的空间相关性，又考虑了解释变量的空间相关性，模型设定如下。

模型 3

$$\begin{aligned}\ln Y_{it} &= \rho W \ln Y_{it} + \beta_1 \ln \mathrm{TC}_{it} + \beta_2 \mathrm{IRTA}_{it} + \beta_3 \mathrm{IRTA}_{it} \times \ln \mathrm{TC}_{it} \\ &\quad + \beta_4 \ln \mathrm{Cap}_{it} + \beta_5 \ln \mathrm{Open}_{it} + \beta_6 \ln \mathrm{Gov}_{it} + \beta_7 \mathrm{Ind}_{it} \\ &\quad + \alpha_1 W \ln \mathrm{TC}_{it} + \alpha_2 W\mathrm{IRTA}_{it} + \alpha_3 W\mathrm{IRTA}_{it} \times \ln \mathrm{TC}_{it} + \alpha_4 W \ln \mathrm{Cap}_{it} \\ &\quad + \alpha_5 W \ln \mathrm{Open}_{it} + \alpha_6 W \ln \mathrm{Gov}_{it} + \alpha_7 W\mathrm{Ind}_{it} + \mu_{it} + \varepsilon_{it}\end{aligned} \tag{6-5}$$

模型 4

$$\begin{aligned}\ln Y_{it} &= \rho W \ln Y_{it} + \beta_1 \ln \mathrm{TC}_{it} + \beta_2 \mathrm{ORTA}_{it} + \beta_3 \mathrm{ORTA}_{it} \times \ln \mathrm{TC}_{it} \\ &\quad + \beta_4 \ln \mathrm{Cap}_{it} + \beta_5 \ln \mathrm{Open}_{it} + \beta_6 \ln \mathrm{Gov}_{it} + \beta_7 \mathrm{Ind}_{it} \\ &\quad + \alpha_1 W \ln \mathrm{TC}_{it} + \alpha_2 W\mathrm{ORTA}_{it} + \alpha_3 W\mathrm{ORTA}_{it} \times \ln \mathrm{TC}_{it} + \alpha_4 W \ln \mathrm{Cap}_{it} \\ &\quad + \alpha_5 W \ln \mathrm{Open}_{it} + \alpha_6 W \ln \mathrm{Gov}_{it} + \alpha_7 W\mathrm{Ind}_{it} + \mu_{it} + \varepsilon_{it}\end{aligned} \tag{6-6}$$

其中，W 为空间权重矩阵，本章选择 0-1 矩阵作为空间权重矩阵，若 i 地区与 j 地区边界相邻，则元素 w_{ij} 为 1，否则为 0；ρ 为空间自相关回归系数，表示相邻省份的经济产出对本省经济产出的影响；β 系数为各自变量的弹性系数；α 系数为各自变量的空间滞后项系数。之所以选择 0-1 矩阵作为空间权重矩阵，一方面原因是符森采用创新溢出效应随地理距离衰减的函数测算发现，创新外溢主要集中在相邻的一到两个省域范围内[253]；另一方面原因是邻接原则对经济活动的反映本质上没有影响，避免了内生性问题，所以邻接空间权重矩阵被众多学者接受[251]，因此，本章以邻接矩阵构建模型，并用地理距离矩阵和经济距离矩阵模型进行稳健性检验。为了检验空间杜宾模型是不是更适宜的空间计量模型，可采取 Wald 检验和似然比（likelihood ratio，LR）检验，若检验结果拒绝原假设，则说明空间杜宾模型是合适的。

6.3.2　空间相关性检验

采用 Anselin[254]提出的莫兰指数（Moran I）对人均地区生产总值（Y）及技术创新能力（TC）进行空间相关性检验，计算方法如下：

$$\text{Moran I}=\frac{\sum_{i=1}^{n}\sum_{j=1}^{n}w_{ij}\left(x_i-\bar{x}\right)\left(x_j-\bar{x}\right)}{S^2\sum_{i=1}^{n}\sum_{j=1}^{n}w_{ij}} \tag{6-7}$$

其中，$S^2=\frac{\sum_{i=1}^{n}\left(x_i-\bar{x}\right)^2}{n}$为样本方差；$\bar{x}=\frac{\sum_{i=1}^{n}x_i}{n}$为样本均值；$w_{ij}$为空间权重矩阵 W 中的元素。Moran I 的取值介于（−1，1）之间，大于 0 表示存在空间正相关，小于 0 表示存在空间负相关，等于 0 表示不存在空间相关性。计算结果如表 6-3 所示。

表6-3　人均地区生产总值及技术创新能力的Moran I结果

年份	Y	TC	年份	Y	TC
2001	0.373***	0.071***	2010	0.431***	0.163**
2002	0.381***	0.067**	2011	0.424***	0.150**
2003	0.393***	0.081**	2012	0.418***	0.163**
2004	0.400***	0.106**	2013	0.411***	0.147**
2005	0.407***	0.208***	2014	0.405***	0.137**
2006	0.417***	0.226***	2015	0.402***	0.143**
2007	0.423***	0.227***	2016	0.402***	0.139**
2008	0.429***	0.228***	2017	0.407***	0.123**
2009	0.432***	0.190***			

***、**分别表示在 1%、5%显著性水平下通过检验

表 6-3 结果显示，在 2001~2017 年的考察期间内，人均地区生产总值和技术创新能力的 Moran I 均显著不为零，中国内部的经济及技术创新活动存在空间正相关关系，具有显著的空间依赖性和集聚特征，且同步经历了先增后减的过程。由此可见，空间计量模型相比传统回归模型将更好地反映经济的真实特征。

6.3.3　实证结果

为进一步分析技术创新及专业化的空间效应，应用式（6-5）、式（6-6）进行

回归分析，结果如表 6-4 所示。

表6-4　空间面板模型回归结果

变量	SAR 模型		SDM		动态 SDM	
	模型 2.1	模型 2.2	模型 2.1	模型 2.2	模型 2.1	模型 2.2
lnTC	0.0620*** (10.18)	0.0385*** (6.55)	0.0532*** (8.25)	0.0305*** (4.92)	0.0274*** (5.57)	0.0257*** (5.80)
IRTA	0.0326*** (4.22)		0.0256*** (3.10)		0.0095** (2.03)	
IRTA × ln TC	−0.0131*** (−5.56)		−0.0105*** (−4.44)		−0.0024 (−1.31)	
ORTA		0.0272 (1.62)		0.0465*** (3.87)		0.0132 (1.31)
ORTA × ln TC		0.0326*** (5.07)		0.0344*** (5.48)		0.0126*** (2.75)
lnCap	0.3755*** (27.510)	0.3880*** (28.10)	0.3623*** (24.08)	0.3745*** (24.32)	0.4633*** (25.52)	0.4656*** (25.97)
lnOpen	0.0271*** (3.47)	0.0225*** (2.88)	0.0180** (2.41)	0.0147** (1.98)	0.0234*** (3.94)	0.0239*** (4.04)
lnGov	0.1614*** (6.88)	0.1887*** (7.73)	0.1832*** (8.03)	0.1975*** (8.36)	0.1398*** (10.23)	0.1387*** (10.19)
Ind	0.0063*** (5.18)	0.0067*** (5.65)	0.0064*** (5.06)	0.0066*** (5.36)	0.0028** (2.43)	0.0036*** (3.02)
L_ln*Y*					1.4346*** (13.58)	1.4241*** (13.48)
W×lnTC			−0.0211* (−1.66)	−0.0312*** (−2.60)	−0.0002 (−0.09)	−0.0020 (−1.39)
W×IRTA			−0.0004 (−0.02)		0.0043 (1.62)	
W× IRTA × ln TC			−0.0110* (−1.80)		−0.0013 (−1.14)	
W×ORTA				0.0660** (2.16)		−0.0009 (−0.16)
W× ORTA × ln TC				0.0251* (1.88)		0.0037 (1.34)
W×lnCap			−0.0589 (−1.46)	−0.0766** (−1.88)	0.0108* (1.87)	0.0118** (2.10)
W×lnOpen			0.0811*** (5.38)	0.0747*** (4.95)	0.0073*** (4.37)	0.0069*** (4.04)
W×lnGov			−0.1431*** (−3.13)	−0.1728*** (−3.54)	−0.0072 (−1.53)	−0.0091** (−2.00)
W×Ind			0.0069** (2.53)	0.0065** (2.43)	0.0009** (2.41)	0.0010** (2.51)
rho	0.1245*** (3.50)	0.1158*** (3.44)	0.1440** (2.13)	0.166** (2.49)	0.0184*** (5.82)	0.0161*** (5.04)

续表

变量	SAR 模型		SDM		动态 SDM	
	模型 2.1	模型 2.2	模型 2.1	模型 2.2	模型 2.1	模型 2.2
Wald			62.40***	68.52***		
LR			68.21***	69.97***		
R^2	0.9277	0.9226	0.9631	0.9632	0.9161	0.9224
Log-likelihood	968.8425	965.4045	998.1949	997.0631	−508.0364	−505.0861
Hausman	22.24***	22.56**	47.81***	16.92***		

注：动态模型括号内为 t 值，其余括号内为 z 值

***、**、*分别表示在 1%、5%、10%水平上显著

表 6-4 报告了空间滞后（spatial autoregression，SAR）模型、空间杜宾模型和动态空间杜宾模型的回归结果，Hausman 检验显示应选择固定效应模型，由于 Wald 检验和 LR 检验均拒绝原假设，表示空间杜宾模型不应简化为空间滞后模型和空间误差模型，并且该模型的拟合优度、对数似然比均优于空间滞后模型，因此本章将以空间杜宾模型结果为基础进行分析。结果表明，空间滞后项（rho）的系数均显著为正，表明相邻地区人均地区生产总值的提高会带动本地区人均地区生产总值的增长，区域间经济增长存在着空间效应。动态 SDM 中的因变量滞后项（L_ln$Y$）的系数均显著为正，表明当期人均地区生产总值会受上期人均地区生产总值的影响，经济增长具有持续性。静态和动态 SDM 中的技术专业化、技术创新能力和各控制变量对本地区的作用系数符号与普通面板模型方向一致，相邻地区不同的技术专业化模式对本地区的经济增长有不同的影响。从 SAR 模型的回归结果看，首先，空间滞后项的系数均显著为正，证实了经济增长存在空间溢出效应；其次，技术专业化、技术创新及两者交互项的系数符号与 SDM 一致，表明技术专业化对经济增长影响的结论不受模型形式变化而改变；最后，各控制变量的系数符号及显著性均与 SDM 一致，结果稳健。

对 SDM 模型结果进行分析时，全局识别出来的估计系数并不能彼此比较[255]。而只有从 SDM 中的直接效应、间接效应及总效应这些层面才能对空间系数做出合理的解释。由于本章的考察区间为 17 年，属于短面板数据，静态模型的拟合效果更好，因此本章根据 Lesage 和 Pace 的研究将静态 SDM 各变量对经济增长的总效应分解为直接效应和间接效应[256]。空间杜宾模型的一般形式可写为

$$Y_{it} = \rho WY_{it} + X_{it}\beta + WX_{it}\theta + \mu_i + \lambda_t + \xi_{it} \tag{6-8}$$

式（6-8）可重写为如下形式：

$$Y_{it} = (I - \rho W)^{-1}(X_{it}\beta + WX_{it}\theta + \mu_i + \lambda_t + \xi_{it}) \tag{6-9}$$

被解释变量 Y_{it} 对第 k 个解释变量 X_{it} 从地区 1 到地区 N 的偏导数为

$$\left[\frac{\partial Y}{\partial x_{1t}}\frac{\partial Y}{\partial x_{2t}}\cdots\frac{\partial Y}{\partial x_{Nt}}\right]=\begin{bmatrix}\frac{\partial y_1}{\partial x_{1t}} & \frac{\partial y_1}{\partial x_{2t}} & \cdots & \frac{\partial y_1}{\partial x_{Nt}}\\ \frac{\partial y_2}{\partial x_{1t}} & \frac{\partial y_2}{\partial x_{2t}} & \cdots & \frac{\partial y_2}{\partial x_{Nt}}\\ \vdots & \vdots & & \vdots\\ \frac{\partial y_N}{\partial x_{1t}} & \frac{\partial y_N}{\partial x_{2t}} & \cdots & \frac{\partial y_N}{\partial x_{Nt}}\end{bmatrix}=\left(I-\rho W\right)^{-1}\begin{bmatrix}\beta_t & w_{12}\theta_t & \cdots & w_{1N}\theta_t\\ w_{21}\theta_t & \beta_t & \cdots & w_{2N}\theta_t\\ \vdots & \vdots & & \vdots\\ w_{N1}\theta_t & w_{N2}\theta_t & \cdots & \beta_t\end{bmatrix} \tag{6-10}$$

其中，直接效应为矩阵对角元素的均值，间接效应为除对角元素外的所有行元素均值。表 6-5 和表 6-6 分别展示了静态模型 2.1 和模型 2.2 的分解结果。

表6-5　模型2.1的总效应分解结果

变量	直接效应	z 值	间接效应	z 值	总效应	z 值
lnTC	0.05294***	8.05	−0.0158	−1.22	0.0371***	2.73
IRTA	0.0256***	3.47	0.0052	0.26	0.0309*	1.36
IRTA × ln TC	−0.0107***	−4.71	−0.0145**	−2.11	−0.0253***	−3.40
lnCap	0.3617***	25.04	−0.009	−0.35	0.3518***	12.78
lnOpen	0.0210***	2.89	0.0969***	5.30	0.1179***	5.91
lnGov	0.1802***	7.87	−0.1369***	−2.68	0.0432	0.75
Ind	0.0066***	5.04	0.0090**	2.83	0.0156***	4.11

***、**、*分别表示在 1%、5%、10%水平上显著

表6-6　模型2.2的总效应分解结果

变量	直接效应	z 值	间接效应	z 值	总效应	z 值
lnTC	0.0296***	4.70	−0.0310**	−2.40	−0.0014	−0.11
ORTA	0.0489***	3.10	0.0890**	2.51	0.1379***	3.40
ORTA × ln TC	0.0361***	5.80	0.0374**	2.33	0.0735***	3.91
lnCap	0.3737***	24.95	−0.0170	−0.54	0.3567***	11.30
lnOpen	0.0179**	2.55	0.0903***	4.91	0.1081***	5.40
lnGov	0.1933***	8.25	−0.1626***	−3.04	0.0308	0.52
Ind	0.0069***	5.35	0.0089**	2.75	0.0158***	4.08

***、**分别表示在 1%、5%水平上显著

表中展示的是固定效应下的空间杜宾模型的分解结果。其中直接效应表示由地区观测值所带来的对自身的影响，间接效应表示由相邻地区观测值带来的对本地区的影响。由表 6-5 可知，优势产业技术专业化（IRTA）对经济增长的直接效应显著为正（0.0256），专业化与技术创新能力交互项的直接效应显著为负（−0.0107），表明优势产业的技术专业化程度提高对本地的经济增长具有促进作

用，但在一定技术创新能力水平上，促进作用转变成了阻碍。此外，优势产业技术专业化的间接效应不显著而交互项显著，表明邻近地区的优势产业技术专业化不会影响本地区的经济增长，可能的原因是各地区的优势产业具有一定差异，一个地区的专业化优势并不会向周边地区产生溢出效应。直接效应与间接效应累积使得优势产业技术专业化对经济增长的总效应显著为正（0.0309），而交互项的总效应显著为负（−0.0253），由此可见，对于技术创新能力较弱的地区，根据自身优势产业选择技术领域有利于促进经济增长，而对于技术创新能力较高的地区，这种选择则不利于经济增长。

由表 6-6 可知，高机会技术专业化（ORTA）对经济增长的直接效应、间接效应和总效应均显著为正，其与技术创新能力交互项的直接效应、间接效应和总效应同样为正，表明高技术机会的技术专业化程度不仅对本地的经济增长产生促进作用，还会通过空间溢出效应带动邻近地区的经济增长，并且技术创新能力越强越有利于这种促进作用的发挥。由此可见，由于技术机会较高的技术领域往往代表着极具发展潜力的高新技术，具有更显著的溢出效应，对于技术创新能力较高的地区，应选择高机会技术领域并实现专业化，促进自身经济增长的同时也带动周边地区的增长。

除此之外，表 6-5 及表 6-6 中，技术创新能力（TC）对经济增长的直接效应均显著为正，间接效应却不显著或显著为负，表明本地创新能力的提升可以促进本地的经济增长，却不能带动周边地区的经济增长。虽然以创新产出衡量的技术创新能力具有空间相关性，但创新产出对经济增长的驱动作用却没有产生溢出效应，再结合交互项的结果，可以看出只有当创新的质量（技术领域更具发展潜力）和数量均达到一定水平时，才会对周边地区的经济增长产生溢出效果。同样，人均资本存量（Cap）、政府财政支出（Gov）也表现出相似的结果。在区域经济发展不平衡的大环境下，邻近地区投入的提高可能会吸引本地要素的流入，从而抑制本地的经济增长，地方政府间的激烈竞争也使得资本要素并未发挥正向溢出作用。而对外开放（Open）、产业结构（Ind）对经济增长不仅具有正的直接效应，还有正的间接效应，总体上对经济增长具有推动作用。

6.3.4　稳健性检验

除 0-1 矩阵外，地理距离矩阵和经济距离矩阵同样是空间计量模型中常用的权重矩阵。本节以各省区市球面距离的倒数的平方构建地理距离矩阵，球面距离根据各省份省会城市的经纬度计算，运用 Geoda 软件完成。同时，用各地区考察区间内实际地区生产总值的平均值做差，再取倒数构建经济距离矩阵。两种空间权重矩阵的空间杜宾模型回归结果如表 6-7 所示。

表6-7　两种空间权重矩阵的回归结果

变量	地理距离矩阵		经济距离矩阵	
	模型 2.1	模型 2.2	模型 2.1	模型 2.2
lnTC	0.0549*** (8.99)	0.0300*** (5.10)	0.0492*** (7.94)	0.0281*** (4.79)
IRTA	0.0267*** (3.76)		0.0237*** (3.03)	
IRTA × ln TC	−0.0127*** (−5.65)		−0.0111*** (−4.48)	
ORTA		0.0494*** (3.27)		0.0329** (2.04)
ORTA × ln TC		0.0401*** (6.70)		0.0330*** (5.23)
lnCap	0.3904*** (31.15)	0.4020*** (30.68)	0.3968*** (30.56)	0.4115*** (31.85)
lnOpen	0.0206** (2.88)	0.0149** (2.08)	0.0331*** (4.36)	0.0320*** (4.33)
lnGov	0.1471*** (7.01)	0.1639*** (7.37)	0.1193*** (5.06)	0.1481*** (6.12)
Ind	0.0045*** (3.77)	0.0053*** (4.50)	0.0057*** (4.56)	0.0051*** (4.31)
W×lnTC	−0.0350** (−2.11)	−0.0422*** (−2.67)	−0.0312** (−2.07)	−0.4356*** (−2.96)
W×IRTA	−0.0467* (−1.73)		−0.0509** (−2.54)	
W× IRTA × ln TC	−0.0039 (−0.50)		0.0159** (2.55)	
W×ORTA		0.1062** (2.91)		0.0456 (1.21)
W× ORTA × ln TC		0.0845*** (5.16)		0.0482*** (2.95)
W×lnCap	−0.0636 (−1.44)	0.0058 (0.13)	−0.0340 (−0.76)	0.0553 (1.24)
W×lnOpen	0.1288*** (5.90)	0.1209*** (5.84)	−0.0250 (−1.51)	−0.0238 (−1.49)
W×lnGov	−0.1934*** (−3.49)	−0.2224*** (−3.70)	−0.0740 (−1.32)	−0.0527 (−1.49)
W×Ind	0.0094** (3.15)	0.0076** (2.74)	−0.0040 (−1.10)	−0.0039 (−1.09)
rho	0.1488* (1.89)	0.112* (1.76)	−0.0591 (−0.82)	−0.1409** (−1.97)
R^2	0.9486	0.9560	0.9423	0.9465
Log-likelihood	1022.4928	1017.2607	980.0380	983.1172

注：括号内为 *z* 值

***、**、*分别表示在 1%、5%、10%水平上显著

由拟合优度、对数似然值可见邻接矩阵优于地理距离矩阵和经济距离矩阵，表明邻接矩阵更好地反映了溢出效应。从回归结果看，首先，地理距离矩阵的空间滞后项的系数均为正，但显著性相对较小；经济距离矩阵的空间滞后项显著为负或不显著，表明人均地区生产总值衡量的经济溢出更多地存在于地理位置相近的地区之间，与经济总体规模的大小关系不大。其次，两个领域的专业化系数、技术创新及两者交互项的系数符号与表 6-6 基本一致，优势产业技术专业化与高机会技术专业化对本地经济影响的结论具有稳健性。

对于带空间滞后项的自变量，地理距离矩阵的结果与表 6-6 比较类似，相邻地区的优势产业技术专业化对本地区的经济影响为负，但显著性较弱，相邻地区的高机会技术专业化对本地区的经济影响为正，高机会技术专业化在促进自身经济增长的同时也带动附近地区增长的结论具有稳健性。对于经济距离矩阵，主要解释变量的结果也与前文类似，但控制变量的空间滞后项系数大多不显著，表明增加资本投入、财政投入等对于经济规模相当的地区没有显著影响。此外，由于本章模型的被解释变量是人均地区生产总值，以地区生产总值为主的经济距离矩阵可能带来内生性问题，也使得经济距离空间权重矩阵在本模型的适用度较差。

6.4　两类技术领域的影响机制分析

通过以上研究，可以得出的结论是：优势产业领域的技术专业化程度和高技术机会领域的技术专业化程度均会对经济增长产生影响；但是优势产业技术专业化对经济的正向作用会在一定的创新能力条件下被削弱，高机会技术专业化对经济的正向作用会因创新能力的提高被更有效地发挥；同时高机会技术领域的专业化具有正的空间溢出效应。为探讨技术专业化为什么会产生这样的效果，接下来将根据图 6-1 的路径图对两种技术专业化的作用机制进行研究，以验证假设 6-3。

6.4.1　研究设计

根据图 6-1，优势产业技术专业化和高机会技术专业化分别通过影响产业发展和技术规模进而影响经济增长，因此我们通过检验产业与技术的中介效应来验证这种作用机制。借鉴温忠麟等的相关研究[257]，构建基本模型如下：

$$\ln M_{it} = \gamma_0 + \gamma_1 \mathrm{RTA}_{it} + \gamma_2 X_{it} + \mu_{it} \tag{6-11}$$

$$\ln Y_{it} = \eta_0 + \eta_1 \ln M_{it} + \eta_2 \mathrm{RTA}_{it} + \eta_3 Z_{it} + \mu_{it} \tag{6-12}$$

其中，M_{it} 为中介变量；RTA_{it} 为两类技术专业化；Y_{it} 为产出水平；X_{it} 为包括技术创新能力、R&D 经费投入在内的控制变量；Z_{it} 为包括人均资本存量、财政支出、对外开放度、产业结构在内的控制变量。若式（6-11）、式（6-12）中系数 γ_1 和 η_1 均显著，则技术专业化对经济的影响存在中介效应，若式（6-12）中系数 η_2 不显著，则中介变量起到完全中介作用，若显著，则起不完全中介作用。中介变量包括反映产业水平的规上工业企业销售产值、规上工业企业出口交货值、规上工业企业资产总额，以及反映技术水平的规上工业企业新产品销售收入、三种专利申请受理数、技术市场输出地合同金额和技术市场输入地合同金额，后两个指标还可以反映技术溢出效应。各中介变量的具体说明如表 6-8 所示。

表6-8　中介变量说明

变量类别	变量名称	变量符号	数据处理	数据来源
产业规模	规上工业企业销售产值	IVal	以 2000 年为基期用生产者出厂价格指数进行平减	《中国工业统计年鉴》
	规上工业企业出口交货值	IExp	以 2000 年为基期用生产者出厂价格指数进行平减	《中国工业统计年鉴》
	规上工业企业资产总额	ICap	以 2000 年为基期用固定资产投资价格指数进行平减	《中国工业统计年鉴》
技术规模及技术溢出	规上工业企业新产品销售收入	NVal	以 2000 年为基期用生产者出厂价格指数进行平减	《工业企业科技活动统计年鉴》
	三种专利申请受理数	Pat		《中国科技统计年鉴》
	技术市场输出地合同金额	TExp	以 2000 年为基期用地区生产总值平减指数进行平减	《中国科技统计年鉴》
	技术市场输入地合同金额	TImp	以 2000 年为基期用地区生产总值平减指数进行平减	《中国科技统计年鉴》

注：地区生产总值平减指数、各种价格指数来源于历年《中国统计年鉴》；规模以上简称规上

为分析在不同的区域创新能力下，技术专业化对经济增长的影响机制是否不同，我们将 30 个地区按技术创新能力（lnTC）指标分为高创新能力和低创新能力两组，高创新能力地区是指考察区间内技术创新能力的均值高于全国平均水平的地区，包括北京、天津、辽宁、吉林、黑龙江、上海、江苏、浙江、山东、湖北、广东、陕西，低创新能力地区是技术创新能力均值低于全国平均水平的地区，包括河北、山西、内蒙古、安徽、福建、江西、河南、湖南、广西、海南、重庆、四川、贵州、云南、甘肃、青海、宁夏、新疆。

6.4.2　描述性统计

由于部分中介变量的数据只更新到 2016 年，因此本节的考察区间为 2001~2016 年，所有中介变量均取对数处理。中介变量的描述性统计如表 6-9 所示。

表6-9　中介变量描述性统计分析

变量	平均值	标准差	最小值	最大值	观测值
lnIVal	8.8611	1.3589	5.2646	11.8456	480
lnIExp	6.0075	2.0125	−0.0197	10.3919	480
lnICap	9.0062	1.0443	5.9755	11.2849	480
lnNVal	6.3472	1.8071	0.8894	10.2746	480
lnPat	9.3464	1.6569	4.8203	13.1469	480
lnTExp	3.1748	1.7411	−2.8264	7.6425	480
lnTImp	3.7198	1.2167	0.5042	6.8325	480

由标准差一栏可知，考察样本间差异最大的是规上工业企业出口交货值（IExp），其次是规上工业企业新产品销售收入（NVal），表明中国区域间在产品出口和新产品生产方面的差距较大。此外，三种专利申请受理数（Pat）和技术市场输出地合同金额（TExp）的标准差大于与产业规模有关的规上工业企业销售产值和规上工业企业资产总额（IVal、ICap），再一次说明中国地区间创新活动的差距高于生产活动。

为探索两类领域的技术专业化与产业规模及技术规模的关系如何，这里选择规上工业企业销售产值和技术市场输出地合同金额这两个代表性中介变量，与 IRTA 和 ORTA 分别做散点图并进行拟合，如图 6-2 所示。其中图 6-2（a）是 IRTA 与 IVal 的拟合图，可见优势产业技术专业化与规上工业企业销售产值呈现一定的正相关关系，但并不明显。图 6-2（b）是 IRTA 与 TExp 的拟合图，优势产业技术专业化与技术市场输出地合同金额之间呈负相关关系。图 6-2（c）是 ORTA 与 IVal 的拟合图，高机会技术专业化与规上工业企业销售产值在一定程度上是正相关关系，但当 ORTA 较高时，则出现了逆转。图 6-2（d）是 ORTA 与 TExp 的拟合图，高机会技术专业化与技术输出之间呈较为明显的正相关关系。由此可见，优势产业技术专业化较高在一定程度上有利于产业规模扩大，但不利于技术规模的扩大；较高的高机会技术专业化也有利于产业规模扩大，但程度过高可能带来反作用，高机会技术专业化还有利于技术规模的扩大。通过散点图，可以初步得出 IRTA 和 ORTA 具有不同的影响路径，接下来将通过中介效应模型进行具体分析。

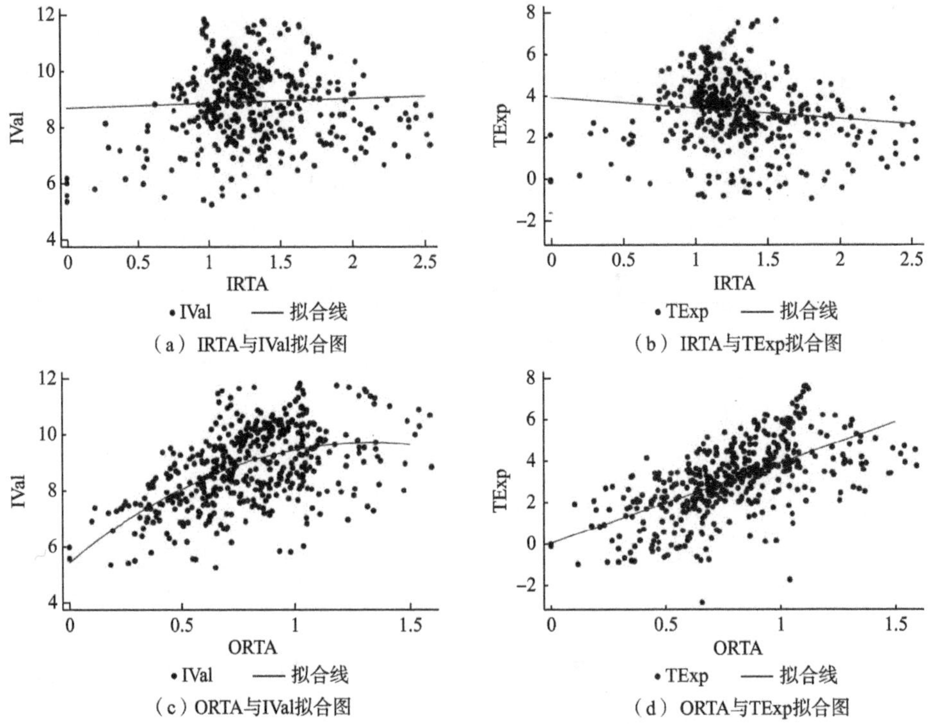

图 6-2　IRTA 和 ORTA 与中介变量的拟合

6.4.3　实证结果

根据式（6-11）、式（6-12）估计不同创新能力地区两类技术专业化对经济增长的中介效应，为节约篇幅，仅报告系数 γ_1、η_1 和 η_2 的估计结果，如表 6-10 所示。

表6-10　两类地区技术专业化对经济增长的中介效应

地区	变量	系数	lnIVal	lnIExp	lnICap	lnNVal	lnPat	lnTExp	lnTImp
高创新能力地区	IRTA	γ_1	0.742*** （5.50）	0.353*** （2.72）	0.601*** （7.92）	0.873*** （5.87）	0.364 （1.752）	0.098 （0.44）	−0.032 （−0.18）
		η_1	0.0261 （1.06）	0.046*** （4.78）	0.053 （1.66）	0.081*** （7.33）	0.041*** （4.44）	0.035*** （3.48）	0.040*** （2.93）
		η_2	−0.028 （−1.01）	−0.025 （−1.54）	−0.039 （−1.39）	−0.076*** （−2.74）	−0.024 （−1.45）	−0.012 （−0.40）	−0.004 （−0.14）
	ORTA	γ_1	−0.320* （−1.72）	−0.254 （−1.50）	−0.192* （−1.71）	−0.641*** （−3.16）	0.498*** （2.85）	0.762** （2.71）	0.594** （2.59）
		η_1	0.021 （0.96）	0.044*** （4.62）	0.034 （0.99）	0.071*** （6.16）	0.041*** （4.38）	0.036*** （4.61）	0.053* （1.82）
		η_2	0.006 （0.14）	0.010 （0.50）	0.005 （1.13）	−0.013 （−0.38）	0.020 （0.93）	−0.046 （−1.59）	−0.042 （−1.22）

续表

地区	变量	系数	lnIVal	lnIExp	lnICap	lnNVal	lnPat	lnTExp	lnTImp
低创新能力地区	IRTA	γ_1	0.052** (2.09)	−0.048 (−0.95)	0.055** (2.51)	0.0275 (0.61)	−0.039 (−1.41)	−0.068 (−1.04)	0.336*** (4.45)
		η_1	0.248*** (6.77)	0.017** (2.43)	0.216*** (2.95)	0.040*** (3.39)	0.031 (1.72)	0.003 (0.61)	0.019** (2.10)
		η_2	0.014*** (3.28)	0.015*** (2.74)	0.014** (2.54)	0.016** (2.63)	0.018** (2.91)	0.016*** (2.69)	0.016*** (2.18)
	ORTA	γ_1	−0.344*** (−3.13)	0.293 (1.30)	−0.093 (−0.95)	−0.285 (−1.43)	0.156 (1.25)	−0.050 (−0.17)	−0.288 (−1.52)
		η_1	0.244*** (6.39)	0.018*** (2.69)	0.214*** (3.03)	0.052*** (3.48)	0.029 (1.57)	0.002 (0.20)	0.027*** (2.81)
		η_2	−0.0243 (−1.25)	−0.102*** (−4.08)	−0.089** (−2.87)	−0.077** (−2.87)	−0.103*** (−3.51)	−0.097*** (−3.28)	−0.082*** (−2.89)

注：括号内为t值

***、**、*分别表示在1%、5%、10%水平上显著

对于高创新能力地区，IRTA的三类系数大部分不显著，表明除了规上工业企业出口交货值和规上工业企业新产品销售收入的路径外，其他路径中优势产业技术专业化对经济增长的影响不具有中介效应。由系数γ_1结果可知，IRTA主要影响了规上工业企业销售产值、规上工业企业出口交货值、规上工业企业资产总额及规上工业企业新产品销售收入，表明优势产业技术专业化对产业规模具有正向影响，但不影响技术创新产出（Pat、TExp、TImp）。由系数η_1发现，规上工业企业销售产值和规上工业企业资产总额对经济增长的影响并不显著，导致IRTA无法经由中介变量对经济增长产生促进作用，可能的原因是：对于高创新能力地区而言，经济增长方式已开始由要素驱动转向创新驱动，产业扩张对经济的带动作用逐步减弱，技术创新的质量更为重要。虽然与技术创新产出相关的中介指标对经济增长的影响显著为正，然而IRTA却无法对这些指标产生正向影响，因此只聚焦于优势领域无法持续促进经济增长。再看高机会技术专业化的作用机制，ORTA的系数η_2均不显著，表明高机会技术专业化对经济增长的影响具有完全的中介效应，主要通过技术规模及技术溢出（Pat、TExp、TImp）对经济产生正向影响，这也验证了高机会技术专业化具有正的空间溢出效应。

对于低创新能力地区，IRTA主要影响了规上工业企业销售产值、规上工业企业资产总额和技术市场输入地合同金额（TImp），且这些中介变量对经济增长均有显著的促进作用，表明优势产业技术专业化经由产业规模和技术的流入对经济增长产生间接的正向影响。但由于η_2均显著为正，表明优势产业技术专业化对经济增长的正影响不完全是通过本节所选择的中介指标产生。ORTA对规上工业企业销售产值产生负向作用，并进而对经济增长产生了间接的负向影响，可能的原因是低创新能力地区的配套基础相对较弱，高机会技术领域的技术成果不仅难以得到产业转

化，还可能带来效率低下、资源浪费等问题，从而不利于经济增长。此外，ORTA 对其他中介指标的影响均不显著，从 η_2 的结果来看，ORTA 对经济的副作用并不是由这些中介指标产生的，除了规上工业企业销售产值这条主要的路径外，还可能存在着其他影响因素。

通过检验技术专业化对经济增长的中介效应，可以看出优势产业技术专业化主要经由产业规模路径影响经济增长，高机会技术专业化主要经由技术规模和技术溢出路径影响经济增长，假设 6-3 得到验证。对于高创新能力地区而言，产业规模对经济的作用弱，技术规模对经济的作用强，导致优势产业技术专业化对经济的正向作用难以体现，而高机会技术专业化对经济具有正向影响。对于低创新能力地区而言，产业规模对经济的促进作用更为显著，然而高机会技术专业化无法对产业规模产生正向影响，进而无法对经济起到促进作用，而优势产业技术专业化则有利于经济增长。

6.5 本章小结

如何选择正确的技术领域是各地区在创新驱动发展战略下所面临的问题。以往研究认为高新技术便是正确的技术领域，但这一观点受到了不少质疑。为研究正确的技术专业化和经济增长的关系，本章在梳理已有研究的基础上提出两类有利于经济增长的技术领域，构建优势产业技术专业化、高机会技术专业化两种指标，通过设计包含交互项的普通面板模型、空间面板模型和中介效应模型，利用中国 30 个省区市的数据对假设进行了验证。研究发现以下结论。

（1）不同领域的技术专业化对经济增长具有不同的作用机制，优势产业技术专业化主要经由产业规模路径影响经济增长，高机会技术专业化主要经由技术规模和技术溢出路径影响经济增长。

（2）技术专业化的作用受到区域创新能力的影响，优势产业技术专业化对经济的正向作用会在一定的创新能力条件下被削弱，而高机会技术专业化对经济的正向作用会因创新能力的提高被更有效地发挥。

（3）优势产业技术专业化不具有正的空间溢出效应，可能的原因是各地区的优势产业具有一定差异，一个地区的专业化优势并不会向周边地区产生溢出效应。高机会技术专业化具有正的空间溢出效应，不仅对本地区经济增长具有促进作用，还会带动周边地区的增长。相比于单纯的创新产出数量，当创新的质量和数量均达到一定水平时，会对周边地区的经济增长产生更大溢出效果。

本章结论表明，对于创新能力不同的区域，应选择不同的技术专业化模式，通过不同的路径促进经济增长。Archibugi 和 Pianta 认为每个国家都有各自选择专业化领域的模式，欧洲国家与日本在技术追赶的过程中并没有模仿美国的模式，即没有重点发展美国的优势领域，日本后来的成功在于将主要精力放在与本国经济密切相关的技术领域中[5]。对于我国而言，各地区在制定创新发展战略时既要考虑自身情况，也应顺应区域间的分工趋势，找准各自定位。北京、上海具有丰富的科教资源，江苏、广东具有多样性的制造业基础，这为先进技术的发明创造提供机会，进而使这些地区成为中国技术创新的引擎。而广西、贵州等地的制造业相对落后，创新活动更多地与自身优势产业如农副食品制造、茶酒饮料制造相关，若在产业基础尚不稳固的情况下直接引进高技术产业的研发创新环节，不仅容易造成资源的浪费，而且创新成果得不到很好的生产转化，无法起到推动经济增长的作用；反之，专注自身优势领域的技术创新可以有效提高优势产业的生产效率，进而带动经济增长。

本章利用中国专利数据，为技术专业化模式和经济增长问题提供中国的经验证据，并发现不同类别的技术领域对经济的作用会受技术创新能力的影响，也为学界关于有“质量”的技术领域是否有利于经济增长的争论提供一个合理的解释。然而对于改变技术专业化作用方向的临界点，即在怎样的创新能力下可以以优势产业或高技术机会领域为发展重点，并没有给出具体的结果，这是本章的不足之处，也是今后的一个研究方向。此外，本章在进行机制分析时，发现部分中介指标不具有完全的中介效应，这两类技术领域究竟通过何种路径对经济产生影响还可以进一步深挖，这是另一个研究方向。本章发现在考察期间内，大部分地区的技术优势表现在优势产业领域中，而只有少数地区在高技术机会领域中具有比较优势。如何将已有的技术和产业优势与未来技术发展的趋势和机会结合，是许多省份技术发展面临的重要问题，也是未来的一个政策研究方向。

第7章　结　　论

7.1　结论与政策启示

为了解中国区域技术创新活动的分布情况，把握各地区的技术优势及发展趋势，明确技术发展与经济增长的关系，本书以中国区域技术专业化为标的开展研究。区域技术专业化表示某区域相对于其他区域在多个技术领域中的创新活动的布局特征，包含两方面内容：一是区域在技术领域间的专业化程度，即区域的技术创新活动是在少部分技术领域中专业化发展的，还是在较多技术领域中多样化发展的；二是区域在特定领域中的专业化程度，即区域在哪些特定的技术领域中具有专业化优势。本书通过这两个方面描绘中国区域技术创新活动的图景。包括新经济地理学、新增长理论在内的相关理论为区域技术专业化的形成和经济影响提供理论依据。

本书首先利用发明专利授权数、产业增加值等数据，通过计算区位基尼系数、泰尔指数、HHI、KDI、显性技术优势系数等指标，展示了 2000~2017 年中国省域技术创新的分布情况，着重分析了技术专业化程度与技术专业化模式的区域差异及变动规律，对中国区域技术专业化特征进行了描述。其次，以新经济地理学为理论框架，以知识分子的移动作为研究对象，探讨了知识集聚的形成，以及知识的专业化集聚、多样化集聚等与区域福利、经济增长之间的关系，构建了区域技术创新集聚与专业化模型。实证研究方面，本书基于 2000~2017 年分地区、分行业的发明专利授权数据，运用面板 GMM 模型，从技术结构的集中度、差异度方面考察技术专业化程度对不同创新能力地区经济增长的影响，并进一步分析在特定类别的技术领域中不同地区的专业化程度与经济增长的关系。最后，构建优势产业技术专业化、高机会技术专业化两种专业化指标，通过设计包含交互项的普通面板模型、空间面板模型和中介效应模型，探究不同的技术专业化模式对区域经济增长的影响效果和影响路径，为各地区选择合适的技术发展路径提供参考。

本书的主要结论如下。

第一，中国区域技术创新活动的总体差异较大，呈现明显的集聚特征和层级特征。各区域的技术专业化程度和优势领域具有一定规律。①从技术的集中度和差异度方面考察各地区的技术专业化程度，发现在集中度方面，绝大部分地区的技术集中度持续下降，表明创新活动朝着多个领域拓展；产业集中度高的地区技术集中度也相对较高，但技术的聚集程度高于产业。在差异度方面，创新层级高的地区，技术差异化程度低，表明这部分地区的创新领域基本代表了全国平均水平；而创新层级低的地区，技术差异化程度高，表明这部分地区的创新领域与全国平均水平存在差异。②从技术领域的分布情况看，创新层级高的地区，其具有相对比较优势的技术领域的数量多于创新层级低的地区。随着技术的发展，区域整体拥有的优势技术更为丰富，但相邻地区表现出更强的技术趋同特征。同时，只有少数地区能在高新技术和高机会技术领域实现专业化，大部分地区在自身优势产业所对应的技术领域中实现专业化。

第二，以知识生产代表技术创新活动，构造技术创新集聚与专业化模型考察区域技术专业化的形成机制，发现平均分布的知识分子会在一种偶然的、非对称的冲击下朝其中一个地区流动，形成知识集聚，这是由于集聚会带来更高的名义工资和更低的生活成本。知识分子的异质性程度、知识的扩散强度和商品的贸易自由度会共同影响知识分子的空间分布，形成不同的区域技术专业化程度。①异质性对知识分子空间分布的影响比较复杂，当知识分子的异质性由高降低时，会降低对称均衡的稳定性，有利于知识生产中心—外围结构的形成，即形成技术创新集聚；而当异质性过小时，又会降低中心—外围结构的稳定性，使知识分子趋向任意分布。原因是知识分子的异质性太强或太弱时，合作创新的新知识增长率低于独立创新，只有当异质性在一定范围内时，合作创新的新知识增长率高于独立创新，知识分子为便于合作交流会倾向集聚，共同知识较多的知识分子合作将形成技术专业化集聚，共同知识较少的知识分子合作将形成技术多样化集聚。②知识的扩散强度和商品的贸易自由度也会影响知识的集聚过程。地区间知识扩散强度和贸易自由度的提高更有利于知识分子的集聚，形成知识生产的中心—外围空间结构。虽然当知识分子的异质性过高或者过低时，知识分子不一定会集聚，但当基础设施改善带来较高的知识扩散度和贸易自由度时，异质性较高或较低的情况下依然会产生集聚，从而更容易形成多样化集聚或专业化集聚等不同情形。一个地区是技术多样化还是专业化依赖于初始条件，广东省的深圳市和广州市就分别体现出技术专业化集聚和技术多样化集聚的特征。

第三，知识分子的集聚会影响区域的经济增长和福利水平，但对于外围地区而言并非全然不利。①经济增长方面，知识分子集聚时的经济增长率大于知识分子对称分布时的经济增长率，这是集聚时的新知识增长率更高导致的。此外，知识分子异质性越大，经济增长率越高，知识分子集聚时的经济增长率也更显著地高于对称分布时的经济增长率。除了异质的知识分子相互合作会产生更高的新知识增长率之外，知识分子异质性的提高还会带来工业品多样化的提高，增强企业规模收益递增效应，带动经济增长。对于知识集聚度较低的地区而言，提高知识的扩散度更有利于缩小经济差距。②福利方面，知识分子的集聚会提高中心区域福利水平，包括知识分子和工人的福利水平。当知识分子的集聚程度固定时，知识扩散强度和商品贸易自由度的提高有利于提高外围区域福利，缩小区域福利差距。

第四，技术专业化与经济增长存在非线性关系，不同区域的技术专业化对经济增长的影响具有不同特征。①从全国范围看，技术专业化与经济增长之间存在倒“U”形的非线性关系，提高专业化程度将促进经济增长，但超过临界值之后会对经济增长产生抑制作用。②对于高创新能力地区，技术的专业化程度高不利于经济增长；对于中等创新能力地区和低创新能力地区，技术的专业化程度高有助于经济增长，且技术结构的差异化显著促进低创新能力地区的经济增长。③对具体技术领域而言，提高高新技术和中高技术领域的专业化程度有助于推动经济增长，但其对高创新能力地区的经济带动作用在超过临界值之后会降低，对低创新能力地区的经济带动作用需在一定的基础之上才能体现。

第五，不同领域的技术专业化对经济增长具有不同的作用机制，这些作用也受到区域创新能力的影响：①优势产业领域的技术专业化和高机会技术领域的技术专业化均会影响经济增长，其中优势产业技术专业化主要经由产业规模路径影响经济增长，高机会技术专业化主要经由技术规模和技术溢出路径影响经济增长；②技术专业化的作用受到区域创新能力的影响，优势产业技术专业化对经济的正向作用会在一定的创新能力条件下被削弱，而高机会技术专业化对经济的正向作用会因创新能力的提高被更有效地发挥；③高机会技术专业化具有空间溢出效应，不仅对本地区经济增长具有促进作用，还会带动周边地区的增长。相比于单纯的创新产出数量，当创新的质量和数量均达到一定水平时，会对周边地区的经济增长产生更大溢出效果。

本书的政策启示如下。

第一，调整优化地区技术创新的结构。经济结构的优化升级是支撑和维系经济长期增长的重要助力，而技术创新的结构也是经济结构的重要一环，技术创新不仅可以促进高技术产业的发展，还可以推动传统产业转型。本书证实了除了技术创新的总量之外，技术创新的结构也会对区域经济增长产生影响，并且不同的技术领域对经济增长具有不同的影响路径。因此各地区要重视技术创新的结构问题，明确阶段发展目标，选择最有基础、最有条件的重点方向作为切入点和突破口，集中资本、人员等科技资源和金融、财税政策等配套服务的投入，以结构的优化推动效率的提升，带动整体创新的发展。

第二，低创新能力地区在选择创新发展的重点领域时不应急于效仿高创新能力地区，而应基于各自的产业优势选择差异化的发展路径。一方面，高创新能力地区应选择多样化的技术发展模式，而低创新能力地区应选择专业化的技术发展模式。对于北京、上海、广东等高创新能力地区，通常也是创新人才集聚的地区，这不仅为多样化的技术创新提供可能，同时不同类型的创新活动集聚和碰撞，也增加了新技术产生的机会，倘若创新活动过于集中，反而不利于资源的有效利用。此外，创新能力强的地区更倾向形成功能分工，纵使没有生产环节，也可以在某一产业的创新功能上实现专业化。因此应充分发挥其创新功能，辐射带动周边地区。而对于创新能力较弱的地区，则可以进一步深化主导产业的生产优势，并将产业链向创新功能延伸，从个别领域入手，逐步提升区域创新能力。另一方面，虽然高新技术具有较强的发展潜力，但若在产业基础尚不稳固的情况下直接引进高技术产业的研发创新环节，不仅容易造成资源的浪费，且创新成果得不到很好的生产转化，无法起到推动经济增长的作用。创新能力较低的地区应适当引导高新技术领域的创新活动，在创新能力稳步提升的基础上跨越门槛，同时，差异化的发展更有助于经济增长。

第三，各地区的人才引进政策需要因地制宜。在“人才争夺战”愈演愈烈的情况下，各地纷纷出台极具吸引力的人才引进政策，但是很多人才引进政策没有明确人才的领域，这种引进将在很大程度上提高当地人才的异质性，虽然异质性的增加可以提高新知识增长率，但异质性太高时则难以形成进一步集聚的动力，人才的引进也应该符合当地的发展基础，因地制宜。对于尚未形成人才集聚的地区而言，引进人才时需把握一个度，与其盲目引进多样化的人才，不如提高交通、网络等基础设施建设水平，充分参与中心地区的贸易和知识交流，保证经济增长的同时提高当地的福利水平。

第四，重视专利质量，加强专利保护，优化创新生态环境。包括本书在内的国内外许多研究都将专利视为衡量创新产出的重要指标，但是部分引导政策和考核评价工作存在重数量轻质量的倾向，出现了一些不以保护创新成果为根本、不以提升市场竞争力为目的的专利申请，这对于区域创新的学术研究和政策规划都具有不利影响。因此应突出专利奖励政策的质量导向，不以简单的申请、授权数量作为奖励的主要条件，提高创新主体的意识；还应推动区域专利质量的评价工作，强化各地区对创新成果质量的重视和把握。此外，需进一步完善我国知识产权保护立法执法，有效保护创新成果，进一步培育全社会崇尚创新的氛围。

7.2 研究不足与展望

本书结合理论模型和多种实证方法，探讨了中国区域技术专业化的成因和影响，目前仍存在一些不足之处，这些不足也是接下来进一步研究的方向。

第一，技术的发展与经济社会的发展相辅相成，一个地区的技术创新活动是当地产业、政策、环境等共同影响的结果，同时也影响着接下来的经济发展。实际上，区域技术专业化既是原因，也是结果，在研究中不可避免地出现内生性问题。本书通过理论模型刻画简单经济体的经济活动，初步探讨区域技术专业化的形成及影响，并在实证分析中通过引入滞后项、运用 GMM 等方式，尽可能从技术上减小内生性的影响。对于技术专业化这一话题，内生的异质性需要更多的微观机制分析，而将微观机制嵌套进宏观模型中具有一定难度。对于内生性的进一步探讨及技术处理，还需要更为深入的研究。

第二，理论分析方面，本书模型探讨了知识的专业化、多样化集聚，涉及区域技术专业化的程度，但对于区域技术专业化的具体模式，由于需要分析具体的技术领域，在本模型的三部门框架中无法讨论，需对工业部门和创新部门进行更细致的划分，这是本模型的不完善之处。此外，理论模型与实证模型不能完全对应，仅通过案例分析的方式对模型结论加以说明，也是本模型的不足。在新经济地理学模型中，拟线性效用函数也可以实现多种工业部门的分析，但这些模型尚未融入知识生产过程。将多行业分析与创新活动结合起来，探讨不同区域独特的技术专业化模式如何形成，并建立与之对应的计量模型加以检验，是接下来的研究方向。

第三，实证分析方面，本书利用中国专利数据，为技术专业化模式和经济增长问题提供中国的经验证据，并发现不同类别的技术领域对经济的作用会受技术创新能力的影响，也为学界关于有“质量”的技术领域是否有利于经济增长的争论提供一个合理的解释。然而对于改变技术专业化作用方向的临界点，即在怎样的创新能力下可以以优势产业或高技术机会领域为发展重点，并没有给出具体的结果，这是本书的不足之处，也是今后的一个研究方向。此外，本书在进行技术专业化对经济增长的影响机制分析时，发现部分中介指标不具有完全的中介效应，这两类技术领域究竟通过何种路径对经济产生影响还可以进一步深挖，这是另一个研究方向。最后，由于实证研究依赖于研究样本和区间，本书所得到实证结果，如技术专业化程度与经济增长之间的倒“U”形非线性关系是否可以作为一种规律性的结论，还有待更深入的研究。

第四，政策分析方面，本书发现在考察期间内，大部分地区的技术优势表现在优势产业领域中，而只有少数地区在高技术机会领域中具有比较优势。如何将已有的技术和产业优势与未来技术发展的趋势和机会结合，是许多省份技术发展面临的重要问题，也是未来的一个政策研究方向。除此之外，比省域层面更小的城市层面，技术专业化也具有显著的差异，如今，城市群越来越成为参与国家与国际科技分工的重要地域单元，对典型的城市群进行更为详尽的探讨，对城市群的合理分工和协调发展提出有益的政策建议，是接下来的研究方向。

参 考 文 献

[1] 中国科技发展战略研究小组,中国科学院大学中国创新创业管理研究中心. 中国区域创新能力评价报告 2017[M]. 北京：科学技术文献出版社，2017：7-11.

[2] 许冠南，周源，赵丽萌，等. 各省域均将战略性新兴产业发展放在重要位置[J]. 中国战略新兴产业，2018，(9)：70-74.

[3] 丁焕峰，邱梦圆. 需求侧、供给侧视角下中国经济增长动力转换实证研究[J]. 西部论坛，2017，27(3)：57-67.

[4] Pavitt K. Sectoral patterns of technical change：towards a taxonomy and a theory[J]. Research Policy，1984，13(6)： 343-373.

[5] Archibugi D，Pianta M. The Technological Specialization of Advanced Countries[M]. Dordrecht：Kluwer Academic Publishers，1992：7-17.

[6] 沈婕，钟书华. 智慧专业化：区域创新战略的理性选择[J]. 科技管理研究，2017，37(23)：10-16.

[7] Ohlin B. Interregional and International Trade[M]. Cambridge：Harvard University Press，1933.

[8] Krugman P. Increasing returns and economic geography[J]. Journal of Political Economy，1991，99：483-499.

[9] 樊福卓. 地区专业化的度量[J]. 经济研究，2007，(9)：71-83.

[10] Arndt S W. Globalization and the open economy[J]. The North American Journal of Economics and Finance，1997，8(1)：71-79.

[11] Hummels D，Ishii J，Yi K M. The nature and growth of vertical specialization in world trade[J]. Journal of International Economics，2001，54(1)：75-96.

[12] Duranton G，Puga D. From sectoral to functional urban specialisation[J]. Journal of Urban Economics，2005，57(2)：343-370.

[13] 刘志彪，吴福象. 全球化经济中的生产非一体化——基于江苏投入产出表的实证研究[J]. 中国工业经济，2005，(7)：12-19.

[14] 张若雪. 从产品分工走向功能分工：经济圈分工形式演变与长期增长[J]. 南方经济，2009，(9)：37-48.

[15] David P，Foray D，Hall B. Measuring smart specialisation：the concept and the need for indicators[EB/OL]. https://cemi.epfl.ch/wp-content/uploads/2018/07/Measuring-smart-specialisation.doc[2019-03-18].

[16] Foray D, David P A, Hall B H. Smart specialization: from academic idea to political instrument, the surprising career of a concept and the difficulties involved in its implementation[R]. MTEI Working Paper，2011.

[17] Nelson R R，Winter S G. An Evolutionary Theory of Economic Change[M]. Cambridge：The Belknap Press of Harvard University Press，1982：246-307.

[18] Dosi G. Sources，procedures，and microeconomic effects of innovation[J]. Journal of Economic Literature，1988，26（3）：1120-1171.

[19] 梁琦. 分工、集聚与增长[M]. 北京：商务印书馆，2009：4-5.

[20] Granstrand O, Oskarsson C. Technology diversification in "MUL-TECH" corporations[J]. IEEE Transactions on Engineering Management，1994，41（4）：355-364.

[21] Adams J D，Jaffe A B. Bounding the effects of R&D：an investigation using matched establishment-firm data[J]. The RAND Journal of Economics，1996，27（4）：700-721.

[22] Cantwell J，Vertova G. Historical evolution of technological diversification[J]. Research Policy，2004，33（3）：511-529.

[23] 冯仁涛. 中国区域技术专业化模式与程度研究[D]. 武汉：华中科技大学，2013.

[24] Archibugi D, Pianta M. Specialization and size of technological activities in industrial countries：the analysis of patent data[J]. Research Policy，1992，21（1）：79-93.

[25] Paci R，Sassu A，Usai S. International patenting and national technological specialization[J]. Technovation，1997，17（1）： 25-38.

[26] Moreno R，Paci R，Usai S. Spatial spillovers and innovation activity in European regions[J]. Environment and Planning A，2005，37（10）： 1793-1812.

[27] 俞文华. 韩国在华发明专利申请格局、技术结构与比较优势及政策含义[J]. 中国科技论坛，2007，(7)：132-140.

[28] 俞文华. 美国在华技术比较优势演变及其政策含义——基于 1985-2003 年美国在华职务发明专利申请统计分析[J]. 科学学研究，2008，(1)：98-104.

[29] 俞文华. 发明专利、比较优势、授权差距——基于中国国内外发明专利授权量比较分析[J]. 中国软科学，2009，(6)：19-32.

[30] 官建成，王刚波. 技术领域优势的国际比较研究[J]. 科学学研究，2008，(1)：90-97.

[31] 冯仁涛，余翔. 我国区域技术专业化模式比较研究[J]. 科研管理，2012，33（10）：9-16.

[32] Evangelista R，Meliciani V，Vezzani A. The distribution of technological activities in Europe：a regional perspective[R]. JRC Working Papers，2016.

[33] Kogler D F, Essletzbichler J, Rigby D L. The evolution of specialization in the EU15 knowledge space[J]. Journal of Economic Geography，2017，17（2）：345-373.

[34] 林原，马荣康，刘凤朝. 技术流动对区域技术专业化的影响研究[J].科学学与科学技术管理，2018，39（7）：13-23.

[35] Fornahl D，Brenner T. Geographic concentration of innovative activities in Germany[J]. Structural Change and Economic Dynamics，2009，20（3）： 163-182.

[36] 冯仁涛，余翔.中国区域技术专业化程度与技术规模和经济规模的关系[J].研究与发展管理，2014，26（5）：54-62.

[37] Vertova G. National technological specialisation and the highest technological opportunities historically[J]. Technovation，2001，21（9）：605-612.
[38] Ó Huallacháin B，Lee D S. Technological specialization and variety in urban invention[J]. Regional Studies，2011，45（1）： 67-88.
[39] Archibugi D，Pianta M. Aggregate convergence and sectoral specialization in innovation[J]. Journal of Evolutionary Economics，1994，4（1）：17-33.
[40] Abdel-Rahman H M. When do cities specialize in production?[J]. Regional Science and Urban Economics，1996，26（1）：1-22.
[41] Malerba F，Montobbio F. Exploring factors affecting international technological specialization：the role of knowledge flows and the structure of innovative activity[J]. Journal of Evolutionary Economics，2003，13（4）：411-434.
[42] Breschi S，Malerba F，Orsenigo L. Technological regimes and schumpeterian patterns of innovation[J]. The Economic Journal，2000，110（463）：388-410.
[43] Davis D R，Weinstein D E. Empirical tests of the factor abundance theory：what do they tell us?[J]. Eastern Economic Journal，1996，22（4）：433-440.
[44] OECD. OECD science，technology and industry scoreboard：benchmarking knowledge-based Economics[M]. Paris：OECD Publishing，1999：106.
[45] 邱士雷，王子龙，杨琬琨，等. 高技术产业创新能力的空间集聚效应分析[J].研究与发展管理，2018，30（6）：128-137.
[46] Urraca-Ruiz A，Laguna-Molina N E. Dynamic technological specialization，aggregated convergence and growth[J]. International Economics and Economic Policy，2016，13（2）：195-221.
[47] 吕拉昌，何爱，黄茹. 基于知识产出的北京城市创新职能[J]. 地理研究，2014，33（10）：1817-1824.
[48] 丁军，吕拉昌，黄茹. 苏南城市制造业创新职能演化与优化[J]. 科技管理研究，2016，36（22）：78-81.
[49] Schmoch U. Concept of a technology classification for country comparisons. Final report to the World Intellectual Property Organization（WIPO）[R]. Karlsruhe：Fraunhofer Institute for Systems and Innovation Research，2008.
[50] Jungmittag A. Innovations，technological specialisation and economic growth in the EU[J]. International Economics and Economic Policy，2004，1：247-273.
[51] Soete L G，Wyatt S M E. The use of foreign patenting as an internationally comparable science and technology output indicator[J]. Scientometrics，1983，5（1）：31-54.
[52] Mahmood I P，Singh J. Technological dynamism in Asia[J]. Research Policy，2003，32（6）：1031-1054.
[53] Nesta L，Patel P. National patterns of technology accumulation：use of patent statistics[C]//Moed H F，Glänzel W，Schmoch U. Handbook of Quantitative Science and Technology Research. Dordrecht：Springer，2004：531-551.
[54] Uchida Y，Cook P. The transformation of competitive advantage in east Asia：an analysis of

technological and trade specialization[J]. World Development，2005，33（5）：701-728.
[55] 邱梦圆，丁焕峰. 中国区域技术专业化与经济增长——基于专利数据的实证分析[J]. 科技进步与对策，2018，35（21）：48-56.
[56] 冯仁涛，余翔. 基于技术距离的中国区域创新分布研究[J]. 情报杂志，2018，37（1）：191-197.
[57] 白俊红，蒋伏心. 协同创新、空间关联与区域创新绩效[J]. 经济研究，2015，50（7）：174-187.
[58] 隋广军，申明浩，宋剑波. 基于专利水平地区差异的高科技产业化问题研究[J]. 管理世界，2005，（8）：87-93，169.
[59] 尹达. 城市规模对创新分工的影响——基于中国地级及以上城市的经验研究[D]. 湘潭：湖南科技大学，2015.
[60] 刘凤朝，潘雄锋. 我国八大经济区专利结构分布及其变动模式研究[J]. 中国软科学，2005，（6）：96-100.
[61] 杨中楷，沈露威. 我国有效专利区域分布状况分析[J]. 情报杂志，2010，29（5）：62-65，36.
[62] 吕淑仪. 广东省专利结构分布及其区域变动模型研究[J]. 情报杂志，2009，28（3）：62-65.
[63] 马歇尔 A. 经济学原理[M]. 彭逸林，王威辉，商金艳译. 北京：人民日报出版社，2009.
[64] Maskell P. Towards a knowledge-based theory of the geographical cluster[J]. Industrial and Corporate Change，2001，10（4）：921-943.
[65] Tallman S，Jenkins M，Henry N，et al. Knowledge，clusters，and competitive advantage[J]. Academy of Management Review，2004，29（2）：258-271.
[66] 张钢，王宇峰. 知识集聚与区域创新——一个对我国 30 个地区的实证研究[J]. 科学学研究，2010，28（3）：449-458.
[67] 齐讴歌，赵勇，王满仓. 城市集聚经济微观机制及其超越：从劳动分工到知识分工[J]. 中国工业经济，2012，（1）：36-45.
[68] 何晖，刘德学. 珠三角城市群内部职能专业化水平测度与分析[J]. 科技管理研究，2016，36（8）：80-86.
[69] 吕拉昌，李永洁，刘毅华. 城市创新职能与创新城市空间体系[J]. 经济地理，2009，29（5）：710-713，751.
[70] 吕拉昌，李勇. 基于城市创新职能的中国创新城市空间体系[J]. 地理学报，2010，65（2）：177-190.
[71] 吴兰波. 广东省城市创新职能及城市职能比较研究[D]. 广州：广州大学，2011.
[72] Herrmann A M，Peine A. When "national innovation system" meet "varieties of capitalism" arguments on labour qualifications：on the skill types and scientific knowledge needed for radical and incremental product innovations[J]. Research Policy，2011，40（5）：687-701.
[73] Meelen T，Herrmann A M，Faber J. Disentangling patterns of economic，technological and innovative specialization of Western economies：an assessment of the Varieties-of-Capitalism theory on comparative institutional advantages[J]. Research Policy，2017，46（3）：667-677.
[74] Cooke P，Braczyk H J，Heidenreich M H. Regional Innovation Systems：The Role of Governance in the Globalized World[M]. London：UCL Press，1996.
[75] Estrin J. Closing the Innovation Gap：Reigniting the Spark of Creativity in a Global

Economy[M]. New York：McGrew Hill Education，2009.
[76] 陈傲，柳卸林，吕萍. 创新系统各主体间的分工与协同机制研究[J]. 管理学报，2010，7(10)：1455-1462.
[77] 谭龙，刘云. 从制度变革看中国专利申请量的增长[J]. 科技进步与对策，2014，31（2）：113-117.
[78] 连远强. 国外创新网络研究述评与区域共生创新战略[J]. 人文地理，2016，31（1）：26-32.
[79] 梁琦，陈强远，王如玉. 户籍改革、劳动力流动与城市层级体系优化[J]. 中国社会科学，2013，(12)：36-59，205.
[80] Aghion P，Howitt P. Endogenous Growth Theory[M]. Cambridge：MIT Press，1998.
[81] Crespi F，Pianta M. Diversity in innovation and productivity in Europe[J]. Journal of Evolutionary Economics，2008，18：529-545.
[82] Bogliacino F，Pianta M. Engines of growth. Innovation and productivity in industry groups[J]. Structural Change and Economic Dynamics，2011，22（1）：41-53.
[83] 刘瑞明，赵仁杰. 国家高新区推动了地区经济发展吗？——基于双重差分方法的验证[J]. 管理世界，2015（8）：30-38.
[84] 张文武，左飞. 创新集聚、知识溢出与地区收入差距[J]. 经济经纬，2018，35（4）：9-14.
[85] Dalum B，Laursen K，Verspagen B. Does specialization matter for growth?[J]. Industrial and Corporate Change，1999，8（2）：267-288.
[86] Fagerberg J. International competitiveness[J]. The Economic Journal，1988，98(391)：355-374.
[87] Fagerberg J，Srholec M，Knell M. The competitiveness of nations：why some countries prosper while others fall behind[J]. World Development，2007，35（10）：1595-1620.
[88] Laursen K. Do export and technological specialisation patterns co-evolve in terms of convergence or divergence? Evidence from 19 OECD countries，1971-1991[J]. Journal of Evolutionary Economics ，2000，10（4）：415-436.
[89] Lall S. The technological structure and performance of developing country manufactured exports，1985-1998[J]. Oxford Development Studies，2000，28（3）：337-369.
[90] Rodan S，Galunic C. More than network structure：how knowledge heterogeneity influences managerial performance and innovativeness[J]. Strategic Management Journal，2004，25（6）：541-562.
[91] van der Vegt G S，Bunderson J S. Learning and performance in multidisciplinary teams：the importance of collective team identification[J]. Academy of Management Journal，2005，48(3)：532-547.
[92] Berliant M，Fujita M. Dynamics of knowledge creation and transfer：the two person case[J]. International Journal of Economic Theory，2009，5（2）：155-179.
[93] 丁焕峰，邱梦圆. 技术创新的结构布局、专业化优势与经济增长——基于动态面板模型的实证分析[J]. 江西财经大学学报，2018，(3)：11-22.
[94] Meliciani V. The impact of technological specialisation on national performance in a balance-of-payments-constrained growth model[J]. Structural Change and Economic Dynamics，2002，13(1)：101-118.

[95] Brusoni S，Geuna A. An international comparison of sectoral knowledge bases： persistence and integration in the pharmaceutical industry[J]. Research Policy，2003，32（10）：1897-1912.

[96] Huang H T，Miozzo M. Patterns of technological specialisation in Latin American and East Asian countries：an analysis of patents and trade flows[J]. Economics of Innovation and New Technology，2004，13（7）：615-653.

[97] Laursen K. The impact of technological opportunity on the dynamics of trade performance[J]. Structural Change and Economic Dynamics，1999，10（3/4）：341-357.

[98] Malerba F，Montobbio F. Structural change in innovative activities in four leading sectors. An interpretation of the stylized facts[J]. Revue Économique，2004，55（6）：1051-1070.

[99] Montobbio F，Rampa F. The impact of technology and structural change on export performance in nine developing countries[J]. World Development，2005，33（4）：527-547.

[100] Solow R M. We'd better watch out[N]. New York Times Book Review，1987-07-12（36）.

[101] van Ark B，Inklaar R. Catching up or getting stuck? Europe's troubles to exploit ICT's productivity potential[R]. Groningen：Groningen Growth and Development Center，2005.

[102] Strauss H，Samkharadze B. ICT capital and productivity growth[J]. EIB Papers，2011，47：313-318.

[103] 丁焕峰，邱梦圆. 技术创新领域的选择、专业化与区域经济增长[J].审计与经济研究，2018，33（5）：89-99.

[104] Lin B W，Chen C J，Wu H L. Patent portfolio diversity，technology strategy，and firm value[J]. IEEE Transactions on Engineering Management，2006，53（1）： 17-26.

[105] Leten B，Belderbos R，van Looy B. Technological diversification，coherence，and performance of firms[J]. Journal of Product Innovation Management，2007，24（6）： 567-579.

[106] Huang Y F，Chen C J. The impact of technological diversity and organizational slack on innovation[J]. Technovation，2010，30（7/8）：420-428.

[107] 北京师范大学经济与资源管理研究所课题组.信息技术产业对国民经济影响程度的分析[J]. 经济研究，2001，（12）：17-26.

[108] Ruiz A U，Rocha C F. On the relations between technological opportunity，specialization and growth[R]. Universidade de São Paulo，Faculdade de Economia，Administração e Contabilidade de Ribeirão Preto Working Papers，2011.

[109] 赵玉林，魏芳. 高技术产业发展对经济增长带动作用的实证分析[J].数量经济技术经济研究，2006，（6）：44-54.

[110] Dixit A K，Stiglitz J E. Monopolistic competition and optimum product diversity[J]. American Economic Review，1977，67（3）：297-308.

[111] Samuelson P A. Spatial price equilibrium and linear programming[J].The American Economic Review，1952，42（3）： 283-303.

[112] von Thünen J H. Der Isolierte Staat in Beziehung auf Landwirthschaft und Nationalökonomie[M]. Hamburg：Perthes，1826.

[113] Launhardt W. The Principles of Railway Location[M]. Madras：Lawrence Asylum Press，1902.

[114] 韦伯 A. 工业区位论[M]. 李刚剑等译. 北京：商务印书馆，1997.

[115] 勒施 A. 经济空间秩序：经济财货与地理间的关系[M]. 王守礼译. 北京：商务印书馆，2010.
[116] Hoover E M，Giarratani F. An Introduction to Regional Economics[M]. 3rd ed. New York：Alfred A. Knopf，1985.
[117] Isard W. Methods of Regional Analysis：An Introduction to Regional Science[M].Cambridge：Massaehusetts Institute of Technology Press，1960.
[118] Sato Y. Optical study of electronic structure of graphite[J]. Journal of the Physical Society of Japan，1968，24（3）：489-492.
[119] Starrett D，Market allocations of location choice in a model with free mobility[J]. Journal of Economic Theory，1978，17（1）：21-37.
[120] 安虎森. 新经济地理学原理[M]. 2 版. 北京：经济科学出版社，2009.
[121] 缪尔达尔 G. 亚洲的戏剧：对一些国家贫困问题的研究[M]. 谭力文，张卫东译. 北京：北京经济学院出版社，1992.
[122] Melitz M J. The impact of trade on intra-industry reallocations and aggregate industry productivity[J]. Econometrica，2003，71（6）：1695-1725.
[123] 刘志高，尹贻梅，孙静. 产业集群形成的演化经济地理学研究评述[J]. 地理科学进展，2011，30（6）：652-657.
[124] Schumpeter J A. The Theory of Economic Development[M]. Cambridge：Harvard University Press，1934.
[125] Schumpeter J A. Business Cycles：A Theoretical，Historical and Statistical Analysis of the Capitalist Process[M]. New York：McGraw-Hill Book Company，1939.
[126] 朱富强. 经济学说史：思想发展与流派渊源[M]. 北京：清华大学出版社，2013.
[127] Rogers E M. Diffusion of Innovation[M]. New York：The Free Press，1995.
[128] Bathelt H，Malmberg A，Maskell P. Clusters and knowledge：local buzz，global pipelines and the process of knowledge creation[J]. Progress in Human Geography，2004，28（1）：31-56.
[129] Giuliani E. Cluster absorptive capacity[J]. European Urban and Regional Studies，2005，12（3）：269-288.
[130] Morrison A. Gatekeepers of knowledge within industrial districts：who they are，how they interact[J]. Regional Studies，2008，42（6）：817-835.
[131] Munari F，Sobrero M，Malipiero A. Absorptive capacity and localized spillovers：focal firms as technological gatekeepers in industrial districts[J].Industrial and Corporate Change，2012，21（2）：429-462.
[132] 樊钱涛. 技术守门员与产业集群的外部联系[J]. 科技进步与对策，2007，24（3）：62-64.
[133] 赵建吉，曾刚. 基于技术守门员的产业集群技术流动研究——以张江集成电路产业为例[J]. 经济地理，2013，33（2）：111-116.
[134] Nonaka I，Toyama R，Nagata A. A firm as a knowledge-creating entity：a new perspective on the theory of the firm[J]. Industrial and Corporate Change，2000，9（1）：1-20.
[135] Caniëls M C J，Verspagen B. Barriers to knowledge spillovers and regional convergence in an evolutionary model[J]. Journal of Evolutionary Economics，2001，11（3）：307-329.

[136] 李平，许家云. 国际智力回流的技术扩散效应研究——基于中国地区差异及门槛回归的实证分析[J]. 经济学（季刊），2011，10（3）：935-964.

[137] 许治，焦秀焕，朱桂龙. 国家中心城市技术扩散与区域经济增长——以北京、上海为例[J]. 科研管理，2013，34（4）：16-23.

[138] 黄玮强，姚爽，庄新田. 网络效率优化视角下的集群最优创新合作绩效[J]. 管理科学，2013，26（6）：83-93.

[139] Martin P，Rogers C A. Industrial location and public infrastructure[J]. Journal of International Economics，1995，39（3/4）：335-351.

[140] Forslid R，Ottaviano G I P. An analytically solvable core-periphery model[J]. Journal of Economic Geography，2003，3（3）：229-240.

[141] Martin P，Ottaviano G I P. Growing locations：industry location in a model of endogenous growth[J]. European Economic Review，1999，43（2）：281-302.

[142] Baldwin R E，Martin P，Ottaviano G I P. Global income divergence，trade，and industrialization：the geography of growth take-offs[J]. Journal of Economic Growth，2001，6（1）：5-37.

[143] 曹骥赟. 知识溢出双增长模型和中国经验数据的检验[D]. 天津：南开大学，2007.

[144] Fujita M，Thisse J F. Does geographical agglomeration foster economic growth? And who gains and loses from it?[J]. The Japanese Economic Review，2003，54（2）：121-145.

[145] Hoekman J，Frenken K，Oort F. The geography of collaborative knowledge production in Europe[J]. The Annals of Regional Science，2009，43（3）：721-738.

[146] Boschma R A，Frenken K. The Spatial evolution of innovation networks：a proximity perspective [C]//Boschma R，Martin R. The Handbook of Evolutionary Economic Geography. Cheltenham：Edward Elgar，2010：120-136.

[147] Howells J，Bessant J. Introduction：Innovation and economic geography：a review and analysis[J]. Journal of Economic Geography，2012，12（5）：929-942.

[148] Balland P A. Proximity and the evolution of collaboration networks：evidence from research and development projects within the global navigation satellite system（GNSS）industry[J]. Regional Studies，2012，46（6）：741-756.

[149] 胡晓辉，杜德斌，龚利. 长三角区域知识合作网络演化的空间特征[J]. 地域研究与开发，2012，31（6）：22-27.

[150] 周青，刘志高，朱华友，等. 创新系统理论演进及其理论体系关系研究[J]. 科学学与科学技术管理，2012，33（2）：50-55.

[151] Lundvall B-A. National Systems of Innovation：Towards a Theory of Innovation and Interaction Learning[M]. London：Pinter Publishers，1992.

[152] 刘朝马. 国家创新系统的研究现状与展望[J]. 科技进步与对策，2006，（4）：5-7.

[153] Freeman C. Technology Policy and Economic Performance：Lessons from Japan[M]. London：Pinter Publishers，1987.

[154] Friedmann J. Regional Development Policy：A Case Study of Venezuela[M]. Cambridge：MIT Press，1966.

[155] Chang P L，Shih H Y. The innovation systems of Taiwan and China：a comparative analysis[J].

Technovation，2004，24（7）：529-539.
[156] Furman J L，Porter M E，Stern S. The determinants of national innovative capacity[J]. Research Policy，2002，31（6）：899-933.
[157] Porter M E，Stern S. National innovative capacity[C]//Porter M E，Sachs J D，Cornelius P K，et al. The Global Competitiveness Report 2001-2002. New York：Oxford University Press，2002：102-118.
[158] Nasierowski W，Arcelus F J. On the efficiency of national innovation systems[J]. Socio-Economic Planning Sciences，2003，37（3）：215-234.
[159] Wiig K M. Knowledge Management Methods：Practical Approaches to Managing Knowledge[M]. Arlington：Schema Press，1995.
[160] Asheim B T，Gertler M S. The Geography of Innovation：Regional Innovation Systems[M]. Oxford：Oxford University Press.
[161] 胡明铭. 区域创新系统理论与建设研究综述[J]. 外国经济与管理，2004，（9）：45-49.
[162] 胡志坚，苏靖. 区域创新系统理论的提出与发展[J]. 中国科技论坛，1999，（6）：20-23.
[163] Asheim B T. Territoriality and economics：on the substantial contribution of economic geography[J]. Economic Geography in Transition，1988，74：98-109.
[164] Saxenian A. Regional Advantage：Culture and Competition in Silicon Valley and Route 128[M]. Cambridge：Harvard University Press，1994.
[165] 许继琴. 基于产业集群的区域创新系统研究[D]. 武汉：武汉理工大学，2006.
[166] Porter M E. The Competitive Advantage of Nations[J]. New York：Free Press，1990.
[167] Asheim B. Industrial Districts：The Contributions of Marshall and Beyond[M]. Oxford：Oxford University Press，2000.
[168] 魏江. 产业集群：创新系统与技术学习[M]. 北京：科学出版社，2003.
[169] Yang X K，Rice R. An equilibrium model endogenizing the emergence of a dual structure between the urban and rural sectors[J]. Journal of Urban Economics，1994，35（3）：346-368.
[170] 杨小凯. 经济学：新兴古典与新古典框架[M]. 张定胜，张永生，李利明，译. 北京：社会科学文献出版社，2003.
[171] Alonso W. Location and Land Use：Toward a General Theory of Land Rent[M]. Cambridge，Massachusetts：Harvard University Press，1964.
[172] Christaller W，Central Places in Southern Germany[M]. Englewood：Prentice Hall，1966.
[173] Henderson J V，The sizes and types of cities [J]. The American Economic Review，1974，64（4）：640-656.
[174] Harris C D. The market as a factor in the localization of industry in the United States[J]. Annals of the Association of American Geographers，1954，44（4）：315-348.
[175] Fujita M，Krugman P，Venables A J. The Spatial Economy[M]. Cambridge：The MIT Press，1999.
[176] Abdel-Rahman H M. Product differentiation，monopolistic competition and city size[J]. Regional Science and Urban Economics，1988，18（1）：69-86.
[177] Abdel-Rahman H M，Fujita M. Specialization and diversification in a system of cities[J].

Journal of Urban Economics，1993，33（2）：189-222.
[178] Abdel-Rahman H M. When do cities specialize in production?[J]. Regional Science and Urban Economics，1996，26（1）：1-22.
[179] 梁琦，黄利春. 要素集聚、产业时空变动与城市层级体系[J]. 城市与环境研究，2014，1（2）：13-24.
[180] 吕拉昌，梁政骥，黄茹. 中国主要城市间的创新联系研究[J]. 地理科学，2015，35（1）：30-37.
[181] Tanzi V，Zee H H. Fiscal policy and long-run growth[J]. Staff Papers，1997，44（2）：179-209.
[182] Romer P M. Increasing returns and long run growth[J]. Journal of Political Economy，1986，94（5）：1002-1037.
[183] Grossman G M，Helpman E. Endogenous product cycles[J]. The Economic Journal，1991，101（408）：1214-1229.
[184] 庄子银. 新增长理论的兴起与知识经济的出现[J]. 经济评论，1999，（6）：20-26.
[185] 滕堂伟，曾刚. 集群创新与高新区转型[M]. 北京：科学出版社，2009.
[186] Solow R M. A contribution to the theory of economic growth[J]. The Quarterly Journal of Economics，1956，70（1）：65-94.
[187] Dosi G. Technological paradigms and technological trajectories：a suggested interpretation of the determinants and directions of technical change[J]. Research Policy，1982，11（3）：147-162.
[188] Malerba F，Orsenigo L. Technological regimes and sectoral patterns of innovative activities[J]. Industrial and Corporate Change，1997，6（1）：83-118.
[189] 颜鹏飞，汤正仁. 新熊彼特理论述评[J]. 当代财经，2009，（7）：116-122.
[190] 张凤，何传启. 国家创新系统——第二次现代化的发动机[M]. 北京：高等教育出版社，1999.
[191] Jacobs J. The Economy of Cities[M]. New York：Random House，1969.
[192] Baptista R，Swann P. Do firms in clusters innovate more?[J]. Research Policy，1998，27（5）：525-540.
[193] Feldman M P，Audretsch D B. Innovation in cities：science-based diversity，specialization and localized competition[J]. European Economic Review，1999，43（2）：409-429.
[194] 张明倩，赵彦云. 产业集聚对创新活动空间差异的影响——基于中国制造业数据的实证研究[J]. 统计与信息论坛，2008，（3）：43-47.
[195] 邬滋. 集聚结构、知识溢出与区域创新绩效——基于空间计量的分析[J]. 山西财经大学学报，2010，32（3）：15-22.
[196] 彭向，蒋传海. 产业集聚、知识溢出与地区创新——基于中国工业行业的实证检验[J]. 经济学（季刊），2011，10（3）：913-934.
[197] 程中华，刘军. 产业集聚、空间溢出与制造业创新——基于中国城市数据的空间计量分析[J]. 山西财经大学学报，2015，37（4）：34-44.
[198] 梁琦. 产业集聚论[M]. 北京：商务印书馆，2004.
[199] Lucas R E Jr. On the mechanics of economic development[J]. Journal of Monetary Economics，1998，22（1）：3-42.

[200] Keller W.Geographic localization of international technology diffusion[J].American Economic Review，2002，92（1）：120-142.
[201] 魏丽，卜伟. 国家自主创新示范区经济增长促进效应研究[J]. 科技进步与对策，2018，35（18）：48-56.
[202] 斯密 A. 国民财富的性质和原因的研究[M]. 郭大力，王亚南译. 北京：商务印书馆，2003.
[203] 李嘉图 D. 政治经济学及赋税原理[M]. 郭大力，王亚南译. 南京：译林出版社，2011.
[204] Grossman G M，Helpman E. Trade，innovation，and growth[J]. American Economic Review，1990，80（2）：86-91.
[205] Young A A. Increasing returns and economic progress[J]. The Economic Journal，1928，38（152）：527-542.
[206] Laitner J. Structural change and economic growth[J]. Review of Economic Studies，2010，67（3）：545-561.
[207] 波特 M. 竞争优势[M]. 陈小悦译. 北京：华夏出版社，1997.
[208] 曹平. 技术创新理论模型的多维解读[J]. 技术经济与管理研究，2010，（4）：33-36.
[209] 佩鲁 F. 新发展观[M]. 张宁，丰子义译. 北京：华夏出版社，1987.
[210] Boudvile J R. Problem of Regional Economic Plan[M]. Edinburgh：Edinburgh University Press，1966.
[211] Hirschman A O. Investment policies and "Dualism" in underdeveloped countries[J]. The American Economic Review，1957，47（5）：550-570.
[212] Blind K，Edler J，Frietsch R，et al. Motives to patent：empirical evidence from Germany[J]. Research Policy，2006，35（5）：655-672.
[213] Khan M. The surge in worldwide patent applications[EB/OL]. https://www.wipo.int/meetings/en/doc_details.jsp?doc_id=167557[2018-02-19].
[214] 王春杨，许浩楠. 中国省域创新差异的时空演变特征研究[J]. 科技管理研究，2016，36（5）：65-70.
[215] 戴平生. 区位基尼系数的计算、性质及其应用[J]. 数量经济技术经济研究，2015，32（7）：149-161.
[216] Amiti M，Wen M.Spatial Distribution of Manufacturing in China[C]//Lloyd P，Zhang X. Modelling the Chinese Economy. London：Edward Elgar，2001：135-148.
[217] 贺灿飞，谢秀珍. 中国制造业地理集中与省区专业化[J]. 地理学报，2006，61（2）：212-222.
[218] 张战仁. 我国区域创新差异的形成机制研究——基于集聚互动、循环累积与空间关联视角的实证分析[J]. 经济地理，2013，33（4）：9-14.
[219] Mancusi M L. Technological specialization in industrial countries：patterns and dynamics[J]. Review of World Economics，2001，137（4）：593-621.
[220] Stolpe M. Technology and the dynamics of specialization in open economies[R]. Kiel Working Paper，1994.
[221] Freeman C，Perez C. Structural crises of adjustment，business cycles and investment behaviour[C]//Dosi G，Freeman C，Nelson R R，et al. Technical Change & Economic Theory. London：Frances Pinter，1988：871.

[222] 王德利，方创琳. 中国跨区域产业分工与联动特征[J]. 地理研究，2010，29(8)：1392-1406.
[223] 何雄浪. 知识创新与扩散、地区间技术吸收效应与环境污染[J].南开经济研究，2015，(2)：94-117.
[224] Berliant M，Fujita M. The dynamics of knowledge diversity and economic growth[J]. Southern Economic Journal，2011，77（4)：856-884.
[225] 张勋，乔坤元.中国区域间经济互动的来源：知识溢出还是技术扩散？[J]. 经济学(季刊)，2016，15（4)：1629-1652.
[226] 王文举，范合君. 我国地区产业结构趋同的原因及其对经济影响的分析[J]. 当代财经，2008，(1)：85-89，101.
[227] 梁威，廖进球. 江西战略性新兴产业竞争力分析及提升对策研究[J]. 江西财经大学学报，2015，(3)：73-83.
[228] 侯茂章，曾路. 省域技术创新发展差异对经济增长的影响研究——基于中部六省和东部五省市的实证分析[J]. 工业技术经济，2015，34（4)：91-97.
[229] 陈向东，王磊. 基于专利指标的中国区域创新的俱乐部收敛特征研究[J]. 中国软科学，2007，(10)：76-85.
[230] 朱勇，张宗益. 技术创新对经济增长影响的地区差异研究[J]. 中国软科学，2005，(11)：92-98.
[231] Audretsch D B，Feldman M P. R&D spillovers and the geography of innovation and production[J]. The American Economic Review，1996，86（3)：630-640.
[232] Lee S Y T，Gholami R，Tong T Y. Time series analysis in the assessment of ICT impact at the aggregate level-lessons and implications for the new economy[J]. Information & Management. 2005，42（7)：1009-1022.
[233] 张军，吴桂英，张吉鹏. 中国省际物质资本存量估算：1952—2000[J]. 经济研究，2004，39（10)：35-44.
[234] Arellano M，Bond S. Some tests of specification for panel data：Monte Carlo evidence and an application to employment equations[J]. The Review of Economic Studies，1991，58（2)：277-297.
[235] Young A. Learning by doing and the dynamic effects of international trade[J]. The Quarterly Journal of Economics，1991，106（2)：369-405.
[236] Matsuyama K. Agricultural productivity，comparative advantage，and economic growth[J]. Journal of Economic Theory 1992，58（2)：317-334.
[237] Thirlwall A P. The balance of payments constraint as an explanation of international growth rate differences[J]. BNL Quarterly Review，1979，32：45-53.
[238] Amendola G，Guerrieri P，Padoan P C. International Patterns of Technological Accumulation and Trade[C]//Archibugi D，Michie J. Trade，Growth and Technical Change. Cambridge：Cambridge University Press，1998：141-168.
[239] Colecchia A，Schreyer P. ICT investment and economic growth in the 1990s：is the United States a unique case? —A comparative study of nine OECD countries[J]. Review of Economic Dynamics，2002，5（2)：408-442.

[240] 徐升华，毛小兵. 信息产业对经济增长的贡献分析[J]. 管理世界，2004,（8）：75-80.

[241] Papaioannou S K，Dimelis S P. Information technology as a factor of economic development：evidence from developed and developing countries[J]. Economics of Innovation and New Technology，2007，16（3）：179-194.

[242] Morrison C，Berndt E. Assessing the productivity of information technology equipment in US manufacturing industries[R]. National Bureau of Economic Research，1991.

[243] Dowrick S. Innovation and growth：implications of the new theory and evidence[C]//Fagerberg J，Lundberg L，Hansson P，et al. Technology and International Trade. Cheltenham：Edward Elgar，1997：150-171.

[244] 余泳泽，刘大勇. 我国区域创新效率的空间外溢效应与价值链外溢效应——创新价值链视角下的多维空间面板模型研究[J]. 管理世界，2013,（7）：6-20，70，187.

[245] 李永友，沈坤荣. 辖区间竞争、策略性财政政策与FDI增长绩效的区域特征[J]. 经济研究，2008，43（5）：58-69.

[246] 白俊红，卞元超. 中国政府R&D资助空间自相关特征研究[J]. 科研管理，2016，37（1）：77-83.

[247] 白俊红，王林东. 创新驱动对中国地区经济差距的影响：收敛还是发散?[J]. 经济科学，2016（2）：18-27.

[248] 马婷婷，汪雪锋，朱东华，等. 基于专利的技术机会分析方法研究[J]. 科学学研究，2014，32（3）：334-342，383.

[249] 曾淑婉. 财政支出、空间溢出与全要素生产率增长——基于动态空间面板模型的实证研究[J]. 财贸研究，2013，24（1）：101-109.

[250] 唐未兵，傅元海，王展祥. 技术创新、技术引进与经济增长方式转变[J]. 经济研究，2014，49（7）：31-43.

[251] 周慧，苗洪亮，曾冰. 创新驱动、城镇化与区域经济增长：——基于空间溢出及门槛效应的实证分析[J]. 经济问题探索，2017,（4）：95-102.

[252] 刘晓明，刘小勇，董建功. 城市化、空间溢出与经济增长——基于空间Durbin面板模型的实证研究[J]. 经济问题，2017,（4）：18-23.

[253] 符淼. 地理距离和技术外溢效应——对技术和经济集聚现象的空间计量学解释[J]. 经济学（季刊），2009，8（4）：1549-1566.

[254] Anselin L. Spatial Econometrics：Methods and Models[M]. Dordrecht：Springer Netherlands，1988.

[255] Elhorst J P. Matlab software for spatial panels[J]. International Regional Science Review，2014，37（3）：389-405.

[256] Lesage J，Pace R K. Introduction to Spatial Econometrics[M]. Florida：CRC Press，2009.

[257] 温忠麟，张雷，侯杰泰，等. 中介效应检验程序及其应用[J]. 心理学报，2004，36（5）：614-620.

附　　录

附录 1　中国各省区市的优势技术领域与优势产业领域对比表

附表1　中国各省区市的优势技术领域与优势产业领域对比表

地区	技术优势领域				比较优势产业	
	2000~2002 年		2015~2017 年		2012 年	
	优势领域	RTA 指数	优势领域	RTA 指数	优势产业	区位熵
北京	石油加工	2.3322	石油加工	2.5067	技术服务	6.0230
	电信服务	1.9469	电子设备	1.9731	电信服务	4.0896
	采掘业	1.4966	电信服务	1.7755	商务服务	3.5302
	电子设备	1.4518	仪器仪表	1.3883	文体娱乐	3.3967
	化学制品	1.3475	电力热力和水	1.1315	金融	2.6120
	仪器仪表	1.3210	废弃资源利用	1.0439	地产	1.6226
	电气机械	1.2969			教育	1.5776
	化学纤维	1.1860			社会工作	1.4549
	金属冶炼	1.0925			公共设施	1.4162
	非金属矿物	1.0834			批发零售	1.3806
	电力热力和水	1.0829			非金属采选	1.2947
	建筑业	1.0678			运输设备	1.1910
	通用设备	1.0079			燃气生产	1.1535
					设备修理	1.1419
					电力热力	1.0793

续表

地区	技术优势领域				比较优势产业	
	2000~2002 年		2015~2017 年		2012 年	
	优势领域	RTA 指数	优势领域	RTA 指数	优势产业	区位熵
上海	纺织业	2.4117	化学纤维	1.8668	商务服务	2.5077
	印刷业	2.1457	电子设备	1.7553	金融	2.2223
	纺织服装	2.0265	纺织业	1.3839	技术服务	2.1301
	仪器仪表	1.9484	其他运输设备	1.1484	电信服务	2.0549
	电子设备	1.9412	建筑业	1.0924	运输设备	1.8093
	橡胶塑料	1.7650	医药制造	1.0844	批发零售	1.8056
	化学纤维	1.7206	仪器仪表	1.0803	设备修理	1.7399
	非金属矿物	1.5574	橡胶塑料	1.0004	仪器仪表	1.4236
	汽车制造	1.5544			通用设备	1.4170
	其他制造	1.3185			地产	1.3251
	家具制造	1.3028			电子设备	1.3240
	金属制品	1.1476			社会工作	1.1483
	化学制品	1.1248			其他制造	1.1481
	电气机械	1.1143			专用设备	1.1004
	专用设备	1.0999				
	文体用品	1.0835				
	通用设备	1.0267				
江苏	废弃资源利用	3.1630	纺织业	2.2715	废弃资源利用	5.4716
	纺织业	2.7317	化学纤维	1.7713	仪器仪表	3.2313
	橡胶塑料	2.2447	其他制造	1.3573	电子设备	2.2120
	其他运输设备	2.2391	纺织服装	1.3195	电气机械	2.1323
	电气机械	2.1256	金属制品	1.3016	化学制品	1.7567
	造纸业	1.7396	造纸业	1.3011	纺织业	1.7119
	采掘业	1.6568	通用设备	1.2738	金属制品	1.3201
	电力热力和水	1.4218	印刷业	1.2725	通用设备	1.3100
	建筑业	1.4051	橡胶塑料	1.2320	商务服务	1.2247
	通用设备	1.3354	其他运输设备	1.1456	金属冶炼	1.2179
	汽车制造	1.2850	家具制造	1.1268	公共设施	1.2060
	烟草制品	1.2729	电气机械	1.1093	专用设备	1.1940
	其他制造	1.2576	专用设备	1.0821	地产	1.1636
	金属制品	1.1728	化学制品	1.0769	纺织服装	1.1207
	化学制品	1.1517	电力热力和水	1.0526	批发零售	1.0531
	文体用品	1.1196	废弃资源利用	1.0480	教育	1.0101

续表

地区	技术优势领域				比较优势产业	
	2000~2002 年		2015~2017 年		2012 年	
	优势领域	RTA 指数	优势领域	RTA 指数	优势产业	区位熵
江苏	农业	1.0635	金属冶炼	1.0305		
	电子设备	1.0415	建筑业	1.0100		
	专用设备	1.0300				
	印刷业	1.0233				
浙江	纺织服装	4.8901	家具制造	2.6624	纺织业	2.9159
	印刷业	3.4518	皮革制品	2.2903	设备修理	2.5794
	造纸业	3.3532	纺织服装	2.2888	其他制造	2.4937
	汽车制造	2.1672	纺织业	2.2234	纺织服装	2.0753
	建筑业	2.1441	木材制品	2.1143	通用设备	1.9103
	其他制造	2.1210	其他制造	1.6070	金融	1.8161
	家具制造	2.0958	化学纤维	1.5338	造纸印刷	1.7297
	电力热力和水	1.9748	文体用品	1.4433	仪器仪表	1.5527
	农副食品	1.8434	通用设备	1.4342	金属制品	1.5503
	金属制品	1.7802	造纸业	1.3972	水的生产	1.5075
	皮革制品	1.6300	橡胶塑料	1.3936	木材制品	1.4924
	电气机械	1.6038	金属制品	1.3646	电气机械	1.4793
	文体用品	1.5978	汽车制造	1.2910	地产	1.3695
	通用设备	1.5316	建筑业	1.2573	专用设备	1.3595
	纺织业	1.4549	专用设备	1.2416	化学制品	1.2899
	其他运输设备	1.4525	电气机械	1.1402	电力热力	1.1474
	仪器仪表	1.3360	电力热力和水	1.1299	公共设施	1.1033
	专用设备	1.3190	农业	1.0705	社会工作	1.0874
	电子设备	1.2361	废弃资源利用	1.0434	电信服务	1.0831
	化学纤维	1.1072			住宿餐饮	1.0799
	农业	1.0250			运输设备	1.0665
	食品制造	1.0156			公共管理	1.0536
					批发零售	1.0239
广东	电信服务	5.3444	印刷业	3.1597	电子设备	3.4036
	造纸业	2.0915	电信服务	2.7265	纺织服装	2.0810
	纺织服装	2.0334	电气机械	1.5216	造纸印刷	2.0015
	电子设备	1.7043	电子设备	1.4301	电气机械	1.8524
	废弃资源利用	1.6637	烟草制品	1.2970	商务服务	1.8297
	电气机械	1.5594	家具制造	1.1645	金属制品	1.6245

续表

地区	技术优势领域				比较优势产业	
	2000~2002 年		2015~2017 年		2012 年	
	优势领域	RTA 指数	优势领域	RTA 指数	优势产业	区位熵
广东	农副食品	1.4372	其他制造	1.1134	地产	1.5319
	专用设备	1.4247	文体用品	1.0939	水的生产	1.4800
	非金属矿物	1.4238	橡胶塑料	1.0374	燃气生产	1.4148
	建筑业	1.2670			电信服务	1.3202
	汽车制造	1.2478			木材制品	1.2061
	电力热力和水	1.2318			石油加工	1.1853
	金属制品	1.1926			仪器仪表	1.1519
	其他运输设备	1.0872			其他服务	1.1283
	通用设备	1.0490			电力热力	1.1276
	化学纤维	1.0359			公共设施	1.1164
	化学制品	1.0013			社会工作	1.1037
					住宿餐饮	1.0655
					金融	1.0469
					教育	1.0270
山东	食品制造	1.2250	医药制造	2.4320	纺织业	2.0040
	茶酒饮料	1.0972	农副食品	1.8904	专用设备	1.8860
	烟草制品	1.1653	造纸业	1.7210	通用设备	1.7442
	纺织业	1.9742	茶酒饮料	1.6141	金属制品	1.6172
	家具制造	1.5167	纺织服装	1.5921	其他制造	1.5122
	文体用品	1.3402	橡胶塑料	1.4863	批发零售	1.4400
	医药制造	1.2398	食品制造	1.3144	造纸印刷	1.3500
	化学纤维	1.8029	专用设备	1.3142	化学制品	1.3145
	橡胶塑料	1.5412	农业	1.3003	木材制品	1.2737
	非金属矿物	1.2994	电力热力和水	1.2402	非金属矿物	1.1934
	专用设备	1.2747	化学制品	1.2206	电力热力	1.1628
	其他制造	1.5350	非金属矿物	1.1769	食品烟草	1.1176
	废弃资源利用	1.4478	石油加工	1.1663	运输服务	1.0619
	电力热力和水	1.5313	化学纤维	1.1231	社会工作	1.0102
			文体用品	1.0964	公共管理	1.0080
			废弃资源利用	1.0672		
			建筑业	1.0616		
			家具制造	1.0333		
			其他运输设备	1.0252		

续表

地区	技术优势领域				比较优势产业	
	2000~2002 年		2015~2017 年		2012 年	
	优势领域	RTA 指数	优势领域	RTA 指数	优势产业	区位熵
山东			通用设备	1.0087		
天津	纺织服装	2.4188			石油开采	4.9928
	皮革制品	2.4188			废弃资源利用	3.2663
	建筑业	2.1769			技术服务	2.5149
	汽车制造	1.7316			其他制造	1.9307
	其他运输设备	1.7243			金属冶炼	1.7602
	电力热力和水	1.6745			公共设施	1.6261
	化学纤维	1.6429			运输设备	1.5481
	文体用品	1.5087			电子设备	1.4792
	专用设备	1.4799			其他服务	1.4664
	纺织业	1.4393				
湖北	农业	2.4931	烟草制品	3.2722	非金属采选	3.4979
	其他制造	2.1722	建筑业	1.9757	运输设备	2.6402
	家具制造	2.1463	非金属矿物	1.5411	文体娱乐	2.0406
	仪器仪表	1.6840	金属冶炼	1.4345	农业	1.3800
	纺织服装	1.6693	茶酒饮料	1.4236	食品烟草	1.3428
	皮革制品	1.6693	其他运输设备	1.3946	金属采选	1.3254
	烟草制品	1.4658	食品制造	1.3100	其他制造	1.2819
	采掘业	1.4309	仪器仪表	1.2326	公共管理	1.1655
	汽车制造	1.3658	农业	1.1273	电子设备	1.1012
	通用设备	1.3532	电力热力和水	1.1091	电气机械	1.0879
	电子设备	1.3325	金属制品	1.1022	建筑业	1.0476
	金属冶炼	1.2019	医药制造	1.0880	金属冶炼	1.0333
	食品制造	1.1942	汽车制造	1.0439	住宿餐饮	1.0311
	文体用品	1.1900			商务服务	1.0130
	其他运输设备	1.1900			教育	1.0089
	农副食品	1.1012			纺织业	1.0043
	非金属矿物	1.0263				
	金属制品	1.0129				
湖南	木材制品	3.6307	采掘业	4.5460	专用设备	2.5047
	烟草制品	2.9046	废弃资源利用	2.3296	其他服务	2.5024
	其他运输设备	2.0634	木材制品	2.0242	文体娱乐	2.2849
	橡胶塑料	1.9208	金属冶炼	1.9712	农业	1.5197

续表

地区	技术优势领域				比较优势产业	
	2000~2002 年		2015~2017 年		2012 年	
	优势领域	RTA 指数	优势领域	RTA 指数	优势产业	区位熵
湖南	金属冶炼	1.8714	其他运输设备	1.8779	其他制造	1.5024
	农业	1.6901	汽车制造	1.6731	设备修理	1.3819
	化学纤维	1.6852	农副食品	1.4636	食品烟草	1.3668
	皮革制品	1.6540	通用设备	1.4130	公共管理	1.3453
	医药制造	1.2252	农业	1.3387	金属采选	1.2012
	电子设备	1.1222	烟草制品	1.2393	金属冶炼	1.1693
	茶酒饮料	1.1135			非金属矿物	1.1591
	建筑业	1.0306			社会工作	1.1009
					木材制品	1.0711
					教育	1.0558
					通用设备	1.0550
					运输服务	1.0210
安徽	橡胶塑料	3.8844	食品制造	4.2956	电气机械	2.4668
	木材制品	2.9370	农副食品	2.9331	其他制造	1.6591
	采掘业	2.8671	茶酒饮料	2.6997	公共设施	1.5527
	其他运输设备	2.3845	汽车制造	2.0720	电力热力	1.4715
			木材制品	1.8910	农业	1.4184
			橡胶塑料	1.7044	煤炭采选	1.4050
			采掘业	1.5559	建筑业	1.2910
			非金属矿物	1.4893	食品烟草	1.2706
			造纸业	1.4828	金属采选	1.2293
			农业	1.4410	设备修理	1.1077
			金属冶炼	1.3512	纺织服装	1.0644
			金属制品	1.2581	木材制品	1.0339
			化学制品	1.2201		
			通用设备	1.1368		
			其他制造	1.1324		
			文体用品	1.1043		
			电气机械	1.0989		
			家具制造	1.0834		
			专用设备	1.0620		

续表

地区	技术优势领域				比较优势产业	
	2000~2002 年		2015~2017 年		2012 年	
	优势领域	RTA 指数	优势领域	RTA 指数	优势产业	区位熵
河南	印刷业	1.7578	烟草制品	3.6216	非金属矿物	3.2381
	造纸业	1.7075	农副食品	2.2387	非金属采选	2.6400
	医药制造	1.6762	采掘业	2.1496	木材制品	2.1248
	纺织服装	1.6601	茶酒饮料	1.9209	其他制造	1.5497
	食品制造	1.6090	非金属矿物	1.8449	专用设备	1.5033
	农业	1.5659	建筑业	1.6796	农业	1.4272
	其他运输设备	1.4793	皮革制品	1.5906	食品烟草	1.4270
	烟草制品	1.4577	专用设备	1.4704	住宿餐饮	1.3709
	采掘业	1.4229	食品制造	1.4296	煤炭采选	1.3654
	农副食品	1.4080	文体用品	1.4282	纺织业	1.3068
	专用设备	1.1468	金属冶炼	1.4277	金属冶炼	1.2228
	茶酒饮料	1.1176			金属采选	1.2188
	非金属矿物	1.0773			教育	1.1336
	汽车制造	1.0187			通用设备	1.1236
					造纸印刷	1.1232
					纺织服装	1.0576
					金属制品	1.0119
四川	废弃资源利用	4.1948	烟草制品	2.6079	水的生产	2.8798
	农业	2.9217	化学纤维	1.5885	燃气生产	2.7499
	农副食品	1.8119	金属冶炼	1.5546	非金属采选	2.1932
	化学纤维	1.7412	茶酒饮料	1.4412	食品烟草	1.6669
	食品制造	1.5677	采掘业	1.2590	农业	1.5478
	茶酒饮料	1.5441	仪器仪表	1.2589	住宿餐饮	1.5027
	印刷业	1.3571	农副食品	1.2134	设备修理	1.3608
	造纸业	1.3184	建筑业	1.1987	金属采选	1.3092
	通用设备	1.2279	皮革制品	1.1561	电力热力	1.2998
	金属冶炼	1.1865	农业	1.1230	电信服务	1.2638
	汽车制造	1.1798	食品制造	1.0680	建筑业	1.2035
	医药制造	1.0704	专用设备	1.0221	非金属矿物	1.1847
			废弃资源利用	1.0129	其他服务	1.1347
			化学制品	1.0040	文体娱乐	1.0793
					技术服务	1.0567
					金融	1.0552

续表

地区	技术优势领域				比较优势产业	
	2000~2002 年		2015~2017 年		2012 年	
	优势领域	RTA 指数	优势领域	RTA 指数	优势产业	区位熵
四川					电子设备	1.0307
					通用设备	1.0240
					化学制品	1.0177
重庆	皮革制品	4.9168	汽车制造	3.2983	运输设备	3.6781
	汽车制造	3.5200	皮革制品	2.7120	燃气生产	1.8886
					其他制造	1.6967
福建	其他运输设备	3.9271	皮革制品	7.5965	纺织服装	4.5591
	印刷业	3.8886	橡胶塑料	3.5966	造纸印刷	2.0263
	烟草制品	3.2247	木材制品	3.3881	木材制品	1.8220
			家具制造	2.6190	其他制造	1.8150
			其他制造	2.5173	文体娱乐	1.4654
			化学纤维	2.2065	纺织业	1.4457
			茶酒饮料	2.0715	非金属矿物	1.3609
			食品制造	1.7832	建筑业	1.3464
			烟草制品	1.7585	地产	1.2305
			农业	1.7096	燃气生产	1.2247
			纺织服装	1.6964	其他服务	1.2156
			造纸业	1.6605	食品烟草	1.2084
			纺织业	1.5479	运输服务	1.1613
			文体用品	1.3057	电子设备	1.1592
					设备修理	1.0850
					农业	1.0106
陕西	印刷业	1.9848	仪器仪表	1.5641	石油开采	5.9403
	皮革制品	1.8745	皮革制品	1.5522	石油加工	4.3541
	专用设备	1.4799	造纸业	1.4857	煤炭采选	4.2524
	造纸业	1.4461	金属冶炼	1.3919	燃气生产	1.5050
	医药制造	1.3797	其他运输设备	1.3648		
	仪器仪表	1.3591	石油加工	1.3360		
	食品制造	1.1680	电子设备	1.2691		
	金属制品	1.1374	非金属矿物	1.2220		
	茶酒饮料	1.1292				
	电子设备	1.1222				
	通用设备	1.1052				

续表

地区	技术优势领域				比较优势产业	
	2000~2002 年		2015~2017 年		2012 年	
	优势领域	RTA 指数	优势领域	RTA 指数	优势产业	区位熵
陕西	橡胶塑料	1.0884				
辽宁	皮革制品	2.2401	采掘业	3.9709	金属采选	2.8407
	金属冶炼	1.8049	金属冶炼	2.5199	石油加工	2.3618
	印刷业	1.5813	石油加工	1.4302	通用设备	2.1709
	金属制品	1.4800	其他运输设备	1.4054	设备修理	1.9774
	非金属矿物	1.4282	非金属矿物	1.3886	非金属矿物	1.7383
	木材制品	1.3113	废弃资源利用	1.3874	木材制品	1.4840
	石油加工	1.2801			非金属采选	1.4023
	废弃资源利用	1.2219			专用设备	1.3650
	食品制造	1.2062			运输设备	1.3109
	造纸业	1.1521			其他服务	1.2322
	化学制品	1.0645			金属制品	1.2227
	医药制造	1.0147			金属冶炼	1.1958
					公共设施	1.1882
					社会工作	1.1257
					食品烟草	1.0974
					运输服务	1.0936
					建筑业	1.0521
					废弃资源利用	1.0222
黑龙江	纺织服装	3.6281	其他运输设备	2.6893	石油开采	9.3072
	皮革制品	3.6281			非金属采选	2.6816
	家具制造	3.1098			水的生产	1.9739
	木材制品	2.3893			农业	1.7248
	纺织业	2.1589			教育	1.5180
	橡胶塑料	2.1067			食品烟草	1.5021
	农副食品	2.0515			其他服务	1.4066
	茶酒饮料	1.9926				
	食品制造	1.8420				
	其他制造	1.5736				
	医药制造	1.4465				
	电力热力和水	1.2559				
	文体用品	1.1315				
	金属制品	1.1007				

续表

地区	技术优势领域				比较优势产业	
	2000~2002 年		2015~2017 年		2012 年	
	优势领域	RTA 指数	优势领域	RTA 指数	优势产业	区位熵
黑龙江	金属冶炼	1.0729				
吉林	木材制品	2.5762			运输设备	4.3315
	橡胶塑料	2.2715			木材制品	2.2183
	农业	1.6912			食品烟草	1.7373
	采掘业	1.6766				
	仪器仪表	1.6649				
	茶酒饮料	1.5941				
	农副食品	1.2904				
	化学制品	1.2346				
	医药制造	1.1905				
河北	家具制造	2.4759			设备修理	4.6163
	木材制品	1.9022			金属采选	4.4915
	食品制造	1.5331			金属冶炼	2.5197
	医药制造	1.4651			煤炭采选	2.2007
	建筑业	1.3998			运输服务	1.7478
	专用设备	1.3397			金属制品	1.5957
	文体用品	1.2870			农业	1.3438
	烟草制品	1.2681			石油加工	1.2901
	其他制造	1.2529			纺织业	1.1649
	茶酒饮料	1.1770			纺织服装	1.0670
	通用设备	1.1442			社会工作	1.0475
	造纸业	1.1141				
	农副食品	1.0889				
	金属制品	1.0516				
	其他运输设备	1.0296				
	金属冶炼	1.0027				
内蒙古	皮革制品	14.3582			煤炭采选	4.5984
	纺织服装	9.5721			金属采选	3.7922
	印刷业	5.0676			金属冶炼	1.8739
	木材制品	4.2024			石油开采	1.7863
	采掘业	4.1023			运输服务	1.6417
	汽车制造	2.9369			建筑业	1.4847

续表

地区	技术优势领域				比较优势产业	
	2000~2002 年		2015~2017 年		2012 年	
	优势领域	RTA 指数	优势领域	RTA 指数	优势产业	区位熵
内蒙古					燃气生产	1.3967
					公共设施	1.3441
					其他服务	1.3434
					电力热力	1.3147
					非金属采选	1.1984
山西	化学纤维	3.7419			煤炭采选	10.3491
	石油加工	2.5970			石油加工	2.0924
	印刷业	1.9443			住宿餐饮	2.0311
	农副食品	1.7305			燃气生产	1.9010
	采掘业	1.5740			电力热力	1.6988
	家具制造	1.5740				
	造纸业	1.4166				
	食品制造	1.3136				
	化学制品	1.1591				
	文体用品	1.1454				
	金属制品	1.1141				
	纺织业	1.0927				
	医药制造	1.0830				
江西	采掘业	7.2758	采掘业	7.6531	水的生产	2.1111
	木材制品	5.5900			金属冶炼	1.9897
	茶酒饮料	2.7070			金属采选	1.8574
	文体用品	2.6474			非金属矿物	1.5797
					文体娱乐	1.5600
					电力热力	1.5056
					纺织服装	1.4954
					电气机械	1.2081
广西	电力热力和水	2.6850	农业	4.8478	木材制品	2.6077
			茶酒饮料	4.4113	农业	1.8677
			农副食品	3.9751	金属采选	1.7725
			采掘业	3.7307	非金属采选	1.6867
			木材制品	3.5896	食品烟草	1.5354
			石油加工	2.6518		
			食品制造	2.1932		

续表

地区	技术优势领域				比较优势产业	
	2000~2002 年		2015~2017 年		2012 年	
	优势领域	RTA 指数	优势领域	RTA 指数	优势产业	区位熵
新疆	纺织服装	4.0899			石油开采	11.0561
	农副食品	3.8544			石油加工	3.0258
	纺织业	3.6505				
	农业	3.5362				
	造纸业	3.1551				
云南	采掘业	6.6106	烟草制品	15.1704	食品烟草	2.4974
	烟草制品	3.3859	采掘业	8.9979		
	茶酒饮料	3.3704	农业	6.0093		
	皮革制品	2.5708				
	金属冶炼	1.7188				
	其他制造	1.6726				
	食品制造	1.5425				
	橡胶塑料	1.4927				
青海	采掘业	34.2772				
	烟草制品	17.5566				
甘肃	石油加工	4.7027			石油开采	3.4929
宁夏	橡胶塑料	9.4991				
贵州	废弃资源利用	18.7562	茶酒饮料	6.2945	煤炭采选	3.3303
海南						

注：表中空白代表该地区该时间段没有具有相对比较优势的技术领域或产业领域

附录 2　第 4 章模型具体计算过程

过程（1）

已知：

$$U=\frac{C_M^{\mu}C_A^{1-\mu}}{\mu^{\mu}(1-\mu)^{1-\mu}}\text{；}\quad C_M=\left[\int_0^{n^w}c(i)^{\rho}\,\mathrm{d}i\right]^{\frac{1}{\rho}}=\left[\int_0^{n^w}c(i)^{\frac{\sigma-1}{\sigma}}\,\mathrm{d}i\right]^{\frac{\sigma}{\sigma-1}} \tag{1-1}$$

$$C_A+\int_0^{n^w}p(i)\,c(i)\,\mathrm{d}i=E\qquad (P_A=1) \tag{1-2}$$

第一步求工业品组合支出最小化：

$$\begin{cases} \min \int_0^{n^w} p(i)c(i)\,\mathrm{d}i \\ \text{s.t.} \left[\int_0^{n^w} c(i)^\rho \,\mathrm{d}i\right]^{\frac{1}{\rho}} = C_M \end{cases} \tag{1-3}$$

建立拉格朗日函数：

$$L = \int_0^{n^w} p(i)c(i)\,\mathrm{d}i - \lambda\left\{\left[\int_0^{n^w} c(i)^\rho \,\mathrm{d}i\right]^{\frac{1}{\rho}} - C_M\right\} \tag{1-4}$$

$$\frac{\partial L}{\partial c(i)} = p(i) - \lambda\left\{\frac{1}{\rho}\left[\int_0^{n^w} c(i)^\rho \,\mathrm{d}i\right]^{\frac{1}{\rho}-1} \cdot \rho \cdot c(i)^{\rho-1}\right\} = 0$$

$$\Rightarrow \lambda\left[\int_0^{n^w} c(i)^\rho \,\mathrm{d}i\right]^{\frac{1-\rho}{\rho}} c(i)^{\rho-1} = p(i) \tag{1-5}$$

同理，对工业品 j，有

$$\frac{\partial L}{\partial c(j)} = p(j) - \lambda\left\{\left[\int_0^{n^w} c(j)^\rho \,\mathrm{d}j\right]^{\frac{1}{\rho}-1} \cdot c(j)^{\rho-1}\right\} = 0$$

$$\Rightarrow \lambda\left[\int_0^{n^w} c(j)^\rho \,\mathrm{d}i\right]^{\frac{1-\rho}{\rho}} c(j)^{\rho-1} = p(j) \tag{1-6}$$

式（1-5）与式（1-6）相除：

$$\frac{c(i)^{\rho-1}}{c(j)^{\rho-1}} = \frac{p(i)}{p(j)} \Rightarrow c(i) = c(j)\cdot\left[\frac{p(i)}{p(j)}\right]^{\frac{1}{\rho-1}} \tag{1-7}$$

将式（1-7）代入式（1-3）的约束式中：

$$\left\{\int_0^{n^w} c(j)^\rho \left[\frac{p(i)}{p(j)}\right]^{\frac{\rho}{\rho-1}} \mathrm{d}i\right\}^{\frac{1}{\rho}} = C_M$$

$$\Rightarrow c(j)^\rho \left[\frac{1}{p(j)}\right]^{\frac{\rho}{\rho-1}} \cdot \int_0^{n^w} p(i)^{\frac{\rho}{\rho-1}} \,\mathrm{d}i = C_M^\rho$$

$$\Rightarrow c(j)\left[\frac{1}{p(j)}\right]^{\frac{1}{\rho-1}} \cdot \left[\int_0^{n^w} p(i)^{\frac{\rho}{\rho-1}} \,\mathrm{d}i\right]^{\frac{1}{\rho}} = C_M$$

$$\Rightarrow\ c(j)=\frac{p(j)^{\frac{1}{\rho-1}}}{\left[\int_0^{n^w}p(i)^{\frac{\rho}{\rho-1}}\mathrm{d}i\right]^{\frac{1}{\rho}}}\cdot C_M \tag{1-8}$$

式（1-8）为工业品 j 的需求函数。式（1-8）两边同乘 $p(j)$，得

$$p(j)c(j)=\frac{p(j)^{\frac{\rho}{\rho-1}}}{\left[\int_0^{n^w}p(i)^{\frac{\rho}{\rho-1}}\mathrm{d}i\right]^{\frac{1}{\rho}}}\cdot C_M \tag{1-9}$$

式（1-9）两边对 j 求积分，得

$$\int_0^{n^w}p(j)c(j)\mathrm{d}j=\frac{\int_0^{n^w}p(j)^{\frac{\rho}{\rho-1}}\mathrm{d}j}{\left[\int_0^{n^w}p(i)^{\frac{\rho}{\rho-1}}\mathrm{d}i\right]^{\frac{1}{\rho}}}\cdot C_M=\left[\int_0^{n^w}p(i)^{\frac{\rho}{\rho-1}}\mathrm{d}i\right]^{\frac{\rho-1}{\rho}}\cdot C_M \tag{1-10}$$

则 $\left[\int_0^{n^w}p(i)^{\frac{\rho}{\rho-1}}\mathrm{d}i\right]^{\frac{\rho-1}{\rho}}$ 可表示为工业品的价格指数 P_M。

$$P_M=\left[\int_0^{n^w}p(i)^{\frac{\rho}{\rho-1}}\mathrm{d}i\right]^{\frac{\rho-1}{\rho}}=\left[\int_0^{n^w}p(i)^{1-\sigma}\mathrm{d}i\right]^{\frac{1}{1-\sigma}} \tag{1-11}$$

第二步求消费者效用最大化：

$$\begin{cases}\max U=\dfrac{C_M^{\mu}C_A^{1-\mu}}{\mu^{\mu}(1-\mu)^{1-\mu}}\\ \text{s.t. } P_MC_M+C_A=E\end{cases} \tag{1-12}$$

建立拉格朗日函数：

$$L=\frac{C_M^{\mu}C_A^{1-\mu}}{\mu^{\mu}(1-\mu)^{1-\mu}}-\lambda(P_MC_M+C_A-E) \tag{1-13}$$

$$\frac{\partial L}{\partial C_M}=\frac{\mu C_M^{\mu-1}C_A^{1-\mu}}{\mu^{\mu}(1-\mu)^{1-\mu}}-\lambda P_M=0\ \Rightarrow\ \frac{\mu C_M^{\mu-1}C_A^{1-\mu}}{\mu^{\mu}(1-\mu)^{1-\mu}}=\lambda P_M \tag{1-14}$$

$$\frac{\partial L}{\partial C_A}=\frac{(1-\mu)C_M^{\mu}C_A^{-\mu}}{\mu^{\mu}(1-\mu)^{1-\mu}}-\lambda=0\ \Rightarrow\ \frac{(1-\mu)C_M^{\mu}C_A^{-\mu}}{\mu^{\mu}(1-\mu)^{1-\mu}}=\lambda \tag{1-15}$$

式（1-14）与式（1-15）相除：

$$\frac{\mu}{1-\mu}\cdot C_M^{-1}\cdot C_A=P_M\ \Rightarrow\ C_A=C_MP_M\cdot\frac{1-\mu}{\mu} \tag{1-16}$$

将式（1-16）代入式（1-12）的约束式中：

$$P_M C_M + P_M C_M \cdot \frac{1-\mu}{\mu} = E$$

$$=> \quad C_M = \frac{\mu E}{P_M} \tag{1-17}$$

$$=> \quad C_A = (1-\mu)E \tag{1-18}$$

式（1-17）与式（1-18）分别为工业品组合和农产品的需求函数，代入式（1-12）的效用函数中，得间接效应函数：

$$U = \frac{1}{\mu^\mu (1-\mu)^{1-\mu}} \cdot \left(\frac{\mu E}{P_M}\right)^\mu (1-\mu)^{1-\mu} \cdot E^{1-\mu} = E P_M^{-\mu} \tag{1-19}$$

将式（1-11）、式（1-17）代入式（1-8），得工业品 j 的需求函数为

$$c(j) = \frac{p(j)^{\frac{1}{\rho-1}}}{\left[\int_0^{n^w} p(i)^{\frac{\rho}{\rho-1}} \mathrm{d}i\right]^{\frac{1}{\rho}}} \cdot C_M = \frac{p(j)^{\frac{1}{\rho-1}}}{(P_M)^{\frac{1}{\rho-1}}} \cdot \frac{\mu E}{P_M} = \mu E \cdot p(j)^{-\sigma} \cdot P_M^{\sigma-1} \tag{1-20}$$

过程（2）

已知：

$$\pi_i = p_i x_i - (v + a x_i) \tag{1-21}$$

$$x_i = \left(\frac{\mu E}{P_M^{1-\sigma}} + \frac{\phi \mu E^*}{P_M^{*1-\sigma}}\right) p_i^{-\sigma} \tag{1-22}$$

将式（1-22）方括号中的式子看作常数，用 q 表示，式（1-22）简化为 $x_i = q p_i^{-\sigma}$。式（1-21）可转换为

$$\pi_i = q p_i^{1-\sigma} - \left(v + a q p_i^{-\sigma}\right) \tag{1-23}$$

求解利润最大化：

$$\frac{\partial \pi_i}{\partial p_i} = q(1-\sigma) p_i^{-\sigma} + a q \sigma p_i^{-\sigma-1} = 0 \tag{1-24}$$

$$=> \quad a\sigma p_i^{-1} = \sigma - 1 \tag{1-25}$$

$$=> \quad p_i = a\sigma / (\sigma - 1) \tag{1-26}$$

过程（3）

首先，将第 4 章的式（4-16）、式（4-17）代入式（4-14），再代入式（4-20）、式（4-21），得

$$w=\frac{\mu}{\sigma}\left\{\frac{\frac{1}{2}+s_h\times w}{s_n+\phi(1-s_n)}+\frac{\phi\left[\frac{1}{2}+(1-s_h)w^*\right]}{\phi s_n+(1-s_n)}\right\}\left[s_h+\eta(1-s_h)\right]^{1/\beta} \tag{1-27}$$

$$w^*=\frac{\mu}{\sigma}\left[\frac{\phi(\frac{1}{2}+s_h\times w)}{s_n+\phi(1-s_n)}+\frac{\frac{1}{2}+(1-s_h)w^*}{\phi s_n+(1-s_n)}\right]\left(1-s_h+\eta s_h\right)^{1/\beta} \tag{1-28}$$

将式（1-27）、式（1-28）联立方程组，解得区域 1 与区域 2 知识分子的名义工资为

$$w=\left(\mu\left[\eta-(\eta-1)s_h\right]^{1/\beta}\left\{\begin{array}{l}-\sigma-\sigma\phi^2+\mu\left[1+(\eta-1)s_h\right]^{1/\beta}-\mu\phi^2\left[1+(\eta-1)s_h\right]^{1/\beta}\\+\mu(\phi^2-1)s_h\left[1+(\eta-1)s_h\right]^{1/\beta}+\sigma(\phi-1)^2s_n\end{array}\right\}\right)/$$
$$\left\{2\left[\begin{array}{l}-\mu^2(\phi^2-1)s_h^2\left[\eta-(\eta-1)s_h\right]^{1/\beta}\left[1+(\eta-1)s_h\right]^{1/\beta}+\sigma\left[-\phi+(\phi-1)s_n\right]\\\times\left\{\sigma-\mu\left[1+(\eta-1)s_h\right]^{1/\beta}+\sigma(\phi-1)s_n\right\}\\+\mu s_h\left(\begin{array}{l}\mu(\phi^2-1)\left[\eta-(\eta-1)s_h\right]^{1/\beta}\left[1+(\eta-1)s_h\right]^{1/\beta}\\+\sigma\left\{\left[\eta-(\eta-1)s_h\right]^{1/\beta}-\phi\left[1+(\eta-1)s_h\right]^{1/\beta}\right\}\\+\sigma(\phi-1)\left\{\left[\eta-(\eta-1)s_h\right]^{1/\beta}+\left[1+(\eta-1)s_h\right]^{1/\beta}\right\}s_n\end{array}\right)\end{array}\right]\right\} \tag{1-29}$$

$$w^*=\left(\mu(1-s_h+\eta s_h)^{1/\beta}\left\{\mu(\phi^2-1)s_h\left[\eta-(\eta-1)s_h\right]^{1/\beta}+\sigma\left[2\phi+(\phi-1)^2s_n\right]\right\}\right)/$$
$$\left[\begin{array}{l}2\mu^2(\phi^2-1)s_h^2\left[\eta-(\eta-1)s_h\right]^{1/\beta}\left[1+(\eta-1)s_h\right]^{1/\beta}-2\sigma\left[-\phi+(\phi-1)s_n\right]\\\times\left\{\sigma-\mu\left[1+(\eta-1)s_h\right]^{1/\beta}+\sigma(\phi-1)s_n\right\}\\-2\mu s_h\left(\begin{array}{l}\mu(\phi^2-1)\left[\eta-(\eta-1)s_h\right]^{1/\beta}\left[1+(\eta-1)s_h\right]^{1/\beta}\\+\sigma\left\{\left[\eta-(\eta-1)s_h\right]^{1/\beta}-\phi\left[1+(\eta-1)s_h\right]^{1/\beta}\right\}\\+\sigma(\phi-1)\left\{\left[\eta-(\eta-1)s_h\right]^{1/\beta}+\left[1+(\eta-1)s_h\right]^{1/\beta}\right\}s_n\end{array}\right)\end{array}\right] \tag{1-30}$$

将式（1-29）、式（1-30）代入第 4 章的式（4-22）、式（4-23）中，可得区域 1 与区域 2 知识分子的实际工资之比为

$$\frac{\omega_K}{\omega_K^*}=\left[\begin{array}{l}[\eta-(\eta-1)s_h]^{1/\beta}[1+(\eta-1)s_h]^{-1/\beta}\left\{\dfrac{\phi[1+(\eta-1)s_h]^{1/\beta}+(\eta+s_h-\eta s_h)^{1/\beta}}{[\eta-(\eta-1)s_h]^{1/\beta}+[1+(\eta-1)s_h]^{1/\beta}}\right\}^{\frac{\mu}{\sigma-1}}\\ \left\{\dfrac{[1+(\eta-1)s_h]^{1/\beta}+\phi(\eta+s_h-\eta s_h)^{1/\beta}}{[\eta-(\eta-1)s_h]^{1/\beta}+[1+(\eta-1)s_h]^{1/\beta}}\right\}^{-\frac{\mu}{\sigma-1}}\\ \times\left(\begin{array}{l}\mu(\phi^2-1)[1+(\eta-1)s_h]^{1/\beta}\left\{[1+(\eta-1)s_h]^{1/\beta}+(\eta+s_h-\eta s_h)^{1/\beta}\right\}\\ -\mu(\phi^2-1)s_h[1+(\eta-1)s_h]^{1/\beta}\left\{[1+(\eta-1)s_h]^{1/\beta}+(\eta+s_h-\eta s_h)^{1/\beta}\right\}\\ +\sigma\left\{[1+(\eta-1)s_h]^{1/\beta}+\phi^2[1+(\eta-1)s_h]^{1/\beta}+2\phi(\eta+s_h-\eta s_h)^{1/\beta}\right\}\end{array}\right)\end{array}\right]\Big/$$

$$\left(\begin{array}{l}\mu(1-\phi^2)s_h(\eta+s_h-\eta s_h)^{1/\beta}\left\{[1+(\eta-1)s_h]^{1/\beta}+(\eta+s_h-\eta s_h)^{1/\beta}\right\}\\ +\sigma\left\{2\phi[1+(\eta-1)s_h]^{1/\beta}+(\eta+s_h-\eta s_h)^{1/\beta}+\phi^2(\eta+s_h-\eta s_h)^{1/\beta}\right\}\end{array}\right)\tag{1-31}$$

工人实际工资之比为

$$\frac{\omega_l}{\omega_l^*}=\left\{\frac{\phi[1+(\eta-1)s_h]^{1/\beta}+(\eta+s_h-\eta s_h)^{1/\beta}}{[1+(\eta-1)s_h]^{1/\beta}+\phi(\eta+s_h-\eta s_h)^{1/\beta}}\right\}^{\frac{\mu}{\sigma-1}}\tag{1-32}$$

过程（4）

将过程（3）中的式（1-29）、式（1-30）代入第 4 章的支出方程式（4-16）、式（4-17），可求得 E 和 E^*的表达式如下：

$$E=\left(\sigma[-\phi+(\phi-1)s_n]\left\{\begin{array}{l}\sigma-\mu[1+(\eta-1)s_h]^{1/\beta}\\ +\mu s_h\times\left[[1+(\eta-1)s_h]^{1/\beta}+\phi(\eta+s_h-\eta s_h)^{1/\beta}\right]+\sigma(\phi-1)s_n\end{array}\right\}\right)\Big/$$

$$\left\{2\left[\begin{array}{l}-\mu^2(\phi^2-1)s_h^2[1+(\eta-1)s_h]^{1/\beta}(\eta+s_h-\eta s_h)^{1/\beta}\\ +\sigma[-\phi+(\phi-1)s_n]\times\left\{\sigma-\mu[1+(\eta-1)s_h]^{1/\beta}+\sigma(\phi-1)s_n\right\}\\ +\mu s_h\left(\begin{array}{l}\mu(\phi^2-1)[1+(\eta-1)s_h]^{1/\beta}(\eta+s_h-\eta s_h)^{1/\beta}+\sigma\left\{\begin{array}{l}-\phi[1+(\eta-1)s_h]^{1/\beta}\\ +(\eta+s_h-\eta s_h)^{1/\beta}\end{array}\right\}\\ +\sigma(\phi-1)\left\{[1+(\eta-1)s_h]^{1/\beta}+(\eta+s_h-\eta s_h)^{1/\beta}\right\}s_n\end{array}\right)\end{array}\right]\right\}\tag{1-33}$$

$$
E^{*}=\left[\sigma\left[1+(\phi-1)s_n\right]\begin{pmatrix}-\phi\left\{\sigma+\mu\left[1+(\eta-1)s_h\right]^{1/\beta}\right\}\\ +\mu s_h\left\{\phi\left[1+(\eta-1)s_h\right]^{1/\beta}+(\eta+s_h-\eta s_h)^{1/\beta}\right\}\\ +\sigma(\phi-1)s_n\end{pmatrix}\right]/
$$

$$
2\left[\begin{array}{l}-\mu^2(\phi^2-1)s_h^2\left[\eta-(\eta-1)s_h\right]^{1/\beta}\left[1+(\eta-1)s_h\right]^{1/\beta}+\sigma\left[-\phi+(\phi-1)s_n\right]\\ \left\{\sigma-\mu\left[1+(\eta-1)s_h\right]^{1/\beta}+\sigma(\phi-1)s_n\right\}\\ +\mu s_h\begin{pmatrix}\mu(\phi^2-1)\left[1+(\eta-1)s_h\right]^{1/\beta}\\ \times\left[\eta-(\eta-1)s_h\right]^{1/\beta}+\sigma\begin{Bmatrix}-\phi\left[1+(\eta-1)s_h\right]^{1/\beta}\\ +\left[\eta-(\eta-1)s_h\right]^{1/\beta}\end{Bmatrix}\\ +\sigma(\phi-1)\begin{Bmatrix}\left[1+(\eta-1)s_h\right]^{1/\beta}\\ +\left[\eta-(\eta-1)s_h\right]^{1/\beta}\end{Bmatrix}s_n\end{pmatrix}\end{array}\right] \tag{1-34}
$$

同时将式（4-27）代入，进一步可得

$$
s_E=\frac{E}{E+E^{*}}=\left[\begin{array}{l}\left\{\phi\left[1+(\eta-1)s_h\right]^{1/\beta}+(\eta+s_h-\eta s_h)^{1/\beta}\right\}\\ \times\begin{pmatrix}\sigma\left[1+(\eta-1)s_h\right]^{1/\beta}-\mu\left[1+(\eta-1)s_h\right]^{2/\beta}\\ +\sigma\phi(\eta+s_h-\eta s_h)^{1/\beta}-\mu\left[1+(\eta-1)s_h\right]^{1/\beta}(\eta+s_h-\eta s_h)^{1/\beta}\\ +\mu s_h\left\{\left[1+(\eta-1)s_h\right]^{1/\beta}+(\eta+s_h-\eta s_h)^{1/\beta}\right\}\\ \times\left\{\left[1+(\eta-1)s_h\right]^{1/\beta}+\phi(\eta+s_h-\eta s_h)^{1/\beta}\right\}\end{pmatrix}\end{array}\right]/ \tag{1-35}
$$

$$
\left[\begin{array}{l}\mu\left(\phi^2-1\right)\left[1+(\eta-1)s_h\right]^{1/\beta}(\eta+s_h-\eta s_h)^{1/\beta}\begin{Bmatrix}\left[1+(\eta-1)s_h\right]^{1/\beta}\\ +(\eta+s_h-\eta s_h)^{1/\beta}\end{Bmatrix}\\ +2\sigma\begin{pmatrix}\left[1+(\eta-1)s_h\right]^{1/\beta}(\eta+s_h-\eta s_h)^{1/\beta}\\ +\phi^2\left[1+(\eta-1)s_h\right]^{1/\beta}(\eta+s_h-\eta s_h)^{1/\beta}\\ +\phi\left\{\left[\eta-(\eta-1)s_h\right]^{2/\beta}+\left[1+(\eta-1)s_h\right]^{2/\beta}\right\}\end{pmatrix}\end{array}\right]
$$

式（4-3）便是 EE 曲线的表达式。

nn 曲线的表达式为

$$s_E = \frac{\phi\left[1+(\eta-1)s_h\right]^{1/\beta} + (\eta + s_h - \eta s_h)^{1/\beta}}{(1+\phi)\left\{\left[1+(\eta-1)s_h\right]^{1/\beta} + (\eta + s_h - \eta s_h)^{1/\beta}\right\}} \tag{1-36}$$